1920—2020

HIT
HARBIN INSTITUTE OF TECHNOLOGY

哈尔滨工业大学电子与信息工程学院 院史

不忘初心　再铸辉煌

《不忘初心　再铸辉煌》编委会　编

哈尔滨工业大学出版社

图书在版编目(CIP)数据

不忘初心 再铸辉煌:哈尔滨工业大学电子与信息工程学院院史 /《不忘初心 再铸辉煌》编委会编. — 哈尔滨:哈尔滨工业大学出版社,2020.9
ISBN 978-7-5603-8896-0

Ⅰ.①不… Ⅱ.①不… Ⅲ.①哈尔滨工业大学电子与信息工程学院 - 院史 Ⅳ.①G649.283.51

中国版本图书馆CIP数据核字(2020)第113390号

不忘初心 再铸辉煌:哈尔滨工业大学电子与信息工程学院院史
BU WANG CHUXIN ZAI ZHU HUIHUANG:HAERBIN GONGYE DAXUE DIANZI YU XINXI GONGCHENG XUEYUAN YUANSHI

策划编辑　李艳文　范业婷
责任编辑　王晓丹　付中英
装帧设计　屈　佳
出版发行　哈尔滨工业大学出版社
社　　址　哈尔滨市南岗区复华四道街10号　邮编150006
传　　真　0451-86414749
网　　址　http://hitpress.hit.edu.cn
印　　刷　哈尔滨市石桥印务有限公司
开　　本　787mm×1092mm　1/16　印张22.5　字数350千字
版　　次　2020年9月第1版　2020年9月第1次印刷
书　　号　ISBN 978-7-5603-8896-0
定　　价　100.00元

(如因印刷质量问题影响阅读,我社负责调换)

编 委 会

主　编　顾学迈

副主编　郭　庆　姜义成

委　员　张爱红　张中兆　许荣庆　张　宁　位寅生　赵雅琴
　　　　尹立一　吴芝路　邱景辉　王　钢　邓维波　孟维晓
　　　　冀振元　谢俊好　谷延锋　沙学军　赵洪林　彭喜元
　　　　彭　宇　吴宣利

编 写 组

组　长　顾学迈

成　员　郭　庆　姜义成　彭　宇　刘春刚　王振永　李卓明
　　　　吴　玮　杨　强　周共健　李　杨　张　云　吴小川
　　　　张腊梅　刘金龙　陈　迪　宗　华　王楠楠　杨国辉
　　　　俞　洋　林连雷　张春雷　张琦琦　宋　新　张莉丽
　　　　李　蕾　周　晶

自 序

时值哈工大百年校庆,我们感觉到应该静下心来回顾一下电子与信息工程学院的发展历程。但真正开始准备编写这本院史的时候,却发现很难下笔。历史应该由后人来写,历史还应该记录真实。电子与信息工程学院始创于1959年建立的无线电工程系,六十多年已经过去了,我们还没有写过一本自己学院的历史。我们隐约感觉到,似乎不能再等了,尽管我们深知自己写作能力有限。

哈工大电子与信息工程学院初创于1958年电机系的无线电专业,1959年正式成立无线电工程系,1987年划归航天学院,1996年更名为电子与通信工程系,2009年组建电子与信息工程学院。经过长期的开拓创新,学院在学科建设、科学研究、人才培养、队伍建设及教学科研环境建设等方面取得了迅猛发展,已经成为国内外知名、具有明显航天特色的电子信息领域科学研究和人才培养基地。学院创建60余年已为国家培养了12 000多名高水平人才,毕业生遍布国家航天、电子、信息技术等领域,其中不乏院士、专家、教授、总师和企业家,更多的则是行业领域中的科技骨干。广大校友秉承哈工大"规格严格,功夫到家"的优良传统,传承无线电人勇于探索、求真务实的良好作风,为哈工大和电信学院赢得了无上荣耀。

学院现有通信工程、电子信息工程、信息对抗技术、遥感科学与技术、电磁场与无线技术、测控工程与智能化等六个本科专业方向，设有通信与信息系统、信号与信息处理和电磁场与微波技术三个博士点学科，其中通信与信息系统学科为国家级重点学科。信息与通信工程学科具有一级学科博士授予权，并设有信息与通信工程学科博士后科研流动站，在2016年教育部第四轮学科评估中信息与通信工程学科被评为全国A类学科。2020年，通信工程专业和电子信息工程专业被确定为教育部一流本科专业建设点。学院现有教师180余人，形成了一支充满活力的高水平教学科研队伍。

百年哈工大的校园，历史的痕迹依稀可见。教化街、法院街、司令街、护军街承载着无数校友匆匆的脚步；土木楼、校部楼、电机楼、机械楼衬托着广大师生忙碌的身影。回顾哈工大百年历史，20世纪50年代末应该是哈工大的第一个高速发展期，逐步形成了国防与航天特色。50年代中期，由于苏联帮助我国发展基础工业和国防工业，以及地处东北老工业基地的地理优势，哈工大受中央高度重视。当时的李昌校长具有远见卓识，实施民转军发展战略，陆续建设了航空工程、工程物理、导弹工程、无线电工程和自动控制等五个系。通过了解当年无线电工程系的创建过程，我们看到了创业者的艰辛，第一批的系领导几乎还不知道什么是无线电，第一批教师几乎都是三十岁不到的年轻人，第一批学生都是从电机系转专业过来的。就是这批人在非常困难的条件下创建了无线电工程系。我们最不应该忘记的就是他们，我们期望本书能够记录他们点点滴滴的创业历程。

我们知道，无论多么努力，也难以编写出合格的电信学院历史，因为，学院的历史已经铭记在无数创业者心中、见证者的眼中、经历者的记忆中。电信学院的发展历史与哈工大一样，创业维艰，栉风沐雨，砥砺奋进，追求卓越。学院经过筹建创建、南迁北返、"文革"停招等过程，资料不整，数据不全，很多事情都没有记录下来，甚至包括毕业生人数和姓名等都没有完整的档案资料。我们在编写和统计数据过程中，得到了很多老教师的关心和鼓励，也得到了广大毕业校友的支持和帮助，在此表示诚挚的感谢。编写本书之目的也仅是承前启后，抛砖引玉，难免有失准、遗漏和错误之处，在此也希望广大老师和校友谅解。

百年工大铸重器，甲子电信育英才！

谨以此书，表示对电信学院海内外校友的敬意！

《不忘初心　再铸辉煌》编委会

2020年6月

目 录

创业篇　创建与曲折发展（1945—1986）

第一章　积极筹建（1945—1958）/ 3

一、背景、形势与政策 / 5
二、为筹建而进修 / 8
三、筹建准备工作 / 11

第二章　初创家业（1959—1965）/ 13

一、建系组织情况 / 15
二、教学科研工作 / 19
三、又红又专师生共进 / 22

第三章　曲折经历（1966—1976）/ 25

一、南迁北返 / 27
二、历史影响 / 29

第四章　走上正轨（1977—1986）/ 33

一、快速发展 / 35
二、恢复高考 / 40
三、教学工作开展 / 42
四、科研工作创新 / 46

发展篇 快速发展（1987—2002 航天学院期间）

第五章　组建航天学院（1987—1995）/ 53

一、背景与形势 / 55
二、哈工大首位院士的诞生 / 57
三、教学工作与成果 / 60
四、科研工作与成果 / 64

第六章　从无线电工程系到电子与通信工程系（1996—2002）/ 69

一、电子与通信工程系概况 / 71
二、学科建设与博士点的建立 / 75
三、再续辉煌—通先生当选工程院院士 / 78
四、办学指导思想 / 81
　　（一）贯彻党的教育方针，坚持社会主义办学方向 / 81
　　（二）坚持"规格严格，功夫到家"的优良传统 / 81
　　（三）根据学科发展特点确定培养目标 / 82
　　（四）通过学科建设带动教学工作 / 82
五、教学工作与改革 / 83
　　（一）创建专业特色，吸引优秀生源 / 83
　　（二）结合学科发展改革课程体系 / 84
　　（三）更新教学内容，加强教材建设 / 85
　　（四）通过学科建设稳定师资队伍 / 85
　　（五）利用科研节余改善实验条件 / 86
　　（六）结合工程实际培养实验技能 / 86
　　（七）加强科学管理 / 86
　　（八）加强合作，保证人才需求市场 / 87
　　（九）加强素质教育，提高毕业生全面素质 / 88

六、国内外交流与合作 / 89

七、科研工作与成果 / 91

  （一）雷达及信号处理方向 / 91

  （二）通信技术方向 / 93

  （三）测控技术与其他方向 / 96

腾飞篇　紧跟时代步伐　推进学院发展（2003—2020）

第七章　电子与信息技术研究院（2003—2008）/ 101

一、本科生培养 / 106

  （一）办学思路 / 108

  （二）教学基本设施 / 111

  （三）教学内容 / 115

  （四）学风 / 117

  （五）社会声誉 / 120

二、研究生培养 / 122

  （一）办学思想及定位 / 122

  （二）师资队伍 / 123

  （三）培养条件 / 123

  （四）教育教学改革 / 123

  （五）教育教学管理 / 125

  （六）培养质量控制 / 126

三、工程硕士研究生培养 / 130

  （一）招生要求 / 130

  （二）招生来源 / 131

  （三）课程教学 / 131

  （四）学位论文 / 132

（五）论文指导与研究条件 / 133

  （六）工程硕士培养效果 / 134

四、科学研究 / 136

  （一）新体制雷达与探测技术 / 136

  （二）雷达信息处理技术 / 138

  （三）超宽带理论及新一代无线通信系统 / 138

  （四）空间信息传输及对抗理论与技术 / 140

  （五）抗干扰通信理论与数据链系统 / 141

  （六）成像侦察与电子对抗技术 / 141

  （七）关键技术研究 / 143

五、学科建设 / 146

  （一）学科现有基础 / 146

  （二）学科建设目标 / 148

  （三）学科建设发展思路 / 149

  （四）学术团队建设 / 150

  （五）学术交流 / 151

  （六）教学科研基础条件建设 / 152

第八章　电子与信息工程学院（2009—2020）/ 153

一、本科生培养 / 161

  （一）学院办学定位 / 162

  （二）学院人才培养目标 / 163

  （三）师资队伍 / 164

  （四）教学资源 / 167

  （五）学生发展 / 171

  （六）就业与发展 / 173

二、研究生培养 / 175

- （一）培养目标 / 175
- （二）学位标准 / 175
- （三）培养方向 / 176
- （四）招生选拔 / 177
- （五）导师指导 / 178
- （六）实践教学 / 179
- （七）学术交流 / 180
- （八）论文质量 / 181
- （九）学风教育 / 181
- （十）就业发展 / 181

三、工程硕士研究生培养 / 183

- （一）培养目标 / 183
- （二）学位标准 / 183
- （三）培养方向 / 184
- （四）招生选拔 / 184
- （五）导师指导 / 185

四、科学研究 / 187

- （一）对海信息获取系统理论及技术 / 187
- （二）空间信息网络传输理论与技术 / 188
- （三）移动互联网传输理论与应用 / 190
- （四）空间对地观测信息处理理论与应用 / 191
- （五）微波智能材料与微波成像理论及技术 / 192

五、学科发展 / 195

- （一）学科整体情况 / 195
- （二）学科发展 / 196
- （三）学科建设目标 / 198

（四）国际化建设 / 200

（五）学科公共平台建设 / 201

第九章 时光印记——百年校庆征文选 / 203

国家最高科学技术奖 刘永坦院士：为祖国筑起"海防长城" / 205

与哈工大的 61 年深情——记张乃通院士 /215

第一次国家项目的完成 /223

我们俩——献给哈工大百年校庆 / 225

哈工大 我一生的挚爱 / 229

哈工大通信工程教研室纪事 / 232

有控制的混乱是创造力的表现——忆导师张乃通院士 /238

回忆一段在逸夫楼的青春与岁月 / 241

回忆工大 祝福母校——庆祝哈工大百岁生日 / 244

回忆工大往事 共叙工大情谊 / 247

工大情 / 249

激情唯美 励志一生——致哈工大百年校庆 / 251

附 录 / 253

创业篇 / 创建与曲折发展
（1945—1986）

第一章 积极筹建
（1945—1958）

一、背景、形势与政策

始建于 1920 年的哈工大最初是中东铁路技工学校，新中国成立前，哈工大的专业特色是铁路交通。然而，早在建校初期就在电气机械工程系中开设了电话、电报、电信学和无线电工程等课程，并建有电信实验室。电信实验室内设有莫尔和休斯式电报机、23 门电话交换机和闭塞中心等设备。

1945 年抗战胜利后，根据中苏两国政府的协定，中长铁路由中苏两国共同管理，哈尔滨工业大学由中长铁路局领导。在此阶段，作为国际性大学的哈工大，办学性质发生根本性的改变，由日式办学再次转变为俄式办学，主要为中长铁路培养工程师。哈工大在各个方面开始恢复、发展，逐步兴盛，为新中国接管哈工大并改造、扩建哈工大打下了基础。

经过整理和修缮后，哈工大的大部分实验室和教研室已经可以用于教学和科研工作。1945 年后，全校设有 5 个系共 12 个专业，曾在电气工程系中设有有线通讯专业和无线通讯专业，并设有通讯实验室（1951 年撤销）。

1949 年 10 月 1 日，中华人民共和国成立后，哈尔滨工业大学获得了新生，进入了学习苏联、改建扩建的新阶段。

1950 年 6 月 7 日，中共中央就哈工大办学方针电告东北局："中长铁路已决定将哈工大交给中国政府管理。哈工大应着重招收国内各大学理工学院的讲师、助教和研究生，主要学俄文，两年毕业即分配到各大学任教，并翻译俄文工程方面的教材。为了增加该校的领导核心，已决定为该校聘请苏联教授十人。该校应更好利用这批苏侨教授的有用才能。"

这封电报是哈工大由中苏共管转向完全回到新中国怀抱并进入全面改造和扩建阶段的重要标志,对哈工大的建设和发展具有决定性的历史意义。因而,学校决定将6月7日作为哈尔滨工业大学建校纪念日。

新中国成立初期,哈工大是全国学习苏联的两所样板院校之一(另一所是中国人民大学),得到了国家的特殊支持,并为国民经济建设和我国高等教育的发展做出了重要贡献。

1951年,刘少奇同志代表党中央对哈工大办学方针做了重要批示。指示哈工大每年抽调各大学理工学院讲师、助教和教授150名,入哈工大参加教学研究组,在苏联教授帮助下研究深造,以提高国内大学理工专业师资水平,这样做的效果超过调派大批学生去苏联留学的办法。从此,哈尔滨工业大学进入新中国成立后的第一个高速发展时期,这些抽调来的教师,很多都留在了学校,成为哈工大"八百壮士"中的一部分。

改建扩建期间,哈工大的办学方向由培养铁路运输人才转为为国民经济各工业部门培养专业技术人才。教育部于1952年批准哈尔滨工业大学学制为五年(直到1966年,哈工大学制一直是五年),毕业生直接授予工程师学位。自此,哈工大成为"工程师的摇篮"。

1952年,时任校长陈康白同志和副校长高铁同志主持制订了哈工大1953—1957年五年发展计划,这是一个宏伟蓝图。按照发展计划,五年内学校规模要达到15 000人。

1953年10月,李昌同志调任哈工大校长。1954年,哈工大被高教部确定为全国首批6所重点院校之一,以后一直位于全国重点高校行列。

1956年,新中国成立不久,百废待兴,急需各类知识分子加入祖国建设队伍。1月,毛泽东主席发出了"向科学进军"的号召。在周恩来总理亲自主持下,制定了《十二年科学技术发展规划》。中共八大提出发展电子工业,全国掀起在高校成立无线电电子学类专业和组建无线电类科研院所的热潮。这一时期,李昌校长很有远见地积极筹建新兴的国防尖端专业。1957年哈工大共有7个系,当时就在电机系设立了无线电工程专业,并在1958年开始招生,后来被教育部叫停,学生转学去了上海交大。这一时期,哈工大在精密仪器系设置了自动化专业和计算机专业。

1958年9月15日，时任中共中央总书记、国务院副总理邓小平，中共中央政治局委员、国务院副总理李富春，中共中央书记处书记李雪峰、刘澜涛、杨尚昆等党和国家领导人视察哈工大。邓小平同志在视察时说，"大厂大校要关心国家命运，高等学校要成为突破科学技术的基点之一""只搞勤工俭学，不搞尖端，就是生产一个亿也不能算完成任务"。

时任一机部部长赵尔陆同志也指示哈工大："哈工大要搞尖端，要增加一些新专业，应多发展有关国防的专业。"黑龙江省委扩大会议也提出了攀登科学高峰、发展尖端技术的口号。李昌校长坚持认为："我们（哈工大）要搞尖端专业！"

从1958年开始，哈工大相继分离和援建了哈尔滨建筑工程学院和东北重型机械学院。同时开始全面的军工国防特色专业建设，陆续创建了航空工程系、工程物理系、工程力学系、无线电工程系、自动控制系等。

二、为筹建而进修

  无线电工程系及相关专业于 1956 年开始筹建，筹建工作在学校领导的统一部署下，由当时的电机系在工业电子专业基础上开始建立。1958 年，学校指派韩瑞金、孟昭文担任总支正、副书记，负责无线电工程系的筹建工作，电机系总支副书记李仁甫和刚刚从南京工学院毕业来校工作的张乃通等也参与了早期的筹建工作。

  新中国成立初期，我国高等院校无线电专业的师资力量非常薄弱，少数院校设有无线电系，毕业生还非常少。清华大学 1952 年成立无线电工程系，上海交通大学 1952 年成立电信工程系，南京工学院 1952 年成立电信工程系，华南工学院 1953 年成立电信工程系，这四所大学是当时国内无线电专业最强的高校。1956 年，为了筹建无线电工程系，哈工大向清华大学无线电系派出了一个组，由电机系主任吴存亚带队，带领 1956 年大学毕业分配来我校工作的张乃通、季敬川、宋国瑞和吴文澍四名助教以及五年级学生常德山（作为进修教师）进修，另从电机系刚刚升入本科三年级的学生中抽调六名优秀学生刘永坦、曹志道、高远、王金荣、蒋延龄、戴逸松到清华无线电工程系插班借读。当时的清华大学无线电工程系设有三个专业：通信、雷达和电视。刘永坦、曹志道进入通信专业学习，高远、王金荣进入雷达专业学习，蒋延龄和戴逸松进入电视专业学习。1957 年学校同样用这种方式，陆续从电机系挑选优秀师生分别派往北京航空学院、北京钢铁学院、成都电讯工程学院等地进修或随班学习。派出的学生在随班学习时期作为预备师资力量，按教师待遇发放工资。这些筹建人员在进修或插班学习过程中学到了很多理论知识、实验技能和办学理念，为无线电工程系的建立、发展和壮大打下了坚实基础。

1958年，参加进修和学习的教师陆续返回哈工大开始筹建无线电工程系。1958年暑期，学校从电机系56级本科生10个小班中抽调20名本科生，组成无线56班，由张乃通老师任班主任。不久，再一次从电机系56级本科生中抽调20名本科生，组成了电子56班。无线56班和电子56班从1958年9月份开始按无线电工程系本科生计划培养，这两个班的学生毕业后很多都留在无线电工程系充实教师队伍，这些学生包括董绍平、段凤增、张义方、冯健华、张家余、张万杰、张赫湘、李士伯、单秋山、王玉民、李芝荣等等。1959年，学校又从电机系57级相继抽调两个班，组成无线57班和电子57班，继续充实无线电工程系的学生人数，为培养师资队伍做准备。1958年及1959年从清华大学毕业的焦志平、宋国瑞、钱国蕙三位老师先后调入无线电工程系工作。从1959年开始，部分外校毕业生来校担任实验室教师，为无线电工程系实验室的建设和发展做出重要贡献，这些同志包括杨喜堂、张儒、童继山、尹国强、汪庆仁、杨遇春、杨火岳、王素芹、顾琴珍等。

1958年无线56班学生与班主任张乃通老师（前排左三）合影

1962年无线电工程系57442班毕业合影

三、筹建准备工作

当年参与无线电工程系筹建的广大干部、教师和学生具有极高的政治水平和思想觉悟，通过调动全体同志的积极性，在学校领导的指引下，特别是电机系领导和教师的支持和帮助下，大家边学习边建设，在半年多时间内就完成了无线电工程系的筹建工作。

由于校舍紧张，筹建过程中和建设初期无线电工程系的教学与生活均安排在中山路哈工大二部（现省政府附近，原哈尔滨航校校址），条件十分艰苦。但广大师生团结一心，克服困难，出色地完成了教学科研工作。直至1966年初哈工大主楼建成后，无线电工程系迁入现在的哈工大一校区主楼至今。

为了向国庆十周年献礼，正在筹建的无线电工程系决定研制一套发射功率大于当时哈尔滨电视台（发射功率1 000瓦）的广播电视设备。青年教师张乃通和焦治平负责射频系统，蒋延龄、戴逸松负责视频通信系统，主要的研制人员就是无线电工程系56级和57级的学生。由于条件有限，他们苦战三个月，以执着的精神攻坚克难，自制电路板和电路组件，经过不分昼夜的研究试验，1959年初，哈工大电视台广播系统研制成功。

1959年3月无线电工程系成立大会期间，哈工大电视台在电机楼五楼播放节目，在土木楼礼堂用电视机收看。播放的第一条内容就是

"庆祝无线电工程系成立"，然后播放了无线电工程系同学自编自演的节目。

无线电工程系的创建过程标志着哈工大一个新兴学科专业的产生和创立，展示了一条理论指导实践、科研带动教学的发展途径，在当时的条件下探索出一种"实验室起家"的基层教学组织的发展思路。

第二章 初创家业
（1959—1965）

一、建系组织情况

1959年3月1日，无线电工程系正式成立，最早设立无线电设备、无线电元件、电视与雷达、电真空技术四个五年制本科专业，原工业电子专业也在同期并入该系。田学辉任系党总支第一书记、系主任，韩瑞金任党总支第二书记，杨振华任系副主任。1959年哈尔滨工业大学建立了二部，无线电工程系归属于二部，1959年9月无线电工程系开始独立招生。1959年10月哈工大共设置10个系，分别是：机械制造系（机械及材料），电机系，工程经济系（经济管理），仪器制造系（仪器及光学），动力机械系，工程数理力学系（数学物理及力学），航空工程系（飞机及发动机），自动控制系（自动化及计算机），无线电工程系（通信、雷达及电子器件），工程物理系（核物理）。

1961年，党中央召开八届九中全会，正式决定实行"调整、巩固、充实、提高"八字方针。同年9月，教育部颁发了《教育部直属高等学校暂行工作条例》（简称高校60条）。高校60条总结了新中国成立

1959年哈工大校报报道无线电工程系成立

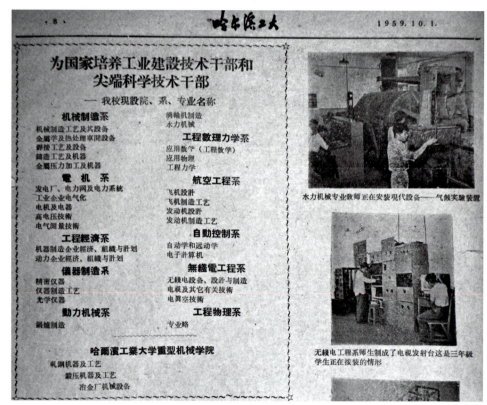

1959年10月1日《哈尔滨工大》报道当时学校各系及专业构成

以来我国高等教育的主要经验，明确了社会主义大学的办学思想和基本制度，目的是整顿教学秩序，促进高等学校人才培养正规化。1961年3月哈工大二部撤销，无线电工程系直属校本部。1961年底，无线电工程系与自动控制系合并，称自动控制与无线电工程系（史称老四系），老四系包括了自动控制、陀螺、计算机、雷达、遥测遥控等军工相关专业。这期间，451专业为遥测遥控专业，常德山为主任，孟永炎为副主任，孙兢为书记；44专业为雷达专业，崔汝豫为主任，韦翠芳为书记；1962年成立的452专业为电子仪器及测量技术专业，彭康强为主任。

新中国成立后，哈工大校领导一直将办学目标瞄准为工业和国防尖端技术发展方向。早在1952年，中央确定的4所国防院校为北京工业学院、哈尔滨工业大学、北京航空学院、上海交通大学，这是最早一批具有国防科技背景的国内普通高校。1961年2月,中央确定国防科委管理的7所地方院校为哈尔滨工业大学、北京工业学院、北京航空学院、上海交通大学、西北工业大学和南京航空学院。至此,哈工大基本完成了由民转军的总体布局,初步形成了门类齐全、学科配套的专业体系架构。

1962年,哈工大经过再次调整,设置为9个系36个专业,初步形成了最早9个系的统一编号,基本形成了哈工大军工国防的专业特色。当时的9个系分别为:数学力学系(一系),3个专业包括计算数学、飞行力学、火箭结构力学,这是后来理学院和力学系的前身;工程物理系(二系),4个专业为核物理、船舶反应堆、船舶涡轮机、特种泵及液压传动;航空工程系(三系),2个专业是飞机设计、飞机发动机设计;自动控制与无线电工程系(四系),5个专业分别为火箭控制及稳定装置(控制)、陀螺仪与自动驾驶仪(制导)、解算装置(计算机)、无线电定位(雷达)、无线电遥测遥控(通信),这些专业基本上就是后来的三系、四系和五系的前身;工程力学系(五系),3个专业为火箭弹体设计、火箭发动机设计、火箭发射装置及地面设备,当时称为导弹系,遗憾的是这些专业后来都被调整离开了哈工大;电机与仪器系(六系),6个专业为特种电机电器、火箭检测及电气测量设备、热工仪表、光学仪器、工企电气化及自动化、电子物理,这些专业是后来电气工程、仪器和物理电子学专业的前身;工程化学系(七系),3个专业为非金属材料及成型、电化学及化学电源、金属材料与热处理;精密机械系(八系),4个专业是机床及自动化、精密机械仪器、特种精密机械制造工艺、机械制造企业组织与经济;机械制造系(九系),5个专业为火箭弹体制造工艺、火箭发动机制造工艺、特种铸造工艺及设备、特种锻压工艺及设备、特种焊接工艺及设备。

这里值得一提的是当时的导弹工程系,对外称工程力学系或五系,这是老五系。为什么把导弹工程系编为五系?据说是为了与国防部第五研究院的专业对应。国防部五院是我国第一个导弹研究院,是后来航天一、二、三、四、五院的前身,第一任院长是钱学森。最初,导弹工程系涉及的相关专业包括导弹总体、火箭发动机、飞行力学,以及老四系的自动控制、遥测遥控等,还涉及一些机械和材料专业,史称老五系,都是保密专业。老四系和老五系开始都建在哈工大二部(省政府附近），后来学校把刚建好的学生宿舍给老五系用作办公实验楼，就是后来的五系楼（现在已经被拆除）。从 20 世纪 60 年代初开始，老五系为我国培养了一批国防科技人才，遗憾的是，后来国防尖端专业南迁给哈工大这些特色专业带来了相当大的影响。航空系、导弹系、工程物理系的一些专业教师及大量设备被调整到了中科院、北航、西工大等单位，后来，五系的编号才归属了无线电工程系。

　　1961 年至 1974 年期间，无线电工程系一直与自动控制系一起组成自动控制与无线电工程系（大四系）。这一阶段的系党政领导还包括赵熙、韩瑞金、靖伯文、刘栋锡、王振敏、黄铁梅、姜再维、胡恒章、薛景瑄、周长源、周贝隆、郭明、马朝德、肖凌云，以及系团总支书记张家余、邹沐昌、郑德刚等，他们对无线电工程系的建设和发展也都做出了重要的贡献。

二、教学科研工作

1960年开始，无线电工程系的教师和学生本着后来居上的奋斗精神，按照当时工人阶级知识分子的要求，组建自己的干部、教师、学生和工人队伍，努力克服师资力量不足的困难，在专家的帮助下，贯彻边教、边学和边建设、边攻关的方针，认真地进行了教学过程中每一环节的训练，全面地掌握了课程的内容和教学方法，初步构建了一套完整的教学过程。基本上是从零开始，将哈工大无线电工程系建立起来。这一期间，先后建设的六个实验室包括：无线电基础实验室、无线电发送设备实验室、无线电接收设备实验室、导航（遥测）实验室、电视广播实验室及电子器件实验室。

在此期间，无线电工程系的教学工作呈百花齐放、百家争鸣的局面。各专业党支部深入教学第一线，狠抓教学质量，讨论每门课的教学大纲和课程设计，组织新教师试讲。在教学任务繁重、人力紧张的情况下，全系教师深入地一个个解决具体问题，使各方面工作顺利开展，每学期开学伊始，每个任课教师都至少准备了一半以上的教案讲稿，没有教科书的课程也都准备好了讲义。各专业新增了教学科研设备，并准备好了实验课和实验指导书。教师队伍在教学过程中也成长起来，丰富了教学经验，加深了对教材的理解，拓宽了基础知识面，为后来的科研工作打下了坚实的基础。无线电工程系很快形成了完整的符合尖端科学发展趋势和适应国民经济发展需要的教学科研体系。

无线电工程系的教师队伍是一支具有高度责任感和事业心的青年队伍，20世纪60年代初期全系教师平均年龄28岁。很多教师讲课质量高，对学生严格

1963年无线电系 5844-1 班毕业生合影

要求，深受学生爱戴，例如，无线电技术基础课程组组长钱国蕙老师，接收设备课程组组长曹志道老师，发送设备组组长焦志平老师等。学生们刻苦勤奋地学习，很多同学每天晚上写作业、复习功课到深夜 12 点才休息；同学们对讲课质量都感觉到满意，课堂讨论气氛热烈，切实做到了教学相长。

时任校长李昌同志将全校师生的好做法、好经验总结概括为"规格严格，功夫到家"。此后，这八个字成为哈工大鲜明的个性和特点，逐渐形成了统一全校师生思想和行动的目标，形成了哈工大的校风。"规格严格"和"功夫到家"是有内在联系的，"规格"是指目标和标准，"功夫"是指过程以及本领和功底。"规格"和"严格"，"功夫"和"到家"是定性的概念，是严格的规格，要下到家的功夫。"严格"和"到家"又是指程度、高低、深浅等定量的概念。所以，"规格严格，功夫到家"既有定性的要求，又有定量的要求，是科学的。

除了繁重的教学任务，无线电工程系还与省科学分院、石家庄研究所等研究机构进行科研合作，开展专题科学研究。刘永坦老师于1965年春承担了国家"单脉冲延迟式雷达接收机"研制任务。这是经过多年教学实践后，又一轮科研的开端，雷达专业大部分教师参与了这项研制任务。1966年后，这项科研也受到了一定程度的影响，项目时断时续。此时的无线电工程系教师都很年轻，参与科研工作只能边学边干，效率较低。但是从事科研工作确是非常好的锻炼机会，把学到的理论知识实际运用起来，加深了对理论的理解，培养了分析问题和解决问题的能力。

三、又红又专师生共进

1959—1966年间,国内形势变化频繁,先后有反右、三年严重困难等影响,课外劳动和社会活动过多,无线电工程系的教学科研工作也受到一定的影响。在这种环境下,无线电工程系的广大师生仍然在各方面取得了不少成绩。1959—1965年七年间,无线电工程系共培养五年制本科生560多人,他们中的绝大多数都分配到我国国防、航天及电子信息领域的研究所、高等学校、国营企业,成为技术骨干和领军人物,其中就包括毕业后分配到南京14所的贲德院士。

1959年5月,无线电工程系张乃通老师及喻江东同学获评优秀团员,周廷显获评优秀团干部。1963年5月,刘文贵、周庆余、郑华芳、王焕滨、倪锡忠及教师余贵荣等同志在江边舍己救人、见义勇为,他们在随后的四系团员大会上获得公开表扬。1963年杨喜堂老师获评先进工作者;1965年51专业教研室获评四好单位;1965年贾世楼、周廷显、孟宪德、邓绍范、冯健华、张儒、赵会文、徐炳星、吴中一、汪传钦、杨喜堂、董生彬、吴金玉、李桂生等同志获评五好职工。

在开展正常的教学科研工作的同时,无线电工程系师生也不忘紧抓政治学习,紧抓思想教育,树立正确的世界观和人生观,坚定为建设强大祖国努力奋斗的决心和意志。在紧张的教学科研工作之余,师生员工的业余生活也丰富多彩。全系师生在学习雷锋精神、学习王杰活动、学习大庆铁人精神中明确了为革命而学习的目的,树立了为无产阶级事业永攀科学高峰的雄心壮志。

1960年入学的6044-2班,在校五年每年都被评为学校优秀班级,毕业时全班32人中有12名党员、5名预备党员。班长李建国介绍,该班同学工作后全部被评为高级职称。这个班有一个名叫黄纪蓉的女生,在校期间身体不好,经常住在医院里坚持学习,全班同学都把自己的饼干奶粉送给她。毕业时在同学们的鼓励和支持下她坚持完成毕业设计,并按期毕业。后来,黄纪蓉同学被分配到上海无线电四厂,担任过上海广电局团委书记、上海市党代会代表,后来成为上海无线电四厂副厂长、总工程师。6044-2班还有一位特殊的同学,就是后来一直在52专业的王洋老师。1956年王洋考入哈工大电机系电力专业时就是中共党员,曾担任电机系56级学生党支部书记。1958年王洋被提前抽调当老师,曾担任班主任及系人事保卫干

前排左起:张国珍、刘栋锡、韩瑞金、靖伯文、缪尔康、王洋
二排左起:李应璋、朱宏德、李建国、柯文华、丁瑛
三排左起:王锡华、张中陞、刘传祥、雷顺端、韩克忠、唐建久
1965年无线电系6044-2班学生党支部成员与系领导合影

事等职务，1963年又插班到6044-2班继续完成学业。王洋老师作为班级里的老党员、老大哥，积极开展思想工作、加强团结、促进学习、发展党员，为6044-2班创建优秀班级发挥了重要作用。1965年王洋毕业后留52教研室任教，曾担任教研室主任和党支部书记等职务。

1966年哈工大主楼落成，无线电工程系离开中山路二部搬进主楼，直到现在，电信学院机关及原501专业和502专业的部分老师仍然在主楼工作。

第三章　曲折经历
（1966—1976）

一、南迁北返

由于中苏局势紧张，1969年10月，中央发出加强备战的"一号命令"，号召全国进入紧急战备状态。当时的国防科委考虑到哈尔滨工业大学和哈尔滨军事工程学院是东北地区重要的国防院校，位于"前线"地区不安全，决定将哈工大和哈军工迁往内地。

从1970年开始，哈工大部分教学科研人员及绝大部分的仪器设备和图书资料南迁重庆，与哈军工二系（原子能系）合并成立重庆工业大学，校址为重庆北碚的西南师范学院。与民用相关的专业留在哈尔滨，与黑龙江工学院、哈尔滨电工学院合并组成新的哈尔滨工业大学。无线电工程系部分教师南迁去了重庆，部分教师留在了哈尔滨，原有的教师队伍被拆散，教学、实验设备被分割。南迁部分有设备，缺教师，长期无法开展教学工作；留哈部分有教师，缺设备，也不能很好地进行教学科研。

在南北两校广大教职员工的强烈要求下，1973年7月，国务院、中央军委发出通知，决定重庆工业大学北返，与原哈工大留哈部分合并，恢复哈尔滨工业大学。从历史的角度看，在当时的国际形势下，尖端专业南迁内地也是正确的。同时，南迁造成了一定的资源损失也是实际情况。无线电系南迁去的广大教师积极响应国家号召，艰苦奋斗、努力工作，最大限度地保存了仪器设备的完整性，使得绝大多数仪器设备返回哈尔滨后还能正常使用。

无线电工程系南迁到重庆的老师包括王洋、冯健华、曹玉琢、赵会文、马汉炎、尹国强、贾世楼、周廷显、李正廉等等。1974年，他们中的大部分人都回到了哈尔滨。同时也有些老师因此调离了哈工大，比如林士群老师去了厦门大学，刘壁城、杨遇春、顾琴珍三位老师去了中国科技大学。

1974年北返后哈工大重新恢复了建制，在广大干部群众的努力下，哈工大也逐渐开始恢复元气。

二、历史影响

1973—1976 年，工农兵进驻上层建筑领域，工宣队也进驻了哈尔滨工业大学，实施对大学的整、管、改。广大师生员工虽然在此期间受到一些打击，但是他们热爱党、热爱社会主义、忠诚党的教育事业的决心始终没有动摇。

1974 年，南迁北返后，根据国内其他高校无线电专业单独办系的经验，学校决定无线电系与自动控制系分开，分别成立了自动控制系（四系）和无线电工程系（五系）。

1973 年秋季开始，哈工大开始从工农兵中选拔大学生，实行开门办学，共招收了 4 届学生。无线电工程系也开始招收工农兵大学生，4 届共招收 240 人左右，并在极"左"思潮干扰下坚持教书育人工作，努力将这 4 届工农兵大学生培养成为德才兼备的科技人才。这期间，学校的教学体系也反复调整，中间曾实行一段"包乘组"式的培养模式，即将基础课教师分配到各个专业组，形成一个相对独立的教师团队，每个包乘组负责一个小班。这期间，参加无线电系各个包乘组的基础课老师包括教数学的王尊正、齐忠豫、刘忠佩，教物理的戴永江、孙悦贞、秦镜明，教化学的蒋宏弟，教外语的鞠广茂、付芷山、张垣，教制图的李杭森、马秀兰等等。在这个过程中，无线电工程系的基础教研室被拆散，教师被分到各个专业，直到 1976 年后才恢复。

从 1974 年开始，无线电工程系不断扩展专业方向，克服重重困难，开始筹建微波专业。首先在教材编写、课程设置、实习地点、毕业设计题目和实验室教学仪器设备等方面积极准备。随后，在 74 级学生中试办了无线电工程系

1977年无线电工程系7453班毕业生合影

第一个微波专业班，朱育诚为该班级的班主任。当时电子仪器及测量专业的高频组老师董生彬、孙道礼、单秋山、吴殿凯、鲁庆仁、林志安以及来自公共基础课教研室的王尊正（数学）、付芷山（外语）、李杭森（制图）、戴永江（物理）教师承担了微波专业班的课程教学。无线电工程系的吴群和王新两位老师都是这个班的毕业生。

这期间，在无线电工程系培养的四届工农兵大学生中，有不少在毕业后留校工作。他们包括乔晓林、袁业术、宗成阁、吴群、王新、李延泽、李北光、段云、白哲、胡亦平等，还包括从外校分配来校工作的李成文、林志安、董书民等。他们在无线电工程系工作期间，积极承担教学科研任务，参与实验室建设、教材编写和管理，为学校及无线电工程系的发展做出重要贡献。

这期间，无线电工程系还开门办学，多次举办专业技术培训班，为培养地

1978年无线电工程系7552班毕业留念

方企业技术人才做出积极贡献。

　　尽管受到各种不利因素的影响，无线电工程系的广大教师仍然本着一颗爱国敬业之心坚持在科研教学的第一线不断努力，勤奋工作。

　　1969年10月，张乃通老师被抽调进入学校组织的战备科研领导小组。在科研小组中，他被确定为"晶体管单边带战术电台"研制的技术负责人，开始与哈军工的部分同行教师以及部分还未分配的学生一起工作。1970年初他带领哈军工、黑大各两名教师及多名学生，赴齐齐哈尔工厂研制晶体管化"小八一"电台。1971年，完成了当时在国内领先的具有数字频率合成器、功率合成和接收机自动调谐的晶体管单边带电台，完成沈阳、哈尔滨、齐齐哈尔的三地互通话实验。1972年秋，该项目通过了由原四机部在哈尔滨召开的有关技术评审会的评审。

　　1965年刘永坦老师主持的"单脉冲延迟式雷达接收机"研制任务得到国

家和学校的支持，于 1970 年研制完成。成果上报国防科委后，移交给四川省广元 787 厂。该项目的技术总结在 1973 年的国内"单脉冲技术交流会"上做了报告，并被收入论文集中。在该项目的研制过程中，曹志道、杨永盛等老师研制出了单脉冲多用移相信号源，应空军和一些雷达厂的要求，陆续在 787 厂生产了 100 多台套。

20 世纪 70 年代，52 专业教师为西安 206 所研制了脉冲压缩雷达的关键器件——声表面波器件 (SAW)。从脉冲压缩雷达的基本理论，到声表面波器件的设计、工艺和相关的电路设计，并用所研制的抽头延迟线制成了脉冲压缩雷达信号处理系统。有关工作在 1977 年的全国第一届声表面波技术交流会上做了报告，并被收入论文集。在设计和分析该声表面波器件性能的过程中，刘永坦老师率先引入了数字计算机，使专业教师队伍较早地应用了现代计算机技术。

这期间，53 专业负责人为尹松泉和孙圣和两位老师。学校责成 53 专业负责组建哈工大电子仪器厂，由尹松泉老师任厂长，孙圣和老师任副厂长。该厂开发研制的成套原油自动计量装置，成功地应用在大庆油田的石油销售计量中，解决了当时我国石油销售计量自动化问题，带来了较好的经济效益和社会影响。孙圣和老师还带领团队研制成功了数字式密度计二次仪表和单振动管式密度计一次仪表。

1977 年 4 月，时任副总理王震来校视察工作，参观了无线电工程系生产的数字式密度计、数字模拟输出器、微波育种和多用移相信号源等科研成果。他高兴地鼓励教师要用马列主义、毛泽东思想武装头脑，一心一意搞好科研教学，培养出又红又专的科学技术人才。

第四章　走上正轨
（1977—1986）

1978年,一篇文章掀起全国关于真理标准问题的大讨论;拨乱反正,过去十年的冤假错案开始还其历史真相;安徽凤阳小岗村的18户农民在包产到户的合同上按下手印;邓小平高瞻远瞩地指出,科学技术是第一生产力。随后,党的十一届三中全会做出了改革开放的重大决策,正如一声春雷,激荡回响在历史的天空,开启了我国发展新时期,无线电工程系也开始进入了重新走上正轨的发展阶段。

一、快速发展

十一届三中全会之后,党的知识分子政策得到落实,教师们焕发了青春,他们立志为党、为中华民族做出更多的贡献,在系里的领导下,在教师们争分夺秒的努力工作下,无线电工程系开始走上高速发展的快车道。

1977年无线电工程系开始恢复正常教学秩序,这期间无线电工程系的领导包括:系主任靖伯文、金广贵,副主任孙兢,党总支书记戴桂森。1979年系主任孙兢,副主任张乃通,党总支书记胡俊新,副书记程行义。

1977年11月,学校做出了恢复教研室和加强基础理论教学的决定,无线电工程系的专业教研室和基础教研室相继恢复并开始行使职能。到1978年,无线电工程系基本建成了包括501教研室(无线电基础)、502教研室(微波基础)、

51专业教研室（通信）、52专业教研室（雷达）和53专业教研室（无线电技术）等五个教研室以及相应的基础课和专业课实验室构成的教学科研组织架构。从1977年开始，无线电工程系的三个专业开始招收四年制本科生，两个专业基础教研室承担本科生专业基础课的教学和实验任务，逐步形成了哈工大独具特色的电子信息类本科生热门专业品牌和完整成熟的培养体系。

1980年前后，经过拨乱反正的无线电工程系的广大教师以极大的工作热情，恢复教学秩序，完善实验室条件，在新教师补充不足的情况下，继续发扬艰苦奋斗的精神，形成了一个个团结奋进的教师团队。

501教研室主要承担全系各专业本科生的无线电技术基础课和大量的实验课程，包括电路信号与系统、脉冲与数字电路、无线电发送设备、无线电接收设备、低频放大电路等，主要教师包括：钱国蕙、焦治平、赵国田、王玉民、赵会文、张赫湘、徐炳星、张万杰、李士伯、张义方、徐明、曹玉琢、张森梅、冯健华、黄翠凝、刁式华、李孚勤、王宝祥、钮培澍、姜维孝、李家泰、武镇英、汪庆仁、尹国强、孟宪荣、孟庆国、吴杰清、周永芬、李延泽、王喜斌、赵凤英、李北光等。

502教研室是1978年后由原来53专业高频组和52专业微波天线组的老师组建成立的，主要承担全系各专业本科生的电磁场理论、微波技术等专业基础课程，主要教师包括：邓绍范、胡承一、鲁庆仁、张庆徽、单秋山、王玉仑、吴殿恺、孙道礼、郭文彦、马汉炎、罗德堃、赵贺明、吴群、王新、林志安、刘荣兰等。

51专业教研室主要承担通信专业本科生通信原理、通信系统等专业课教学和实验任务，当时的主要教师包括：张乃通、贾世楼、周廷显、李正廉、王恒山、吴中一、刘士生、刘文贵、王云奇、王慕坤、陈功富、杨喜堂、王显宽、徐玉滨、刘宁庆、蒙力群、王淑清、姚燕宁、李淑玉、李庭菊、马文清、徐世昌、赵永仁、张金荣等。

52专业教研室主要承担雷达专业本科生雷达原理、雷达信号处理等专业课教学和实验任务，主要教师包括：刘永坦、曹志道、高远、郑玉祥、孟宪德、陈世耕、段凤增、董绍平、杨永盛、李芝荣、王洋、邵树永、李金宗、张儒、袁业术、宗成阁、乔晓林、刘玉梅、孙松岩、张秀琴、梁国武、禹胜来、孟庆岫、王淑芝等。

53专业教研室主要承担雷达专业本科生电子测量原理、时域测量技术等专业

1982年无线电工程系501教研室部分教师合影

课教学和实验任务,主要教师包括:孙圣和、王金荣、吴金玉、张联铎、张忠亭、刘明亮、林茂六、张秀兰、童继山、王中元、林荫华、李成文、庄荣新、于春凤、赵树茂、尹宝智、刘清法、孙少中、李晓文、马景龙、杜惠平、王立亚、刘云秀等。

1980年前后,在无线电工程系的机关领导和办公室人员主要包括:靖伯文、金广贵、孙兢、胡俊新、程行义、程杰、张兆启、王素芹、卢崇京、李桂生、刘凤举、董松生、孟庆岫、段云等。

在此期间,1978年刘永坦和曹志道被破格晋升为副教授,1979年张乃通晋升副教授,1982年孙圣和晋升副教授,1985年刘永坦、张乃通、曹志道、孙圣和晋升教授。

1979年,无线电工程系开始培养研究生,当时我国还没有建立学位制,开始几年无线电工程系的研究生都是利用电气工程系几个老教师的招生资格,由系里的老师具体指导。无线电工程系第一个硕士研究生是1979年入学的战振庆,1980年招收的4个硕士研究生是乔晓林、白哲、胡一平、夏鲁白。1981年国家颁布《中华人民共和国学位条例暂行实施办法》,正式实行学位制,开始授予学士、硕士和博士学位。1981年,国内高校首批硕士、博士授予点公布,其中设置通信与电子系统学科博士点的高校有7所,包括清华、北邮、上交大、南工、华中工学院、华南工学院和西电,设置通信与电子系统学科硕士点的高校有19所,除上面7所外还包括北京工业大学、天津大学、吉林大学、哈尔滨工业大学、解放军通信工程学院、上海工业大学、南京航空学院、华东工学院、南京邮电学院、浙江大学、国防科技大学、西安交通大学。可以看出,当时无线电工程系在国内已经处于前20名高校水平,对于一个无线电工程系成立较晚的高校实属不易。

1981年无线电工程系获批的通信与电子系统二级学科硕士点,是当时哈工大(不包括哈建大)12个二级学科硕士点之一。1984年毕业的硕士研究生为张中兆、许荣庆、赵淑清、沈一鹰、贾晓光、刘杰、施正豪7人;1985年毕业的硕士研究生为顾学迈、张晔、徐国栋、胡访宇、蔡安慧、晏才宏6人;1986年毕业的硕士研究生为贺菊芳、谭学治、杨康、李集林、颜庆华、首山雄、袁学工、张铁韧、王智9人。

1986年,无线电工程系获批通信与电子系统学科博士学位授予权,刘永坦老师获得国务院学位委员会授予的博士生导师资格,招收的第一个博士生是52

1985年无线电工程系领导和教师与教育部学位点检查专家的合影

专业的许荣庆。当时该学科具有博士学位点的高校只有清华、北邮、北航、东南、浙大、华中、哈工大等16所。至此,无线电工程系具有了学士、硕士、博士全系列高层次专业人才的培养体系。

1983年张乃通任无线电工程系主任,王玉民、张中兆任副主任,担任总支书记的分别是赵会文、张赫湘,总支副书记为李绍滨。

1984年经教育部批准,哈工大成为全国首批试办研究生院的22所国内高校之一,无线电工程系的钱国蕙老师任哈工大研究生院首任培养处处长。

在此期间,无线电工程系的广大教师也取得了一系列荣誉。1983年,52专业教研室高频雷达研究组获得校级先进集体;张忠亭、郭文彦、王金荣获得校优秀教师,张万杰、张庆徽、王洋、程杰、杨喜堂获得校"五好"家庭荣誉。1986年,张义芳、杨永盛、张毅刚、郭文彦获校"教书育人,为人师表"积极分子;张义芳、郭文彦获校教学二等奖;张万杰、孙道礼、杨永盛、刘文贵、张毅刚获校教学三等奖;53专业教研室获校级先进集体;刘永坦、孙圣和获校优秀教师;张乃通获校先进工作者;冯健华获校三八红旗手;张万杰、吴殿凯获校"五好"家庭等。

二、恢复高考

从 1977 年 10 月开始,学校核心组、领导小组多次召开专门会议,研究部署恢复高考及招生工作问题。配备有多年教学经验的教师担任基础课程的主讲教师,恢复教研室、实验室组织,准备新生上课教材,安排食堂和宿舍,维修教室课桌和电灯。

1978 年 3 月 30 日,学校举行 77 级新生开学典礼,学校核心组组长李瑞同志讲了话。1978 年 10 月 31 日,78 级新生开学典礼在主楼礼堂举行,八机部张群力同志出席了大会,校长刘德本同志在典礼上讲话。

根据教育部计划安排,哈工大共招收 77 级本科生 950 名,招收 78 级本科生 1 150 名。1977 年,无线电工程系招收信息工程(7752)和无线电技术(7753)两个本科专业。1978 年,招收无线电技术师资班(7850)、无线通信系统(7851)、信息工程(7852)和无线电技术(7853)四个本科专业。从 79 级开始,无线电系开始连续招收通信(51)、雷达(52)和测量(53)三个本科专业,招生规模不断扩大,逐渐形成了无线电工程系的品牌专业,生源质量不断提高,成为哈工大的热门本科专业。

这期间入学的学生学习十分刻苦,毕业后恰逢无线电工程系急需教师,很多同学都留在无线电工程系工作,包括许荣庆(7752)、张宁(7752)、韩忠芳(7752)、赵淑清(7752)、沈一鹰(7752)、贾晓光(7753)、施正豪(7753)、曹若欣(7753)、徐颖(7753)、任长在(7753)、张毅刚(7753)、杨晓军(7753)、李绍滨(7850)、徐国栋(7850)、邱景辉(7850)、谭学治(7850)、顾学迈(7851)、张晔

（7851）、刘丕刚（7851）、牛夏牧（7853）、吴芝路（7953）、王钢（8051）、任广辉（8053）、彭喜元（8053）、姜守达（8053）等。

　　1977年高考是由全国各个省市自行命题，考试时间定在11月底，距全国恢复高考制度消息发布仅有一个多月的时间。各学校和地区招生制度不统一，有的地区限制年龄不超过30周岁，有的地区限制"老三届"考生只允许报考师范院校。这次高考是在一种谁都没有准备，仅凭一两个月突击复习来应付突然袭击的状态下进行的。全国参加高考的600万考生，也体现出中国社会被压抑了10年的年轻一代的能量爆发。能考上大学的多是十年沉淀的人才，实乃不易，令人敬佩！1978年高考由国家统一命题，时间统一为7月，取消年龄和报考院校限制，也是允许"老三届"报考的最后一届。考试正规了许多，试题采取严格的保密措施，在送到考场等过程中全程公安押运，考生们的复习时间也远超一年，高考成绩也高于1977年高考。

　　从1977年恢复全国高考之后，工作在各个岗位的学子们体验到参加高考的人生经历，有痛苦的泪水，奋斗的艰辛，失败的沮丧，成功的喜悦。当他们从四面八方汇聚到哈工大的时候，每一张青春稚嫩的脸上都洋溢着奋斗成功的喜悦，每一颗年轻的心中都充满了激动和憧憬。而每个人的背后，都有一段精彩的故事。

　　目前，77、78级校友大多已经接近花甲之年，当他们满怀深情地回望那段岁月时，他们满怀感激地回忆起那时的老师、同学、领导、同事、战友还有家人。对于他们来说，高考是梦想开始的时刻，哈工大是梦想实现的地方。他们怀着深深的感激，感谢党中央恢复高考的英明决定，感谢备战高考时所在学校、工厂、农村和部队给予他们的支持和帮助，感谢他们的父母家人持续不断的关爱，更感谢母校哈工大给他们的梦想插上了翅膀。

三、教学工作开展

新时期带来了新任务，为了提高教学质量，无线电工程系不断更新课程内容，改善实验条件。为取得更有价值的科研成果，不断选取新的课题，开创无线电工程系的新局面。系党政领导班子带领全系教职员工积极开展教学科研工作，取得了可喜的成果。

1979年4月哈工大开展教育质量大检查工作，通过检查活动进一步贯彻党的十一届三中全会精神，推动全校各项工作切实转到教学科研工作上来，重点检查课堂教学、实验课教学和教学秩序。在这次检查中，无线电工程系对招生质量进行了全面分析研究，提出了改进招生工作的若干措施。

在教学方面，大家明确了过好教学质量关的任务，高水平的教学质量是专业水平的主要标志之一。高等院校是造就人才的工厂，不能培养出高质量的人才，就不能说专业水平高。为了更新课程内容，教师们边学边教，陆续编写出适应时代要求，适合专业特色的全套教材，并逐渐形成稳定的教学内容，教师们也都掌握了这些课程。全系重视与专业课紧密联系的实验课，通过实验条件的逐步完善，进一步提升了教学质量，进而提高了科研水平。

在新形势的鼓舞下，有多年教学经验的老教师积极传授教学经验，促进年轻教师的成长。52专业郑玉祥老师就如何培养学生分析问题、解决问题的能力，总结了自己的体会。他认为课堂教学的基本矛盾是教与学的矛盾，也是知与不知的矛盾；得当的教学方法是取得好的教学效果的充分条件；

搞好课堂教学，必须正确处理好难与易、繁与简、基本与非基本、定量与定性、物理概念与数学分析、纲与目、干与枝、主与从、讲与写等的关系。

502教研室郭文彦老师指出，讲课是一门艺术，教师就是演员。演员要想取得好的艺术效果，就要靠语言的魅力，抓住观众，感染观众，教师也是如此。

在提高教师教学水平的同时，无线电工程系还十分重视学生管理工作的科学化。实行质量考核的办法，以质量作为衡量学生在校表现的标志。质量考核包括智育和德育两部分。无线电工程系党总支发出通知，要求全系各单位在提高学生课程学习成绩的同时，注意加强学生的思想政治工作，提高学生对考核的必要性的认识，增强执行考核的自觉性，发挥学生干部的骨干带头作用，使学生进一步热爱专业，立志献身于专业，成为德智体全面发展的人才。

从1977年到1986年，无线电工程系为国家培养了一大批高质量科技人才，他们遍布祖国电子信息领域的教育、科技、工业等各个方面。众多毕业校友成为各自工作岗位上的领军人才和技术骨干。诸如中国科学院院士周志鑫、航天科工集团公司刘尔琦、北京产权交易所熊焰、NEC（中国）公司杜军、航天科工集团九院单涛、中兴通讯公司赵先明、中国卫星公司闫忠文、华为公司李英涛等等。

为了提高教学质量，张乃通老师在"数字信号处理""移动通信系统"两门研究生专业课讲授过程中，认真查阅了大量参考文献，丰富和充实了教材内容。在授课时，他很注意发挥研究生自学能力强的特点，着重启发、引导，促进学生积极地在听课中思考问题。

全系教师陆续编写出适应时代要求，适合哈工大无线电工程系学科专业特色的教材和讲义。这段时期，无线电工程系教师陆续编写出版的教材包括《通信系统》《信号与系统》《高频电子线路》《数字电路》《雷达原理》《数字信号处理》《电磁场理论》《微波技术》《微波电子线路》《天线原理》《通信原理》《移动通信》《卫星通信》《计算机通信》《MCS-51单片机应用设计》等。1986年，53专业教师受电子工业部无线电技术与信息系统教材编委会委托，陆续编写了《近代时域测量技术》和《六端口网络分析技术》两本统编教材。孙圣和还担任《电子测量原理》《测量信息》和《非电量检测技术》三本教材的责任编辑。

同时，无线电工程系的实验条件也得到了大大改善。自制和采购了一批实验设备，初步形成了有发展前景的学科和科研基地。

这期间，在77、78级同学的带领下，无线电工程系的广大同学刻苦学习、团结奋进，形成了良好的学风和班风，涌现出众多的先进集体和个人。例如，1981年，7753班获校优秀三好班级；7851班、7951班获校先进团支部；7851班、8053班获校三好班级；魏书刚、边晓燕、魏建池、姚燕宁、童晶静、贾玉林、侯秀峰、牛夏牧等21人获校优秀团员；岳展、顾学迈、王传彩、李丹珠、彭喜元、吴芝路等15人获校三好学生。1983年，侯秀峰获校优秀三好学生干部；吴石林、彭喜元获优秀三好学生；8053班、8152班获校三好班级；王钢、贾玉林、于长军、王学东、金永镐、贾晓光、许洪光、焦庆中等25人获校三好学生。

7753班和8053班都是当时学校突出的先进班级，也都是省级先进集体和连续多年的校级三好班级，涌现出众多的先进个人，有突出的先进事迹，为哈工大和无线电工程系的学生思想政治工作发挥了模范带头作用。

1982年7753班毕业生与教师合影

1981年8053班同学与班主任段云老师（前排左三）合影

四、科研工作创新

无线电工程系在完成教学任务的同时，也承担并完成了国家的部、院、厂、所的大量科研任务。无线电工程系教师开展科研工作的原则是：国家项目与地方项目相结合，以国家项目为主；大项目与小项目相结合，以大项目为主；理论课题与应用课题相结合，以应用课题为主；长远的有方向性的课题与短期任务相结合，以长远的有方向性的课题为主；教师的科研工作与教学工作相结合；指导毕业设计任务与科研工作相结合。科研工作总的指导思想是为国防建设服务，为国民经济的发展服务，为实现四化提高生产力服务。

1978年3月，全国科学大会胜利召开，邓小平同志的讲话振奋人心。在这次大会上，哈工大有28项科技成果受到大会表彰，其中就有无线电工程系的52专业的多用移相信号源和53专业的原油自动计量装置两个项目。

时任系主任张乃通老师一直认为，高校应当是教学与科研并重。他提出了对科研工作的要求是保时、保质、讲信誉，改变社会对高校科研不信任的成见。经过努力，无线电工程系开创了初具规模的科研工作新局面。20世纪80年代，无线电工程系刘永坦、张乃通、孙圣和等老师在条件十分困难的情况下，结合国家发展需求，坚持开展科学研究，获得了一批突出的科研成果，形成了无线电工程系科研带动教学的发展之路。

1981年，52专业刘永坦老师在英国从事的高频雷达海浪回波实时处理研究取得重大成果，该项研究克服了常规雷达无法发现地平面以下目标的固有缺点，在国际同行中引起较大反响。1979年初—1981年底，刘永坦老师作为中国改革开放后第一批出国访问学者赴英国访学。1982年他从英国留学归来，带领一个课题组，根据从国外了解到的前沿信息，开始了我国新体制雷达的探索性研究工作。为了从有关方面获得支持，他们不知疲倦地一次次往返于北京和哈尔滨之间，一次次地修改立项报告，终于以令人信服的论证报告和孜孜以求的精神打动了海军和航天部的领导，预研项目得以批准，从而开始了艰苦的攻关过程。1984年，高频雷达项目组的研究成果通过了航天工业部组织的技术鉴定，并决定开展工程应用研究。学校及无线电工程系组织力量开展技术攻关。先后从80级本科毕业生中招聘了刘兴钊、邓维波、王国林、张庆祥、高兴斌等多名青年教师，从系内外相关专业调来王金荣、权太范、单秋山等老师，并于1985年成立了电子工程技术研究所。在此期间，52专业教师研制的雷达目标散射面积录取与处理系统、雷达自适应滤波技术、肺阻抗血流图仪（获美国专利）、河流断面测试、测高雷达屏幕显示、时间序列拟合技术研究等项目也都在技术上有所创新。

80年代初，我国原有的战术导弹武器系统的指令、控制、传输系统是模拟、有线的。因此存在装备车辆多、阵地布防慢、机动性差、作用距离近等一系列问

1979年刘永坦老师（前排右一）出国前与52专业教研室部分老师合影

题，很难满足实战的需要。鉴于此，51 专业张乃通老师从理论和技术上提出了先进的解决方案，领导课题组创造性地解决了我国战术导弹武器指令、控制、数据通信系统抗干扰能力，超视距目标指示数据链，阵地联网作战，提高机动性，加大阵地覆盖范围等一系列技术难点。从而使该武器指控更新换代，达到了国外同类系统先进水平，在国内外赢得良好的声誉。这一系列成果获国家科技进步奖二等奖 1 项，部级科技进步奖一、二等奖 3 项。1985 年，51 专业张乃通老师负责的专用数传通信系统项目通过立项评审，同时开展工程装备的研制与开发。同一时期，51 专业教研室的科研工作蓬勃开展，1985 年周廷显、李正廉、王慕坤等老师研制成功混合制遥测系统；1985 年贾世楼、张乃通、胡亦平老师等研制的光缆数据传输系统通过航天部组织的技术鉴定；1986 年张乃通、贾世楼等老师研制出战术武器地面站指挥通信系统；1986 年李正廉、刘宁庆等老师研制并建成哈工大外语教学广播电台；等等。

1983 年，53 专业教研室孙圣和老师团队与航天二院计量站共同研制成功六端口自动测试系统，并在国内第一个成功地应用于六端口自动测试系统中，填补了国内空白。同年，53 专业教师还自行研制了 EL 数字接口和 XYJ-1B 应急电源两台设备，投资少、见效快，具有推广价值。1985 年，孙圣和、张忠亭等老师研制的自动脉冲测试系统和 DH1332 程控微波扫频信号源，通过了技术鉴定，达到国际同类产品水平。1985 年，孙圣和老师主持研制的大型直线加速器水冷控制系统，在国际上首次将石英测温技术用于加速器，研制了高分辨率石英温度传感器，解决了大型复杂对象精密测温和控温难题，为北京正负电子对抗机工程建设做出重大贡献，1991 年获国务院嘉奖。1986 年，53 专业教研室一举获得四项科研成果，分别是孙圣和、刘明亮等老师的数字反卷积理论及在时域自动测试中应用的研究；孙圣和、施正豪等老师的 18 GHz 时域自动测试系统；张忠亭、张毅刚老师研制的微机流体质量计；尹宝智、高华老师研制的 G-TP 微机控温器。这些成果均为国际首创，具有重要的实用价值，受到同行专家称赞，被称为科研"高产"单位。

在此期间，501 教研室的钱国蕙老师、赵国田老师，502 教研室的邓绍范和王玉伦等老师也分别在遥感图像处理、语音信号识别、相控阵雷达器件、微波测量系统等多个研究领域开展了相关研究，取得了突出成果。

截止到1986年，无线电工程系教师共取得各类科技成果40多项，其中受到国家和省部级科学大会表彰3项，获得省部级科技成果奖励15项。

1985年张乃通老师（前排左一）和曹志道老师（前排右一）接待航天工业部专家时的合影

同一期间，无线电工程系的广大教师积极开展国内外学术交流活动，许多同志在国家和省级学术团体担任理事以上的职务。1983年无线电工程系与黑龙江省电子学会联合举办学术报告会，刘永坦和钱国蕙两位老师在大会上做了报告，鲁庆仁老师等宣读了论文。1984年刘永坦老师参加了在意大利佛罗伦萨举办的"数字信号处理"国际会议，并宣读了论文。同年孙圣和老师等出席了"国际无线电与微波测量"学术交流会，徐明等参加了"自动化测试和计算机应用技术"学术交流会。同时，无线电工程系教师还为黑龙江省政府和地方企业相关人员进行了计算机应用培训，不断提高无线电工程系在省里的影响力。

1986年孙圣和老师在哈工大"献策论坛"上针对法国总统密特朗提出的"尤里卡计划"给出了哈工大在新技术挑战面前的战略。孙老师分析了现代科技发展的特点，倡导联合和合作的思想。孙老师指出，在培养年轻教师方面，应"三十之前泛而不专，三十之后专而不泛"；在课程设置方面，应加强对学生掌握数学

1986 年刘永坦老师向校领导介绍科研成果

方法的训练，适当增加控制论、信息论、系统论等各种横断学科课程的种类、深度和广度。

这一阶段扎实的教学和科研工作使得无线电工程系开始在国内外电子信息领域崭露头角，为后期的快速发展打下了坚实的基础。

20 世纪 80 年代初期，哈尔滨工业大学是隶属航天工业部的唯一一所高等院校。随着我国航天事业的发展，迫切需要培养大批新生力量，以解决航天人才青黄不接的问题。鉴于此，哈工大领导积极推动筹建航天学院，从 1985 年开始，张乃通老师就参与筹建哈工大航天学院，直到 1987 年航天学院成立。

发展篇 / 快速发展
（1987—2002 航天学院期间）

第五章 组建航天学院
(1987—1995)

一、背景与形势

1985年,哈工大由国防科工委改为航天部(七机部)领导,但由于哈工大的专业设置以通用为主,因此并不合拍。学校决定成立"航天学院"与之直接对口,带动其他系为之服务。

1985年上半年,校党委宣布成立航天学院筹备工作组,由时任校长杨士勤及前任校长黄文虎任领导,以当时的副校长王魁业为工作组组长,张乃通为副组长主抓实际工作,其他有关各系的主任作为成员。

在大家共同努力调研、组织的基础上,经过两年的努力,1987年初航天学院在上级(特别是航天部教育司)的支持下,组织了与航天相关的三个系(力学系、控制工程系和无线电工程系)和一个研究室(航天)为基础的机构框架,并提出了初步的办院设想。无线电工程系从此有了"靠山",具有了更好的平台和发展空间。哈工大当时无航天主体专业,由于自动控制是航天热点,无线电是航天有效载荷及武器系统急需,而且这两个系都有相关课题任务,基于两系已有的和航天部委的合作关系,加速航天主干系建设是比较合适的。

1987年6月经国家航天工业部批准,哈工大将控制工程系、无线电工程系、力学系和飞行器总体研究室组建成航天学院,这是我国第一个以培养高级航天专门人才和从事航天高技术研究为主的学院。

1987年6月7日航天学院正式成立了。杜善义任院长,张乃通、冯汝鹏任副院长,张守彭任院党委书记。在校党委书记召开的院党委正副书记和正副院长的会议上,张乃通提出了"加速院的建设,但原系系旗不倒,不能断了各系与社会主管渠道相连的路"的观点。

在创建航天学院的同时,1987年哈工大还成立了通信技术研究所。这样,无线电工程系除了已成立并已取得丰硕成果的电子工程技术研究所外，又多了一个通信技术研究所，确保无线电工程系的科研成果有了更有利的技术平台和组织保障。

1990年学校恢复航天学院四个系的原有机构和职能，这样各系与校内其他系的职能相同，进而明确了院属研究所和系属研究所的职能。

1990年，经学校批准，在原电子仪器及测量技术专业（53专业）的基础上成立了哈尔滨工业大学自动化测试与控制研究所。

电子工程技术研究所首任所长由刘永坦担任；通信技术研究所首任所长由张乃通担任；自动化测试与控制研究所首任所长由孙圣和担任。

1987—1996年间，先后在无线电工程系工作过的同志有：

刘永坦、张乃通、孙圣和、贾世楼、周廷显、李正廉、吴中一、刘文贵、刘士生、王慕坤、陈功富、王恒山、杨喜堂、王显宽、高桂春、张中兆、顾学迈、谭学治、徐玉滨、白哲、夏鲁白、胡亦平、田日才、贺菊方、蒙力群、刘宁庆、王钢、王学东、刘晓锋、郭庆、王北松、杨铁军、陈萍、赵先明、何洁、沙学军、刘忠、孟维晓、章静、赵洪林、胡永庆、赵刚、孙鹏飞、郝川、谭晖、刘春刚、苏雁泳、梁学东、刘伟、刘书菊、强蔚、冯浩、曹志道、孟宪德、王金荣、单秋山、王洋、段凤增、杨永盛、董绍平、王淑芝、宗成阁、袁业术、权太范、许荣庆、张宁、乔晓林、姜义成、于长军、任勇、邓维波、赵淑清、王国林、高兴彬、洪明春、秦岭、刘梅、顾建政、张新潮、郑薇、张庆祥、马子龙、王新、刘兴钊、赵彬、解本钊、吴金玉、张忠亭、林茂六、尹宝智、刘明亮、彭喜元、张毅刚、牛夏牧、施正豪、姜守达、谭晓筠、杜惠平、庄荣新、陆哲明、付平、徐明、张万杰、黄翠凝、张义芳、李孚勤、钮培澍、王宝祥、武镇英、李家泰、冯建华、李金宗、李绍滨、张晔、吴芝路、任广辉、宿富林、李延泽、岳育林、关宇东、王喜斌、禹胜来、胡航、邓绍范、孙道礼、王玉伦、吴殿凯、郭文彦、鲁庆仁、马汉炎、张庆徽、吴群、邱景辉、任长在、刘健、秦月梅、张红军、李在清、蒋宏宇、梁忠红、宋朝晖、梅海涛、张静、王欣、李大斌、付佳辉、赵国田、钱国蕙、张赫湘、张儒、程杰、王云奇、王素清、沈一鹰、刘丕刚、张献民、张兆启、段云、席晓波、汪瑞军、孟松鹤、王素琴、王立亚、李敏、于兰、钟娟、薛玲、谢勇等。

这期间是无线电工程系快速发展的阶段，科研和教学都取得了丰硕成果。

二、哈工大首位院士的诞生

1990年电子工程技术研究所经过八年奋勇拼搏研制的我国第一部新体制雷达，10月15日在北京通过鉴定，主要指标达到世界先进水平。

1990年11月电子工程技术研究所研制的具有世界先进水平的新型雷达成果在国防科工委主办的"国防科技七五科技预研成果展示会"上展出，受到党和国家领导人江泽民、李鹏的好评和赞扬。

1991年刘永坦教授当选中国科学院学部委员（后改称院士）。1991年1月3日，中国科学院院长周光召在北京为210位为中国科学技术发展取得重要成就、做出最杰出贡献的优秀科学家戴上了中国科学院学部委员的桂冠。在雷达、制导技术方面做出系统的创造性科学成就的刘永坦教授，收到了中国科学院通知他当选为学部委员的公函，成为哈工大第一位学部委员。当这一喜讯传来后，吴林、秦裕琨副校长十分高兴地在他们的办公室向刘永坦教授表示热烈祝贺。晚上，中央电视台、中央人民广播电台公布了中国科学院增补210名新学部委员的消息。与此同时黑龙江人民广播电台播发了刘永坦教授当选为学部委员的新闻稿。2月4日、2月5日，《新晚报》《黑龙江日报》《哈尔滨日报》分别在头版的显著位置刊登了这一消息，《黑龙江日报》还配发了刘永坦教授的照片。获知这一消息的教职工都为这个振奋人心的喜讯感到由衷的喜悦。市科协主席、哈工大原副校长李家宝教授说，刘永坦所做的工作、取得的成绩大家都信服。哈工大学术委员会主任、原校长黄文虎教授听到这一喜讯高兴地说："这是一件很大的事，是哈工大学术水平的标志。对刘永坦所走的学术道路，他的学风、工作态度，以及

1989年刘永坦教授与乔晓林、权太范等讨论科研工作的合影

他领导的科研集体,应做系列报道,为学校树立一个榜样。"

1991年1月9日,五系召开了祝贺刘永坦教授当选学部委员和商讨如何把五系工作推进一步的座谈会。会议由系主任贾世楼主持,党委副书记李生、副校长吴林、航院院长杜善义等也到会祝贺。大家表示要以刘永坦教授为榜样,把五系工作推上一个新台阶。

1991年2月4日,刘永坦教授在家中接受了《黑龙江日报》记者的采访。在谈到他当选为学部委员的感想时,他说:"我是个集体的代表,这个荣誉是对我们学校、我们研究所做的工作的肯定。"他又说:"没有我们国家重视科技工作这样一个大环境,没有学校、航空航天部、国防科工委、海军等部门的大力支持,我们要想取得这样的成绩是不可能的。"刘永坦教授深深感到,当选学部委员不仅是一种荣誉,还意味着更多的责任和义务。

刘永坦教授当选中科院学部委员的消息公布后,有十多种报刊和四家电视台、广播电台先后介绍了刘永坦教授的学术成就和事迹。《光明日报》《中国科学报》均在重要位置发表了介绍刘永坦教授的通讯和照片。《科技日报》《黑龙江日报》《哈尔滨日报》《中国航空航天报》《新晚报》《生活报》《黑龙江科技报》等都对刘永坦教授当选学部委员做了报道；省、市广播电台、电视台也相继做了专题报道。

1993年刘永坦教授担任哈工大研究生院院长。1993年12月8日校领导在研究生院全体工作人员大会上宣布，为发挥著名学者在建设一流大学中的作用，学部委员刘永坦教授任研究生院院长。党委书记吴林、校长杨士勤在宣布这项任命时说刘永坦教授在科学研究和培养人才方面有很深的造诣，在管理方面也很有才能，他还经常参加国家高层次的科技活动，知道很多信息，由他任研究生院领导，对于加速研究生教育的发展，提高研究生培养质量能发挥指导作用。

1994年刘永坦教授当选为中国工程院首批院士，成为黑龙江省唯一的两院院士。1994年6月2日，经国务院批准，中国工程院首批院士名单公布，共96人。

刘永坦于1982—1985年期间主持航天部预研项目"新体制雷达关键技术及方案论证"，1986—1990年，又主持了国防科工委国防科技应用与基础研究项目"新体制雷达研究"。他综合关键技术成果，研制成完整的雷达系统，并于1990年建成了我国第一个新体制雷达站，成功地探测和跟踪了超视距舰船和飞机目标，其技术指标达到90年代国际先进水平，该项目于1991年荣获国家科技进步奖一等奖，并经军方决定将新体制雷达列入部队装备。此外，刘永坦还主持研制成我国第一台"逆合成孔径实验雷达"，达到90年代国际先进水平，1997年获国家科技进步奖二等奖。

新体制雷达科技含量很高，达到了世界先进水平，因此对我国国家建设有重要意义，哈工大作为总体单位承担其研制工作，这在国内高校中还是首次，对哈工大也有深远的影响。

三、教学工作与成果

1988 年建立电磁场与微波技术二级学科硕士点。

1992 年微波教研室开始招收通信工程（微波专门化）专业本科生。1995 年微波教研室主任由孙道礼担任。

1993 年航天工业总公司人事劳动教育部同意哈工大将 54 个本科专业整理归并为 48 个专业，同时根据航天事业发展的需要，同意哈工大增设电磁场与微波技术专业等 5 个新专业。至此，经过调整，哈工大本科专业共 53 个。

扎实的科研工作也为教学和人才培养提供了源源不断的素材。1987 年，

1993 年无线电工程系 8953 班毕业留念

孙圣和主编的《现代时域测量》通过评审，该书是国内第一本论述现代时域测量的基本概念、基本理论、基本测试仪器和系统及应用的书。1993年，《现代时域测量》获国家级优秀教材奖。

无线电工程系的博士点建设也在这个时期取得突破性进展，通信与电子系统、信号与信息处理两个博士点相继获批。博士生导师也陆续增加。随着人才培养体系的完善，无线电工程系二代教师队伍逐渐成形。

1992年刘永坦受聘国务院学位委员会学科评议组成员。6月10日国务院学位委员会第三届学科评议组成立，712位专家学者受聘，其中有哈工大电子学与通信刘永坦教授等10位博士指导教师。

90年代开始，国务院推出了政府特殊津贴，刘永坦、张乃通、孙圣和、王金荣、权太范、孙道礼、曹志道、孟宪德、周廷显、黄翠凝、许荣庆、王慕坤、张毅刚、赵淑清等多名教师获得特殊津贴。

无线电工程系下属各教研室和研究所也已经发展成型，通信工程教研室于1992年获得校先进集体和航天部"七五"预研先进集体称号，1993年电子所、通信所双双获得校先进科研集体；1995年电子所、通信所、测控所共获校先进科研集体。

这段时期，无线电工程系所取得的各项集体和个人荣誉如雨后春笋一般。1990年张乃通被评为航空航天工业部有突出贡献的中青年专家；1987年高频雷达研究室获评校先进集体，张乃通、刘永坦、赵国田、孙圣和被评为校优秀教师，冯建华、李淑玉、王素琴获评校三八红旗手，张万杰、张联锋获评校"五好"家庭等；1988年张乃通、刘永坦、孙圣和获评校优秀教师，孟宪德获评校"五好"家庭；1989年张乃通、刘永坦获评校优秀教师；1992年孙圣和、侯瑞庭（张乃通的第二个博士研究生）荣获石山麟教育基金奖；1994年张忠亭、郑薇、庄荣新、席晓波、薛玲获评优秀专兼职学生工作者，孟维晓、彭宇、乔立岩等获评校三好学生。

1988年贾世楼、周廷显赴日本考察；1989年顾学迈赴法国宇航大学短期学习，与阿波罗11号登月舱驾驶员奥尔德林合影。

1989年权太范获国家教委霍英东教育基金会高等院校青年教师奖（研究类）。

1990年无线电工程系8652-1班毕业留念

1990年7月许荣庆获通信与电子系统博士学位，成为无线电工程系的第一个博士生，并于1991年被评为有突出贡献的博士研究生。

1991年权太范获国家教委、国务院学位委员会"优秀硕士"表彰。

1992年通信专家贾世楼教授被评为航天航空部有突出贡献的中青年专家。

1993年时任无线电工程系电子工程教研室主任的许荣庆副教授被评为1993年度航天十佳科技青年，于8月3日在北京受到表彰。

1993年黄翠凝、王喜斌等人的电子线路课程设计改革获得省级优秀教学成果奖二等奖；董绍平、王洋、赵淑清的"数字信号处理"课程建设，吴群、孙道礼的"微波技术"习题课和实验课计算机辅助教学软件包均获得校级优秀教学成果奖二等奖。同年教师节，学部委员刘永坦获全国教育系统劳动模范、人民教师奖章获得者殊荣。

1994年孙道礼获得黑龙江省普通高等学校优秀教学工作者称号；同年孙道礼、张义芳获得哈尔滨工业大学教学优秀奖。李正廉的学位课课堂教学改革初探获得研究生院首届研究生教学成果奖。

1994年无线电工程系91级研究生毕业照

四、科研工作与成果

1987年张乃通的移动通信系统仿真设计和电波传播场强预测模型实验研究获得国家自然科学基金资助；国防专用数传通信系统靶试成功，得到推广并出口；研制成功数字信令警用集群系统并进入市场。

1987年王洋等研制的空军战术模拟系统通过鉴定，大大推进了我国空军院校模拟训练器的现代化。

1987年孙圣和申请的国家自然科学基金项目获批。1988年邓绍范、吴群等研制的微波岩芯多相饱和度速测仪在大庆通过鉴定。

1988年由航天部资助，从比利时引进全国高校第一台2 000门程控交换机（杨士勤校长亲自挂帅），由贾世楼、顾学迈等具体操作。

1988年孙圣和等出色完成水冷控温系统研制任务，研究成果达到80年代国际先进水平。

1988年林茂六、庄荣新等人研制的石英晶体温度传感器频率温度特性自动校准仪，王中元、马共立等人研制的RLC交流数字自动电桥，自动化程度高，实用性能强，为实验室建设做出了贡献。

1990年53专业教研室制成微机温湿度巡检仪，为我国测量事业提供先进仪器。

1991年刘永坦获得首届光华科技基金特等奖；刘永坦领导的团队研制的新型雷达关键技术总体方案及系统试验项目于1991年度获得国家科技进步奖一等奖。

在出色地完成教学和科研工作之余，刘永坦撰写了《社会主义发展了中国的科技事业》一文，通读全文，使人振奋不已。主要内容摘录如下：

  以当今世界高科技的代表航天技术为例，世界公认，火箭技术起源于中国的宋代。但漫长的封建统治使中国的火箭技术一直被牢牢地禁锢在萌芽状态。中国沦为半殖民地半封建社会以后，江山破碎，人民涂炭，哪有能力去发展科学呢？社会主义中国建立以后，仅用20多年时间便建起了世界一流的航天技术队伍。从1970年4月7日发射第一颗人造卫星以来，我国至今已发射卫星20余颗，并成为世界上少数几个掌握卫星回收技术、一箭多星发射技术、地球静止轨道卫星发射技术的国家之一，还成功地为外国用户发射了人造卫星。"七五"期间，哈工大为航空航天部研制的重大电子工程系统也一跃达到世界先进水平，在其他技术领域，如高分子合成技术、原子能技术、电子计算机技术等方面，我国也已步入世界先进国家的行列。为什么中国能够在十分薄弱的基础上，用较短的时间，在一些重大科技领域逐步缩小了同西方的差距呢？答案只有一个：是优越的社会主义制度发展了中国的科技事业。判断一个社会制度的优劣，根本的标准就是看它促进还是阻碍社会生产力的发展。科学技术在同生产劳动的结合过程中，可以转化为直接的生产力。但是，人的科研活动同其他社会活动一样，是由社会生产关系规定和制约的。资本主义社会生产资料的私人占有决定了资本主社会少数人占有多数人劳动成果（其中也包括科学研究成果）的剥削本质。科学研究作为一种劳动，在资本主义社会中无一例外地被变成了可以买卖的商品。少数实力雄厚的大企业可以花高价集中优秀的科研人员和高级设备，为自己追求高额利润探求新的科学技术；而多数小企业却无能力去利用那些先进的科学技术来提高它们的劳动生产率。掌握先进技术的企业一旦发现某项科学技术的使用价值行将结束时，例如快要过时的产品的生产线，它们总是千方百计地设法将其转卖出去，把损失转嫁给其他企业，用获得的资金更新技术，购置新设备，以维护它们在竞争中的有利地位。企业间的激烈竞争，使附属于它们的科研机构处于彼此隔绝和封锁状态。认识自然、改造自然的重大科研活动本来是需要集中集体智慧，大力协同，相互配合，花大气力才能完成的，而在"人人为自己，上帝为大家"的资本主义社会，科研协作完全是以讨价还价、彼此制约、高额报酬为代价的。在资本主义制度下,科学技术已变成了追求高额利润的特殊商品。不花高价是很难买到较好的科学技术和组织起较成功的科研协作的。中国是个穷国,走"物质刺激""高价赎买"的道路发展科技肯定行不通。只有社会主义才能做到不用物质刺激、不靠金钱高价收买,而主要靠启发劳动人民的阶级觉悟和主人翁责任感。用社会主义的精神文明,最大限度地调动他们建设社会主义和保卫社会主义的积极性。当然,我们并不是不要物质利益,但也绝不允许"有钱能使鬼推磨"的腐朽观念再腐蚀我们的灵魂。发展中国的航天事业,正是"自力更生,艰苦奋斗,大力协同,无私奉献,严谨务实,勇于攀登"的精神,鼓舞了一大批优秀的科技人员放弃了大城市舒适的生活环境和优越的工作条件,来到了戈壁滩,来到了偏远的卫星发射基地,为了共和国的航天事业,几十年如一日,默默地奉献着他们美好的青春,有的甚至献出了宝贵的生命。正是靠这种精神,社会主的精神文明,才在他们之间产生了巨大的凝聚力,才使中国有可能在那么薄弱的基础上,在资金那么短缺的极端困难的条件下,修筑起新中国航天事业宏伟的大厦。中国在航天事业上的巨大成功再次显示了社会主义制度的无比优越和强大生命力。

1991年孙道礼、马汉炎等人研制的八毫米扭转极化扫描天线通过部级鉴定并获得1992年航空航天部科技进步奖二等奖。

1991年我国首次颁发光华科技奖,哈工大32人获奖,刘永坦获特等奖,张乃通、孙圣和获二等奖。

1992年贾世楼、张乃通、张中兆、王恒山、徐玉滨等研制的黑龙江省急救自动化指挥系统获得国家科技进步奖三等奖;张乃通等参与研制的中远程反舰导弹超视距目标指示系统原理研究获得航空航天部科技进步奖一等奖。

1992年孙圣和、张忠亭等人参与研制的正负电子对撞机水冷控温系统和定位子自动分选仪两项研究获国家科技进步奖特等奖。

1992年贾世楼、王金荣获光华科技基金一等奖、张中兆获光华科技基金三等奖。

1992年刘永坦、董绍平、单秋山、王洋、郭健等研制的连续波相控阵制导雷达方案论证获得航空航天部科技进步奖二等奖。

1992年杨永盛、于长军、袁业术、王金荣等研制的401-1雷达目标回波模拟器获得航空航天部科技进步奖三等奖。

1992年李金宗、姜义成等研制的系列图像分析用于三维目标识别与自动寻的跟踪获得航空航天部科技进步奖二等奖。

1993年张乃通、贾世楼、张中兆、顾学迈、刘文贵等研制的岸舰导弹指挥控制联网试验系统获航空航天部科技进步奖三等奖；同年张中兆、王学东、张乃通、何洁、田日才等研制的大庆油田电力调度系统微机联网获航空航天部科技进步奖三等奖。

1993年张中兆、谭学治、贾世楼、王北松、徐玉滨、张乃通等研制的数字集群移动通信系统通过部级鉴定；同年贾世楼、张中兆、顾学迈、刘文贵、田日才、郭庆等研制的舰艇用通用系统数据链通过专家组验收；贾世楼、王钢、王恒山、田日才、杨铁军等研制的机-舰数据链完成海试实验。

1993年曹志道、洪明春、孟宪德、刘兴钊、张新潮等研制的实验ISAR数据采集系统获航空航天部科技进步奖二等奖；同年刘永坦、乔晓林、王金荣、王新、于长军等研制的新体制雷达最佳监测与估值理论与技术获航空航天部科技进步奖二等奖。

1993年孙圣和主持研制的VXI总线雷达自动测试系统，填补了国内空白，成为我国首套新型雷达自动测试系统。

1993年孙圣和团队完成了8种B尺寸仪器模块和国内第一套VXI总线自动测试系统。研制出的各类VXI模块与国外VXI模块完全兼容，功能齐全，性能稳定；性价比优于国外同类产品，应用在当时的国产各种武器自动测试系统中，并集成了22种武器型号自动测试系统，各种测试系统产值约数亿元。VXI总线技术及工程应用研究成果开辟了我国仪器仪表和自动化测试新方向，为促进我国VXI总线技术及武器测试设备的发展做出重大贡献，因此获国家科技进步奖二等奖，并获国家1 000万元技术改造费的支持。

1993年郭文彦、刘健等研制的简单目标和复杂目标双基地雷达散射截面的分析和计算获航空航天部科技进步奖三等奖。

1993年钱国蕙、李兴海、杨灿美、邹斌等研制的星载侧视雷达成像信号处理技术获得航空航天部科技进步奖二等奖；同年李金宗、姜义成、郎丽华等研制的图像序列的技术运动目标选择技术获航空航天部科技进步奖三等奖。

1993年电子工程技术研究所、通信技术研究所获学校科研先进集体。电子工程技术研究所、通信技术研究所、测控技术研究所获学校"九五"科研工作先进集体。通信技术研究所1987—1995年间，已完成或正在进行国家及部、省级重大科研项目20余项，总经费4 000余万元。在完成的19项成果中，获国家科技进步奖三等奖两项，部级科技进步奖一等奖四项、二等奖六项、三等奖两项。通信技术研究所从成立起，始终提倡协作、团结的科研精神，形成了发挥群体优势进行科研攻关的好风气。在所里，任何课题的进行，都让有不同专长的研究人员各尽所学，潜力得以最大限度的发挥。在这种和谐、公平的科研气氛下，一批拥有硕士、博士学位的中青年研究人员迅速成长。任务是大家的，成果也是大家的，这是通信所一贯倡导的原则。这段时期，无线电工程系的国内外学术交流活动也越来越频繁。1990年在哈工大举办了第三次移动通信研讨会。

1993年受中国电子测量与仪器学会委托，电子测量与技术专业承担了VXI总线系统讲座任务，在国内广受赞誉。

1994年周廷显、王慕坤、李正廉、赵先明、刘宁庆等研制的核化侦察机器人通信系统获航天工业总公司科技进步奖二等奖。

1994年乔晓林、王新、于长军、马子龙、段凤增等研制的干扰信号的自适应极化滤波获航天工业总公司科技进步奖三等奖；同年权太范、宗成阁、郭健、于长军等研制的机动目标的快速鲁棒跟踪器获航天工业总公司科技进步奖三等奖。

1994年孙圣和、彭喜元、牛夏牧、付平、吴嗣亮等研制的宽带信号精密时域计测理论与技术获国家教委科技进步奖二等奖。

1994年黄翠凝、王万杰、钮培澍等研制的单次瞬态信号时分、频分多路复用传输存储与数据处理系统获航天工业总公司科技进步奖二等奖；同年李金宗、姜义成等研制的三维图像自动寻的跟踪处理技术获航天工业总公司科技进步奖三等奖。

1994年曹志道、权太范分别获光华科技基金二等奖和三等奖。

第六章 从无线电工程系到电子与通信工程系
（1996—2002）

一、电子与通信工程系概况

1996年无线电工程系更名为电子与通信工程系,建系30多年来共培养学士学位本科毕业生3 200人,硕士学位研究生520人,博士学位研究生40人。当时在校本科生820人,硕士研究生127人,博士研究生40人。

电子与通信工程系有通信与信息系统和信号与信息处理两个博士点,可以按"信息与通信工程"一级学科授予博士学位,并建有信息与通信工程学科博士后科研流动站。有通信与信息系统、信号与信息处理和电磁场与微波技术三个硕士点。有电子信息工程、通信工程两个本科生专业。由该系的两个博士点学科组成的学科群"航天雷达与通信系统"已被批准为我国首批"211工程"重点建设学科及国家教委首批特聘教授岗位学科。同时该学科还是首批获得工程硕士学位授予权的学科之一,当时已招收工程硕士研究生120多人。

该学科的学科带头人刘永坦教授是中国科学院和中国工程院院士。学科内具有一支实力雄厚、年龄结构合理、学术思想活跃的教学科研队伍。有专职教学、科研及管理人员100人,其中,博士生导师14人,教授、研究员29人,副教授、副研究员及高级工程师30人,具有博士学位的教师10人。教学编制人员55人,科研编制人员30人,实验室及管理人员15人。

该学科研究领域宽广、研究方向明确,学科紧密结合航天尖端技术的需求,形成了以航天和国防高科技为主的电子与通信系统学科方向。主要研究方向及领域包括雷达系统设计及信号处理、指挥控制系统数据传输、卫星通信系统、数据通信及计算机通信网络、专用移动通信系统、遥测遥控系统信息传输、逆合成孔径雷达、卫星遥感图像数据压缩技术、微波通信及天线设计等。几年来，承担了大量的国家自然科学基金项目、国防基金、国家"863"计划、部委预研项目、国防型号以及各类工程与开发项目80多项，共获奖50项，其中，"CKD8800集群移动通信系统"获国家科技进步奖三等奖，"逆合成孔径雷达实验系统"和"××××数传通信系统"获国家科技进步奖二等奖。其他部省级奖47项，累计完成科研经费5 600多万元，在全国同类学科中具领先地位。1995年以来，共发表学术论文600余篇，其中国际刊物69篇、国内核心刊物以上学术刊物320多篇、被SCI和EI收录的论文102篇，共出版学术专著与统编教材18部。研究成果处于国内领先地位，达到了90年代国际先进水平，为国家科技发展、经济和国防建设做出了重要贡献。

该系所属学科是信息技术领域的代表学科，随着国际信息技术的高速发展，在教学方面也有了较大的发展。本科生招生人数不断增加，生源质量优秀。1996年以来，专业结构和课程体系不断改善，新的教学方法和实验设施不断完善，教学改革效果比较显著。主要的教学改革项目包括：本科教育建立了包括高频电子线路、数字逻辑电路、信号系统、数字信号处理在内的10门主干课程，在总学时减少的情况下保证教学效果和教学质量的提高；建立了全系统一的技术基础课实验室，提高了实验室仪器设备利用率；利用科研经费节余，改善了两个主要专业课实验室，开设了计算机网络实验、数字信号处理实验，提高本科生实验技能和动手能力；本科生毕业设计课题密切结合实际科研课题，提高了毕业生解决实际工程技术问题的能力；全面抓好本科生教学监督和管理过程，保证教学质量，提高学生学习的积极性，本科生毕业质量不断提高，考取研究生比率不断提高；认真抓好政治思想工作，积极组织学生社会活动，安排强有力的学生辅导员和班主任队伍，学生的社会活动能力和思想素质明显提高，学生党员比例增加。在硕士和博士研究生方面，加强导师全面管理，全面开放实验室，鼓励学生开展创新研究和参加实际科研课题，在计算机能力和掌握先进实验仪器设备方面有明显提高，毕业研究生和本科生受到用人单位好评，毕业生需求旺盛，供不应求。同时该系与国内主要用人单位建立了良好的关系，保证毕业生一次就业率达到95%以上。

该系有通信工程、电子工程、微波技术、信息工程、应用电子技术5个教研室，电子工程研究所和通信技术研究所两个科研基地。在新体制雷达、雷达信号处理、卫星通信与测控、集群移动通信系统、无线数据通信网络、图像信号处理、高速数据采集等方向已建立了完整的教学科研和人才培养基地，在国内居领先地位。

1996—2002年，先后担任电子与通信工程系主任的有权太范、顾学迈，先后担任系副主任的有顾学迈、赵淑清、姜义成。在电子与通信工程系工作过的同志有：

刘永坦、张乃通、贾世楼、周廷显、李正廉、刘文贵、王恒山、刘士生、王慕坤、陈功富、王显宽、张中兆、顾学迈、谭学治、徐玉滨、蒙力群、刘宁庆、陈萍、田日才、王钢、王学东、刘晓锋、王北松、杨铁军、郭庆、赵先明、沙学军、孟维晓、赵洪林、胡永庆、赵刚、孙鹏飞、谭晖、刘春刚、苏雁泳、刘伟、梁学东、王彬、王孝、郭士增、魏守明、张成文、迟永钢、张岩峰、刘慧杰、马永奎、刘功亮、徐志伟、段双滨、强蔚、曹志道、孟宪德、王金荣、单秋山、王洋、段凤增、杨永盛、董绍平、袁业术、宗成阁、权太范、许荣庆、张宁、乔晓林、姜义成、赵淑清、邓维波、王国林、高兴斌、于长军、洪明春、马子龙、张新潮、郑薇、张庆祥、王新、刘兴钊、刘梅、杨强、赵彬、谢俊好、位寅生、冀振元、董英凝、徐明、张万杰、黄翠凝、张义芳、李孚勤、钮培澍、王宝祥、武镇英、李家泰、冯建华、李金宗、李绍滨、吴芝路、张晔、任广辉、宿富林、李延泽、岳育林、周毅刚、邹斌、张钧萍、谷延锋、关宇东、王喜斌、陈静、周爽、胡航、邓绍范、孙道礼、吴殿凯、郭文彦、鲁庆仁、马汉炎、张庆徽、吴群、邱景辉、秦月梅、张红军、李在清、蒋宏宇、梁忠红、王欣、宋朝晖、梅海涛、张静、付佳辉、李大斌、王宏、张献民、段云、王立亚、李敏、谷光琳、于兰、钟娟等。

1997年6月5日，哈工大航天学院建院10周年庆祝会在主楼礼堂隆重举行，航院千余名师生和校内外来宾、校友欢聚一堂参加庆典。庆祝会由航院党委书记李绍滨主持，贾世楼院长在庆祝会上做了题为"发扬航天精神，为把航院建成国内一流国际知名的学院而奋斗"的讲话。杨士勤校长在讲话中希望航院在教学、科研上再创新成绩。

1997年12月，许荣庆入选百千万人才工程国家级人选；1998年通信与信

1996年硕士毕业生与院系领导及教师合影

息系统学科获得首批长江学者特聘教授岗位学科。

1998年信息与通信工程学科获得一级学科博士学位授予权，刘永坦任国务院学位委员会学科评议组"信息与通信工程"学科组召集人。

1999年建立信息与通信工程博士后流动站；2001年通信与信息系统学科被评为国家重点学科。

2001年张乃通教授当选中国工程院院士。

1999年张乃通老师在建系四十年研讨会上讲话

二、学科建设与博士点的建立

　　1997年2月，国家计委对哈工大"211工程"建设项目正式批复，在"九五"期间总投资2.5亿元，重点建设包括"航天雷达及通信系统学科"在内的八大学科。航天雷达及通信系统学科是航天技术的核心领域之一，又是国民经济建设、国防建设和科学研究中极为重要的高技术，在航天技术中越来越占有重要地位。该学科紧密结合航天尖端技术需求，形成了以星载和××××系统为主要背景的雷达与通信系统方向。该学科的优势是完整的系统技术。在国内高校中，能够独立完成复杂电子系统的学科是少见的。尤其是新体制雷达、导弹武器指挥控制系统数据传输、逆合成孔径雷达、卫星遥感图像数据压缩技术等方向上，该学科处于国内领先地位，达到90年代国际先进水平。该学科有电子与通信工程系（含五个专业教研室）、电子工程技术研究所、通信技术研究所等教学科研机构。教授、研究员37人（包括双院士1人、博导6人），副教授、副研究员57人、硕士生223人。1986年以后十多年间，完成20多项国家和部委重大科研项目，曾获国家科技进步奖一等奖1项，部级科技进步奖一等奖13项、二等奖29项。本项目的整体目标是：以新体制航天雷达、具有卫星通信链路的导弹武器指挥控制系统数据传输、卫星遥感信息处理为龙头，建设具有航天特色的雷达与通信重点实验室；承接一批航天和国防重大科研和型号项目；培养具有坚实的理论基础、很强的工程实践能力以及系统总体设计能力的高层次人才；在理论研究总体技术、工程化以及学术队伍建设、博士生培养质量等方面达到国际先进水平。

根据"211工程"项目建设计划,航天雷达与通信系统学科总投资为1 700万元。1997—1998年底,拨款到账300万元,到款率占总经费的17.65%。1996—1998年底,航天雷达与通信系统学科自筹资金投入211重点学科建设项目总计197万元。

1998年信息与通信工程学科获得一级学科博士学位授予权。5月20—23日,国务院学位委员会第四届学科评议组第一次全体会议在北京举行。会议通过哈工大7个一级学科、2个二级学科为博士学位授权点。哈工大学科评议组成员刘永坦、吴林、蔡鹤皋、孙圣和、黄梯云、杨涤、程树康、谈和平与研究生院副院长张满山出席了会议。会议对学位与研究生教育的发展和改革提出了新的要求,强调要继续贯彻"立足国内、适度发展、优化结构、相对集中、推进改革提高质量"的方针,把工作重心转移到提高培养质量上来。同时,要调整招收、培养研究生的学科和专业结构,建立以宽口径学科教学为基础的教育教学新模式,提高研究生的综合、分析能力,尤其是创造能力和适应能力。会议经过评审,通过了哈工大信息与通信工程(含2个二级学科)等7个一级学科博士点的申报。

1999年哈工大新设了信息与通信工程等4个博士后流动站。新设的4个博士后科研流动站分别为:电子科学与技术、环境科学与工程、信息与通信工程、仪器科学与技术4个一级学科。哈工大原有的7个博士后流动站也全部通过确认和审定。这次新设博士后流动站是为了适应新的学科调整和博士后研究制度的发展。根据人事部全国博士后管委会的最新通知,各设站单位在保证质量的基础上可适当扩大自筹经费招收博士后研究人员的名额。

1999年11月14日是哈工大发展史上的一个重要时刻,国防科工委、教育部和黑龙江省政府在这一天共同签署了重点共建哈尔滨工业大学的协议,从此,哈工大的发展建设进入了一个新的历程。

2001年通信与信息系统学科被评为国家重点学科。通信与信息系统学科是信息领域的主要学科之一。哈工大的通信与信息系统学科包括电子信息工程和通信工程两个本科专业,具有硕士点、博士点和博士后流动站,是哈工大"211工程"建设重点学科之一,其一级学科信息与通信工程是哈工大8个一级学科博士点之一。

通信与信息系统学科具有与国民经济和国防建设紧密联系的、稳定的研究方向，具备良好的科研基础，有结构合理的学术队伍，有业绩突出的学术带头人。该学科紧密结合航天尖端技术的需求，形成了以星载和导弹武器系统为主要背景的雷达与通信系统学科方向。尤其是在新体制雷达、雷达信号处理、导弹武器指挥控制系统数据传输等主要研究方向上已达到国内领先水平。在新体制雷达方面达到了国际先进水平。学科综合实力居国内同类学科前列。

通过科研工作的发展、"211工程"的建设和学校领导的大力支持，该学科的综合实力已经有了较大的提高。但是相对于未来信息化社会和现代化的国防建设及不断扩大的人才市场的需求，该学科现有的规模和水平还有较大差距。通过这次重点学科建设，该学科在学科创一流方面有了一个大的飞跃，从而提高哈工大整体的科研和人才培养能力，并通过今后的不断发展，使该学科教学、科研水平、学术队伍梯队和实验室条件达到国内一流、国际知名水平。

2001年刘永坦院士、张乃通院士与杨士勤校长和北理工王越院士参加哈工大"211工程"验收会

三、再续辉煌——通先生当选工程院院士

2001年张乃通教授当选中国工程院院士。中国工程院12月12日召开新闻发布会公布了2001年新当选院士名单,张乃通教授、王子才教授、秦裕琨教授当选为中国工程院院士。哈工大成为这次中国工程院院士增选工作中当选院士数最多的高校。这次中国工程院院士增选工作经过严格评选,最后共增选81名院士。哈工大王子才教授、张乃通教授当选为信息与电子工程学部院士,秦裕琨教授当选为能源与矿业工程学部院士。哈工大新当选的3位中国工程院院士学术成果显著。王子才院士69岁,长期从事航天器及武器装备仿真测试转台的研究;张乃通院士67岁,长期从事军用及民用通信系统的研究;秦裕琨院士68岁,长期从事煤粉燃烧技术研究。12月9日,长期从事激光研究的马祖光教授当选为中国科学院院士。在2001年院士增选工作中,哈工大共增选4名院士,增选院士数仅次于北京大学,在高校中名列第二。

自1986年以来,张乃通共获国家科技进步奖二等奖1项、三等奖3项,省、部、委一等奖6项。从事专业教学50年来,他培养出硕士50人、博士40人;出版《卫星移动通信系统》等科技著作5部;编著《通信系统》等统编教材4部,其中3部获航天优秀教材奖,1部获信息产业部科技进步奖二等奖;主译、主审英语科技书籍2部。在国内外学术会议及学术期刊上发表论文100余篇,其中7篇获省科协、国家相关学会优秀论文奖。在国内首先研制出国产化的数字信令模拟集群移动通信系统,打破了国外垄断我国专用通信系统市场的局面,他的研究成果使我国某数据通信系统达到国外同类系统的水平。张乃通教授说:

"成为院士只能是对我前一段工作的认可,成为院士前后的张乃通是一样的,业务、为人都没有突变。当选院士后感到肩上的担子更重了,更要不懈地研发具有自主知识产权的科技成果。"

高校科研与实际脱节、科技成果转化率低的社会问题,一直影响高校在社会发展和经济建设中作用的发挥。张乃通认为,哈工大是以工为主的综合性大学,培养的人才要能在祖国建设中发挥作用,就必须理论结合实际,以实践为本,培养学生独立分析和解决实际问题的能力。他在担任无线电工程系系主任、通信技术研究所所长以及航天学院院长期间,努力探索拓宽高校在工程应用领域的发展道路,高度重视本科学生的实验课、生产实习以及毕业设计的质量。对研究生,尤其是博士研究生的论文方向,张乃通提出了"源于实际,加深理论,理论联系实际,为国民经济建设及国防建设服务"的思路,一改过去以及某些国外高校传统而空洞的理论研究的旧模式,让学生们在入学开始就参加到科研项目之中。这不仅锻炼了学生的动手能力,而且还激发了学生对科研和学术的兴趣。他指导学生在完成好科研工作的同时,发现其中蕴含的有待解决的理论问题,作为学生的毕业论文课题。这样既完成了科研任务,又升华出其中深层次的理论问题进行深入研究,同时也为后续科研奠定了坚实的基础,使得科研不单纯是为了完成任务,而是重在理论的突破,增强了科研的底蕴和后劲。实践证明,这种方法是科学有效的。他领导通信技术研究所的14年间,科研任务源源不断,学生在科研任务中起到了巨大的作用,吸引了众多国内外优秀学生报考硕士和博士研究生。学生科研任务完成的情况作为学生业绩考核的重要部分,毕业的学生由于在校期间的科研经历,在国内外深受欢迎。毕业的学生参加工作后,很快就能独立工作,甚至成为技术或总体负责人。张乃通的这种培养学生的新思维,是在新形势下继承并发扬哈工大的八字校训"规格严格,功夫到家"的具体体现。

张乃通在培养学生实践出真知的同时,也注重培养学生具有坚实的理论基础。他坚信,没有好的理论基础,就无法从事科研工作,对理论的预先研究是科学研究的重要基石。从80年代起,他就申请并主持国家自然科学基金项目——移动通信电波传播场强的预测方法;到90年代,针对卫星通信领域的研究方向,他又积极申报国家"863"和"973"的科研课题并都顺利完成,为我国卫星通信事业做出了重要贡献。

在理论的研究中,他十分重视原创性。他要求博士生至少要认真阅读100篇文献,对学生的学术论文,他都严格把关,逐字逐句审查,推敲用词的准确性,确定其原创性及改进力度。在这种严谨作风的带动下,通信技术研究所的学术水平不断提高,发表的学术论文在国外著名检索机构的检索比率逐年提高。

四、办学指导思想

信息技术和产业的高速发展促进了电子与通信工程系的教学、科研和学科建设的全面发展。根据哈工大创建国内一流国际知名大学的总体规划、结合电子与通信工程系学科专业的发展现状、考虑到未来几年内的人才需求，电子与通信工程系确定的办学指导思想是：保持哈工大的"规格严格，功夫到家"的教学思想，确定高标准切实可行的建设目标，确定合理的教学规模，建立稳定的教学队伍，不断完善课程体系和教学内容，保证在不断改善教学环境的条件下为国家培养更多优秀的专业技术人才。具体体现在以下几个方面。

（一）贯彻党的教育方针，坚持社会主义办学方向

建系以来电子与通信工程系全体教师员工始终坚持党的教育方针，坚持社会主义办学方向，坚持用马克思主义、毛泽东思想和邓小平理论教育人、引导人。在教师队伍和学生中注重思想政治教育和道德品质的培养，注意做好教书育人工作，注意在青年教师和学生中发展党员，为建设一支稳定的、高水平的教学科研队伍和培养出高质量的合格人才奠定了良好的政治基础。

（二）坚持"规格严格，功夫到家"的优良传统

"规格严格，功夫到家"是哈工大长期坚持的优良传统，电子与通信工程系教师在学校各级领导和老教师的正确指导和言传身教下，不断严格要求自己，努力工作，基本形成了踏实、认真、勇于吃苦、不断进取的工作作风和学习态度，

他们注意保持发扬这种传统,并体现在教学科研工作中。

(三) 根据学科发展特点确定培养目标

电子与通信工程系所含学科是信息技术领域的代表性学科之一,电子信息技术、通信技术是当时信息技术产业的重要方面。电子与通信工程系的学科特色是教学科研密切结合航天和国防高技术,密切结合国内信息和通信产业的发展,特别是在雷达、通信、图像技术领域的系统设计、关键技术、设备研制等方面具有较强实力。因此电子与通信工程系的本科生培养目标是面向航天、国防和信息产业部门,培养电子信息和通信工程专业的、掌握弱电类专业基础理论、电子类专业专门知识和实验技能、具有创新能力和技术后劲的高级技术人才。

(四) 通过学科建设带动教学工作

随着改革开放和国民经济建设的飞速发展,国内外高等院校特别是知名重点大学已经有从以教学和人才培养为主到教学、科研和产业开发并重的发展趋势。一些重点高等学校纷纷提出创办研究型大学、以研究生培养为主及与科研和产业部门联合办学等新的策略。电子与通信工程系所含的电子信息类专业在这种形势下将面临更加严峻的挑战。人才竞争更加激烈、外部吸引力影响更大、新办同类专业的学校急剧增加,这种形势要求人们采取相应策略。电子与通信工程系的基本策略是以科研和高层次人才培养促进学科发展,以学科发展带动本科生教学。确定合理的本科生招生规模,稳定高水平的教师队伍,不断改善本科教学环境,为国家培养更多优秀的专业技术人才,保持良好的人才需求市场。

五、教学工作与改革

电子与通信工程系的本科教学工作在全体教师的努力下,取得了良好成绩,在招生人数和质量、课程体系和教学内容、稳定教师队伍、加强实验环节、结合工程实际完成毕业设计等方面有了较大发展。总结如下。

(一)创建专业特色,吸引优秀生源

电子与通信工程系学科为信息技术的重要领域,研究方向明确,学科紧密结合航天尖端技术的需求,形成了以航天和国防高技术为主的电子与通信系统学科方向。主要研究方向及领域包括雷达系统设计及信号处理、指挥控制系统数据传输、卫星通信系统、数据通信及计算机通信网络、专用移动通信系统、遥测遥控系统信息传输、逆合成孔径雷达、卫星遥感图像数据压缩技术、微波通信及天线设计等。学术队伍梯队合理,科研成果多,在国内处于领先地位。1996—2002年,电子与通信工程系一直是哈工大本科生招生的热门专业之一,学生入学成绩名列全校前三名。该系保证吸引优秀本科生生源的原因包括以下几方面。

(1)国内外信息技术和航天高技术领域发展迅速,专业方向具有明显优势,国家信息产业发展较快,毕业生就业形势良好。

(2)电子与通信工程系教学科研队伍比较强,有以刘永坦院士为代表的一批优秀学科带头人,有一批年富力强的中青年教学骨干,在国内和省内外有较大影响。

(3)电子与通信工程系科研方向明确,科研成果多,科研经费充足,承担了"新体制雷达""××××××数据传输系统""数字集群移动通信系统"和"微

小卫星测控通信系统"等一批高水平的标志性国家重点科研项目，科研能力在全国重点高校中处于领先地位。

（4）教学内容密切结合科研和工程实际，本科生毕业设计、硕士生毕业论文多数为实际科研项目，通过设计学生可以掌握本学科最新技术和学术前沿，为将来参加工作奠定技术基础。

（5）通过学校有关部门，电子与通信工程系与国内信息技术产业的科研生产部门和公司企业建立了良好的协作关系，国内企业在该系设立了学生奖学金，同时保证了该系毕业生充足的就业渠道。

（二）结合学科发展改革课程体系

根据国家高等教育改革和专业结构调整的总体思路，结合电子与通信工程系的主业设置和学科特点，几年来电子与通信工程系对本科生课程体系进行了多次调整和改进。调整思路是在学校本科生教学体系的总体框架下，保证基础课程内

1997 年 93051-2 班本科生毕业照

容、拓宽专业技术基础、加强计算机课程、更新专业课程、在生产实习和毕业设计过程中强化实验技能。

在技术基础课程设置方面，考虑到电子信息工程、通信工程和微波技术三个专业相关性较强，为了拓宽专业面、有效利用教学时数，并加强专业技术基础知识培训，电子与通信工程系设立了面向全系本科生的11门公共课。这些课程的设置既考虑到信息技术领域的发展情况、电子与通信工程系专业特点和实际教学条件，同时也参考了国内外同类学科专业的课程设置现状。通过四年的教学实践，在教学内容调整、课程衔接、教师队伍培养、教学效果评价等方面已经达到了基本目标。

（三）更新教学内容，加强教材建设

在专业课设置方面，根据各专业方向的技术发展现状和国内外信息技术科研生产需求，在专业课学时减少的情况下，改变原来专业课门数少、学时多、知识单一陈旧的状况，电子与通信工程系先后新开设了如下一些本科专业课程：

移动通信、卫星通信、程控交换技术、微波通信技术、光纤技术、数字传输、数字图像处理、语音信号处理、电波与天线、现代电视、VLSI器件应用、微处理器原理、电磁兼容等。

结合科研和教学工作，电子与通信工程系教师编写专业课和技术基础课教材10多种，对更新教学内容、拓宽学生知识结构起到了重要作用。

（四）通过学科建设稳定师资队伍

20世纪末，电子与通信工程系所含学科在国民经济建设中发展极为迅速，新建的电子信息、通信技术的国外独资企业、合资企业及国营和民营企业正在高速发展，国外相关科研生产部门也急需高技术人才。这样对电子与通信工程系的教师队伍，特别是青年教师队伍的稳定构成严重威胁。一些青年教师已经调离哈工大，另外，在校教师也存在不稳定因素。在当时的形势下，可以采取的有效措施就是加强科研工作，承担更多的重大科研项目，建立长远的自我发展机制，通过饱满的科研工作稳定队伍，提高学术水平，推动教学工作。通过几年来的努力，主要是学科带头人的有效工作和全体教师科研人员的奋斗，电子与通信工程系已经基本建立了良

好的科研工作局面，建立了高水平的科研基地，稳定了一批教学科研骨干。

电子与通信工程系共有教学科研人员 58 人。博导 11 人、正高 10 人、副高 19 人、中级 13 人、其他 5 人。

（五）利用科研节余改善实验条件

通过科研工作的努力，电子与通信工程系的专业教研室在教学条件方面也有了较大的改善，通信技术研究所和电子工程研究所经过几年的科研积累为通信工程和电子工程两个教研室的实验室建设提供了较大力度的支持。用于本科生和研究生教学实验的实验室用房增加了一倍。几年内先后投资近 60 万元建立本科生计算机房和专业课实验系统，为提高本科生教学质量，特别是本科生实验技能的提高做出了重大贡献。

（六）结合工程实际培养实验技能

根据各专业方向科研能力较强的特点，电子与通信工程系特别注意本科生实际动手能力的培养。科研工作也为这种培养方式提供了可能性。电子与通信工程系的本科生毕业设计题目基本上来源于实际科研工作，毕业设计指导教师都参加实际科研项目。本科生的毕业论文基本上集中在电子线路设计调试、应用软件设计开发、实验系统建立和应用、新技术新算法的分析、新型集成电路和微处理器系统的开发等方面。通过这些方面的训练，本科毕业生在实验技能方面有了较大改善，在工作岗位和研究生科研工作过程中有较好的表现。

（七）加强科学管理

电子与通信工程系有一个团结务实、业务熟练的教学管理队伍，从系主任、教学主任、教研室主任到教学秘书、辅导员、班主任，建立了一套科学的管理机构。教职人员素质好、工作热情高，受到学校各级领导部门和该系师生的普遍认可。

在日常教学管理工作中，教学管理人员突出抓好课程安排、开学时授课、青年教师开新课、期末考试、实验课、毕业设计、生产实习、毕业答辩等重要环节。并与学生队、学生党团支部密切配合，了解学生思想动态，促进教学计划的全面落实。

1998年信息工程系96级研究生与教师合影

为了配合现代高等教育的科学化管理,在学校有关部门的支持下,电子与通信工程系教学管理全部实现了计算机管理。教学管理人员经过技术培训操作技能明显提高,管理现代化水平满足当时教学需求。

(八)加强合作,保证人才需求市场

20世纪末国内电子信息及通信产业发展迅速,各大型公司企业集团都在研制新产品、开拓更大的市场,人才市场需求量较大,为电子与通信工程系毕业生分配提供了良好的机会。然而,随着国内高等学校专业调整,各高等学校之间学生就业市场的竞争仍然存在。例如,90年代初期,全国重点高等学校中有通信工程专业的不过十几所,东北地区只有哈工大。但从90年代中期以后,各高等学校纷纷从原来的应用电子专业、电子学专业,甚至物理专业等改建、新建通信工程专业,客观上加剧了高校之间的竞争。为了保持本科毕业生良好的一次就业率,该系除了在学科建设和教学管理上下功夫,还密切联系用人单位,了解他们对专业人才需求的变化,不断修改与调整教学方式和教学内容。在学校有关部门的指导下,与该系建立良好人才供需关系的公司企业有:航天科技集团和航天机电集团的有关厂所、总参、总装、二炮部队的有关院所,同时还有华为通信、中兴通信、大唐电信、海尔电器、贝尔、西门子、摩托罗拉等合资、国营和民营公司。

2000年电子与通信工程系98级研究生毕业合影

（九）加强素质教育，提高毕业生全面素质

电子与通信工程系本科生入学基本条件较好，通过入学后的教育和管理，能够保持较好的学习状态，学习成绩普遍较好。

为了全面提高学生素质，电子与通信工程系在学校各级领导和有关部门的指导与支持下，开展了丰富多彩的课外活动和社会活动，提高了学生的社会适应能力。

学生选修课听课人数较多，报考研究生比率和研究生录取比率逐年增加，(1998年30%，1999年34%，2000年55%)，推荐研究生成绩较高，学生参加课外科技活动多次获奖。学生思想进步，党员比例超过30%，积极分子比例超过50%。毕业生用人单位反映良好，电子与通信工程系毕业生处于供不应求的状况。

1999年赵淑清等的CAI课件在促进教学手段改革方面的尝试和探索、吴芝路等的数字逻辑电路教学与实践改革获得校教学优秀成果奖二等奖；张毅刚等获省高校教学优秀成果奖二等奖。

2000年由孙圣和教授指导的博士生赵春晖获百篇全国优秀博士论文奖，博士论文的题目是《形态滤波算法与理论研究》。

2001年张晔等的适应新形势优化课程结构培养高层次人才获得校教学优秀成果奖。1997年《哈工大报》报道了电子工程教研室青年教师赵淑清心系特困生，捐出奖金资助生活困难学生的事迹。

2001年刘永坦等编著的《雷达成像技术》获首届国防科技工业优秀图书奖，2002年该书获得全国普通高等学校优秀教材一等奖。

六、国内外交流与合作

电子与通信工程系在新体制雷达和 SAR 研究领域进行了全方位的国内外合作和学术交流。在国内先后与清华大学、西安电子科技大学、北京理工大学等高校进行了学术交流。在岸用新体制雷达研制方面，已经和航天机电集团 23 所、203 所、广电部新乡 22 所建立了紧密的科研合作关系。

在国际方面多次和俄罗斯莫斯科远程无线电研究所进行学术交流，并邀请澳大利亚国防研究所安德森教授讲学。在英国马可尼公司进行了半年的 SAR 技术合作，还出国访问了英国马可尼公司、莫斯科远程无线电研究所、美国 HP 公司、美国 Tek 公司、密歇根大学、韩国浦项工业大学等。

从 20 世纪 90 年代中期开始，作为航天学院院长的张乃通，就努力做到"走出去，请进来"。为了创造条件派遣年轻的学术骨干出国学习交流，他与美国、俄罗斯、韩国、日本等国的大学或企业建立了多种友好合作关系，这些国家的学者经常来哈工大讲学。他领导的通信技术研究所与日本的交流合作更加密切，已经发展为定期交流的模式。在他的主持下，双方合作项目"铱"系统电波传播特性分析和研究得以完成。为此建立了"铱"系统电波特性测试平台，首次获得了低轨卫星电波传播特性数据。此外，日方的企业和高校每年都派遣 5～7 名学者来学校讲学，还专门向哈工大学生赠送英文原版专著。在通信技术方面该系先后与日本 NTT 公司、德岛大学、香港城市大学、香港中侨集团等进行技术合作和交流。2004 年春季，日本 NEC 公司在哈工大建立了 HIT-NEC 先进通信技术联合实验室，共同探索未来 10～20 年移动通信与宽带多媒体数据通信的技术与体制。

2001年张乃通院士等接待国际合作来宾时的合影

七、科研工作与成果

（一）雷达及信号处理方向

电子与通信工程系 1982 年开始研究新体制雷达，并在刘永坦院士领导下开创了我国新体制雷达研究领域。1990 年初在山东威海建成了我国第一个新体制雷达实验站，同年完成了×××探测实验。"八五"期间，根据海军需求，在"七五"研究成果基础上又完成了探测超视距低空飞机目标的实验。经过十几年的"总体方案论证""关键技术攻关""×××系统研制"等重大预研工作，已发展成为我国从事新体制雷达研究的专职研究所。1986 年以来，获国家及航天工业部科技进步奖多项，其中国家科技进步奖一等奖一项、航天工业部科技进步奖一等奖一项。这些研究成果大都处于国内领先、达到或接近国际先进水平，为我国国防科技和武器装备系统的发展起到了重要的作用。1997 年 12 月总装备部正式批准×××雷达型号研制项目。

1993 年根据需求开始从事舰载新体制雷达的预先研究。经 3 年多的预先研究，1996 年正式列入总装备部"九五"重大预研项目。1998 年 9 月通过海上数据采集实验，在国内首次获得了雷达平台运动条件下一阶海杂波展宽谱的实验数据，并通过先进的信号处理方法，在展宽谱中提取了船目标。在 1998 年 11 月中期评估中得到了专家的好评。在海态遥感研究方面探讨了高频雷达一、二阶谱理论、海态遥感机理，主要研究了海杂波统计特性、海杂波谱特性，建立了海杂波数据库和模型。研究了渤海湾浅水海杂波特性、研究了雷达工作频率、天线波束宽度、系统分辨率等系统参数对海态参数的影响。

逆合成孔径实验雷达是国家"863 计划"高技术项目。该课题的研究提出了我国首部逆合成孔径实验雷达的系统方案，圆满地完成了该实验雷达的系统测试、联试和验收，并设计和主持了外场实验，为我国研制实用逆合成孔径雷达奠定了坚实的基础。该雷达在我国第一次提供了对真实目标进行 ISAR 成像研究的大量实验数据，是我国自行设计研制的第一部两维高分辨率成像实验雷达。逆合成孔径实验雷达的研究成果填补了国内空白，达到了当时国际逆合成孔径雷达研究的先进水平。经过几年的研究，该项目及其相关课题获得国家、航天工业总公司及国家教委科技进步奖多项，其中国家科技进步奖二等奖 1 项、航天工业总公司科技进步奖一等奖 1 项。

星载合成孔径雷达 (SAR) 是一项多学科技术，它以在军事和民用方面的巨大经济效益及社会效益，越来越受到发达国家的重视，成为遥感领域中的前沿热门科学之一。1994 年航天总公司组建了包括哈工大在内的 C 波段星载合成孔径雷达 (C-SAR) 总体研究组，并通过与国外合作和国内研究工作，取得了很大进展。C-SAR 为一个军事和民用兼顾、相扫变入射角、多模式、高分辨率的星载 SAR。在该方案中，对信号和系统参数、技战术性能指标、机械结构和热设计、与卫星平台的各种接口、数据压缩和下传等进行了充分论证。所设计的系统不仅满足了用户较高的性能指标要求，同时还借鉴了国外星载 SAR 最新技术。在性能和技术指标方面优于当时国外在轨道上运行的星载 SAR。为了在地面上验证 C-SAR 的性能指标，节省经费、加快研制周期，进行了 C-SAR 回波信号仿真、系统仿真和模拟信号源的研究工作。

1995 年 11 月电子工程技术研究所获国防科学技术工业委员会颁发的国防科学技术预先研究先进集体。

1997 年刘永坦院士团队的逆合成孔径雷达试验系统研究项目研制成功我国第一部实验 ISAR，实现了对飞机目标的 ISAR 成像，为我国 ISAR 技术的发展奠定了坚实基础，同年获国家科技进步奖二等奖。

2000 年刘永坦获何梁何利基金奖。何梁何利基金奖在海内外具有较大影响。刘永坦院士是因为我国新体制雷达的研制成功做出了巨大的贡献而获得"科学与技术进步奖"的，这也是哈工大专家学者第一次获得这项殊荣。

（二）通信技术方向

该学科方向主要是飞行器指挥控制系统通信网络及信息传输和陆地专用集群移动通信系统方面的研究、开发和设备研制工作。电子与通信工程系的通信技术研究所为原航天工业总公司的专用通信系统重点实验室，曾获得航天工业总公司预研先进集体称号，获得航天工业产品生产许可证，通过ISO 9001质量体系认证。该研究所研制的专用集群移动通信系统两次获得国家级新产品称号，获得公安部入网许可证。

20世纪90年代以来通信技术研究所在飞行器系统数据通信网络技术、宽带数据通信网络技术、卫星通信系统仿真设计技术及微小卫星通信测控技术、陆地专用集群移动通信系统等方面开展了深入的研究，相应解决了一些关键技术，得到了较好的技术储备，为此后开展进一步的研究工作奠定了良好的基础。该研究所实验仪器设备先进，有包括近30台HP仪器的射频信号实验室、ATM宽带网络实验室、卫星通信系统仿真实验室、卫星通信地面站、微小卫星测控通信仿真实验系统，其实验室装备水平在国内处于领先地位，达到发达国家的中等研究单位水平。

该研究所曾完成的科研项目和成果主要包括：×××数传通信系统设备，1988年8月参加实际系统实验获得成功，1989年获航天部科技进步奖一等奖；××××数传通信系统，1990年12月参加实际系统实验获得成功，并装备系统；××数传通信系统预研项目，1991年现场检飞试验成功；"七五"预研项目"××××指挥、控制联网试验系统"，1990年通过现场试验，1991年通过部级鉴定，1993年获航天部科技进步奖三等奖。

"八五"预研项目"××××指挥控制系统信息传输技术（应用研究）"课题，1996年通过部级鉴定，1996年获航天部科技进步奖二等奖。该项目完成了五节点，具有抗毁性网络性能分析能力，解决了高容错路由选择、网络分布式控制方法、网络多址等关键技术，完成自适应、智能化网络控制器的研制。它具有自适应差错控制、自适应速率控制等功能。最终将实现一套适用于××系统的网络控制器实验原理样机，使其具有自适应、小型化和通用性强的特点，并适合机载、舰载和地面系统的使用。

"九五"期间开展了预研项目"各级各类指挥系统网络体制"的研究，该项目在"八五"研究的基础上重点解决抗干扰通信设备的工程实现关键技术攻关、宽带网络组网实验、卫星远程联网技术及防空体系网络分析和设计等方面的技术问题。"九五"期间该研究所还在通信系统装备和工程项目方面获得重大进展。先后完成了"××数传通信系统""×××数传通信设备""××数传通信系统三级维护设备"的项目，均已交付实用，完成研制经费3 000多万元。上述成果经过转化已经按国家军用标准研制了两大类5套正式装备，并已投入实际使用。

该研究所承担的研究课题还包括863-2的微小卫星测控通信系统方案设计及工程实现，已进入工程卫星设计和研制阶段；863-2的中低轨道小卫星移动通信系统组网分析及关键技术研究，已完成年度计划，并转入第二年度阶段。同时进行的研究项目还包括空间站内部通信系统网络结构分析、中继卫星通信链路仿真分析等。

该学科方向在集群移动通信系统的设计方面取得了一定的突破性进展和技术成果，其中"数字信令集群移动通信系统"的技术水平已达到国外同类先进水平，填补了国内空白。以该项目的技术成果与香港中侨通信（中国）有限公司合作，组建了哈尔滨侨航通信设备有限公司。在成果的产业化中，根据用户的要求对原有成果中的单区、单基站、语音明话、电话接口单一和用户单元等问题进行了进一步的研制，在系统控制理论上提出了RCP稳定控制算法和数字加密平台等方法，并首次将电话、调度、数字寻呼三种工作模式合为一体，系统功能大大超过国外同类系统，大容量设计适合我国国情。系统采用容错处理功能，有故障报警及部分故障自我恢复能力等关键技术创新，成功地解决了集群移动通信系统中的语音保密、多区、多基站、漫游、多种电话接口、手持机和车载机等关键技术问题，推出了具有电话、寻呼及调度等多种功能的CKT-8800集群通信系统和满足公安部标准的警用集群移动通信系统。其性能价格比具有很强的竞争力，而且模拟集群系统内部的数字化工作基本完成，其中PCM交换中心完全可以应用到数字集群上。另外，已经研制成功了集群系统应用设备，如：GPS位置跟踪系统、MOBILE DATA移动数据传输、110报警系统、铁路列车公用电话及车辆调度系统、车载集群移动通信系统。由于该产品的出现，打破了国外产品长期垄断我国集群系统市场的局面，迫使国外产品大幅度降价，其社会效益和经济效益显著。该产品经有关专家鉴定，其关键技术和功能达到或超过国外 90 年代同类系统水平，填补了国内空白，并已被国家科委、国家技术监督局等 5 个部门评为 1995 年度和 1997 年度的国家级新产品。该项成果已被评为 1999 年度国家科技进步奖三等奖，获得公安部的入网许可证并通过了 ISO9001 质量论证，为我国专用移动通信产业国产化打下了基础，也为研究数字集群移动通信系统提供了良好的技术基础和实现条件。

90 年代初，张乃通开始着手开展双音多频（DTMF）信令研究并实现模拟体制的集群系统，这就是 HIT51-8 集群通信系统。该系统 1994 年用于当时的航天工业总公司，无故障地使用两年，直到数字信令集群通信系统的出现。在模拟集群成熟之前，张乃通就开始了对下一步先进的数字信令集群系统的研究。在当时众多体制标准中，他果断决定选择欧洲电信标准委员会（ETSI）制定并颁布的 MPT-1327 标准。该标准具有空中接口开放、技术成熟、适合组建各种规模的集群系统的优点。事实证明，他当时的决定是正确的，在后续的 10 年内，除了 MPT-1327 标准外，其他标准在我国基本没有生命力。

1995 年初，张乃通领导的哈工大通信技术研究所与投资商合作，在国内首先开发、研制出国产化 800 MHz 通用 CKT 系列集群系统，用于出租车调度和某部队。在 1997 年初，结合我国公安部提出的普及警用自动级无线指挥调度系统的要求，张乃通领导课题组研究警用数字信令集群移动通信系统及 350 MHz 系统，在已有的研究基础上，只用半年时间就研制出了样机，并很快转化为产品，进入市场。产品在功能、性能、管理、便于用户加密等方面均优于国外产品，打破了我国集群通信产品市场被国外垄断的局面。该产品获 1995 年、1997 年国家级新产品称号，获公安部入网许可证书，获民用 ISO9001 质量体系认证证书；研究成果获国家级科技进步奖三等奖 1 项，委、部科技进步奖一、二等奖 2 项。以哈工大技术为主导的警用集群产品市场占有率超过 60%，在奥运安保、汶川救灾等重大事件中发挥了重要作用。

1998 年警用自动级无线指挥调度系统研制成功，1999 年 CKT-8800 数字信令集群移动通信系统获得国家科技进步奖三等奖。

20世纪末，数字化成为通信与电子行业发展的必然趋势，全数字化集群已经蓄势待发。张乃通领导的哈工大通信所具备了十几年集群技术的研究经验，通过对国际上提出的各种体制的分析和仿真实验论证，提出以空中接口开放的TETRA标准为借鉴，研制数字集群系统实验室样机，获得的实验数据为制定我国的数字集群国家标准提供有力的依据。通信技术研究所被信息产业部选为我国数字集群系统总体组组长单位。

张乃通院士团队长期开展抗干扰专用数据链信息传输方面的理论和应用研究，研制出多种专用数据链系统和设备，2001年获国家科技进步奖二等奖。

2000年通信所徐玉滨、赵刚、沙学军、谭学治、张乃通、王北松、王彬等研制的用户无线本地环路系统获黑龙江省科技进步奖二等奖；赵洪林、周廷显、赵先明、刘春刚、蒙力群、李正廉等研制的火电厂卸煤翻车机遥控系统获黑龙江省教育厅科技进步奖二等奖。

（三）测控技术与其他方向

1995年，按照国家的学科分类，哈尔滨工业大学将电子仪器及测量技术专业（53专业）和电磁测量技术专业（62专业）并入新成立的哈尔滨工业大学自

1996年通信工程系部分教师合影

动化测试与控制系(23系)，隶属于计算机及电气工程学院，系主任为孙圣和教授。

1998年12月，学校又将原12专业、15专业、53专业和62专业整合在一起，成立了自动化测试与控制系，简称1系，同属于仪器科学与技术一级学科。

1999年，计算机及电气工程学院分为计算机科学与技术学院和电气工程及自动化学院。自动化测试与控制研究所(53专业)归属于电气工程及自动化学院。

在这一阶段，53专业的师资力量进一步扩充，专职教师达到20人，教师博士化率进一步上升。2000年，彭喜元获国务院政府特殊津贴；2001年，彭喜元获第七届中国青年科技奖；2002年彭喜元获国家优秀青年教师奖。2002年9月，测控所荣获中国计量测试学会"全国计量测试"先进会员单位称号。

1998年经合并调整，新的自动化测试与控制系成立，该系集中组合了属于仪器科学与技术一级学科的各个教研室。

1998年哈工大21个项目获国家自然科学基金资助，林茂六、赵春晖获国家自然科学基金资助。

在科研上，53专业继续深化自动测试技术的研究和工程应用，1998年53教研室承担的VXI总线技术研究项目成功应用到多个型号的装备上，对提高我国国防装备水平，加速我国VXI总线技术国产化具有重要意义。

1999年53教研室VXI总线自动测试系统技改项目受到国防科工委和国家财政部联合支持，获得1 000万元资助。

1999年53教研室姜守达、乔立岩、刘兆庆等教师参加研制的新型导弹自动化测试系统于1999年11月底在北京通过部级鉴定，该项成果处于国内领先地位，达到90年代国际同类产品先进水平，具有重大社会效益、经济效益及推广价值。

2000年53教研室彭喜元课题组研制的新型××××VXI总线测试系统通过鉴定，该成果的使用使我国作战部队的战术反应能力和日常装备维护能力得到大幅度提高。

这一时期，VXI总线自动测试系统的研究工作也得到了国防科工委的肯定，获得了多项奖励。2000年12月，刘兆庆、乔立岩"VXI嵌入计算机"项目获国防科学技术奖二等奖；乔立岩、刘兆庆"××导弹VXI总线自动测试系统"项目获国防科学技术奖二等奖。

2001年12月，刘兆庆、乔立岩"VXI总线C系列模块研究"项目获国防科学技术二等奖；刘兆庆"××制导武器VXI总线自动检测系统"项目获国防科学技术奖三等奖。

该学科方向的学术影响力在国内不断增强。1997年，孙圣和教授出席第三届电子测量与仪器学术会议，并担任大会副主席。1999年，53专业作为承办单位，承办了第六届国际电子测量与仪器学术会议（ICEMI），孙圣和教授任大会主席。

在即将迈进21世纪的时候，我国的科学研究进一步正规化、标准化，开始实行准入制度，哈尔滨工业大学顺利取得航天工业产品科研许可证、ISO 9001质量体系认证证书和军工产品质量体系认证证书。这些证书的取得使电子与通信工程系的军品项目立项工作更加便捷。

腾飞篇 紧跟时代步伐 推进学院发展
（2003—2020）

第七章 电子与信息技术研究院
（2003—2008）

腾飞篇　紧跟时代步伐　推进学院发展（2003—2020）

从 2001 年开始，电子与通信工程系部分教师和刘永坦、张乃通两位院士，从国家信息技术发展及国内外高等教育发展的角度，建议学校成立电子与信息学院，这样就要从航天学院中分离出来。由于当时航天学院其他系所的意见不一致，这个建议暂时搁置。

2002 年 12 月，电子与通信工程系、通信技术研究所、电子工程技术研究所联合提交了一个成立电子信息学院的建议，刘永坦院士、张乃通院士及三个单位的全体教授和研究员一致同意上报航天学院办公室和学校党委，经学校讨论同意先行成立研究院。

2003 年 5 月，由电子与通信工程系、通信技术研究所、电子工程技术研究所合并成立电子与信息技术研究院，人事关系脱离航天学院，党委及学生管理仍然归航天学院负责，院长张中兆，副院长许荣庆、顾学迈、张宁。成立研究院是后来成立电信学院的一个过渡期。

电子与信息技术研究院成立后，进行了机构整合调整。原来的通信工程教研室和通信技术研究所合并成立通信工程系，科研保持通信技术研究所对外名称。原来的电子工程教研室和电子工程技术研究所合并成立电子工程系。原来的 55 和 56 两个教研室合并成立信息工程系，原来的 54 教研室改为微波工程系。2005 年张晔教授团队成立了图像与信息技术研究所，邱景辉教授团队成立了微波与天线技术研究所。这一期间，还成立了李金宗教授的图像处理研究所、吴群教授的微波与电磁场研究室、任广辉教授的测控技术研究室、沈一鹰教授的电子信息研究室等。

2006 年教育部开始评定国家重点学科，要求所有博士点学科都要参评，而且根据二级重点学科评审结果确定国家一级重点学科。在研究院这一阶段，教师队伍比较薄弱，全体教师队伍规模在 100 人左右，同时参评 2 个二级学科师资力量显得不足。2007年教育部公布评审结果,研究院包括的通信与信息系统二级学科再次被评为国家级重点学科,信号与信息处理二级学科被评定为国家重点培育学科。根据这个评定结果研究院没有进入到重点一级学科行列(全校有9个),而且此后教育部取消了重点二级学科和重点一级学科的评审,也是研究院的一个遗憾。

2005年开始,研究院积极参加工信部国防特色专业的申报工作,先后获得批准了信息对抗技术、遥感科学与技术、电磁场与无线技术三个新的本科专业。2007年信息对抗技术本科专业开始招生,2008年遥感科学与技术本科专业开始招生,2009年电磁场与无线技术本科专业开始招生。至此,研究院所属的四个系都实现了本科生、硕士生、博士生完整的人才培养体系。

研究院在成立之初,具有与国民经济和国防建设紧密联系的、稳定的研究方向,具备良好的科研基础,有结构合理的学术队伍,有业绩突出的学术带头人。学科紧密结合航天尖端技术的需求,形成了以对海、星载和飞行器系统为主要背景的雷达与通信系统学科方向。尤其是在新体制雷达、雷达信号处理、指挥控制系统数据传输等主要研究方向上已达到国内领先水平,在新体制雷达方面达到了国际先进水平。学科综合实力居国内同类学科前列。

通信所的卫星通信实验室

随着科研工作的发展,该学科成为学校"211"重点建设学科之一,信息与通信工程是哈工大当时八个一级学科博士点之一。通过"211工程"的建设和学校领导的大力支持,该学科的综合实力已经有了较大的提高。但是相对于未来信息化社会和现代化的国防建设以及不断扩大的高水平人才培养的需求,该学科当时的规模和水平还有较大差距。对重点学科建设发展的规划,将使该学科在创一流方面有一个大的飞跃,从而提高哈工大整体的科研水平和人才培养能力。

新世纪是一个以信息科学、生命科学、材料科学等为代表的知识经济时代。信息技术在当今国民经济和国防建设中具有突出的重要地位。党的十七大报告指出:"发展现代产业体系,大力推进信息化与工业化融合","坚持科技强军,按照建设信息化军队、打赢信息化战争的战略目标,加快机械化和信息化复合发展"。由此可见信息技术对经济发展和国防建设的重要意义。

信息领域是国际上公认的未来技术和产业的发展方向,现代社会发展、经济建设和局部战争实例都表明,信息技术是国民经济发展的支柱,信息战是未来现代化战争的主要手段之一。重视信息技术学科的发展已经成为政治、经济和教育界的共识。

哈工大作为全国一流大学,已经进入了一个专业和学科发展的新时期。信息与通信工程学科是信息领域的主要学科之一,通过几年来的学科建设,学科的综合实力已经有了较大的提高。但是相对于未来信息化社会和现代化的国防建设及不断扩大的人才市场的需求,该学科的规模和水平还有较大差距。"十五""十一五"期间的重点学科建设,使该学科在整体实力上有了一个大的飞跃,从而提高了科学研究和人才培养能力,并通过进一步建设,使该学科教学、科研水平、学术队伍梯队和实验室条件逐步达到国内领先、国际知名水平。

一、本科生培养

在研究院期间，共有5个本科专业，较之前新增3个本科专业。

通信工程专业：是哈尔滨工业大学热门专业之一。该专业为教育部特色专业，工业和信息化部重点专业，该专业具有硕士学位和博士学位授予权。专业主要培养通信与电子信息工程领域中从事信息科学研究、无线通信系统设计、通信设备研制及电信网络运营管理等方面的高级研究与工程技术人才。

电子信息工程专业：该专业为工业和信息化部重点专业，具有硕士学位和博士学位授予权。该专业主要培养具备电子技术和信息系统的基础知识，能从事各类电子设备和信息系统的研究、设计、制造、应用和开发的高级工程技术人才。专业注重电子信息理论的学习，强化实践教学，培养学生在信号分析与处理、电子系统设计及计算机应用等方面的能力。

信息对抗技术专业：是2007年新办专业，为工业和信息化部紧缺专业，具有硕士学位和博士学位授予权。主要培养适应21世纪信息化建设需要，具备电子通信系统、信息化战争、电子对抗及信息安全等方面的基础理论，能在国防领域、科研单位、信息产业及政府部门从事系统设计、技术开发、操作管理和安全防护工作的高级工程技术人才。

遥感科学与技术专业：是2007年新办专业，为工业和信息化部紧缺专业，具有硕士学位和博士学位授予权，该专业是一个遥感信息处理领域的较宽口径的专业。主要培养具有数字图像处理、微波遥感、光学遥感、地理信息系统、遥感图像解译、测量学、地图学等方面的基础理论知识，面向城市规划、交通管理、农林、海洋、资源、环境及国防领域的公司、科研院所及遥感相关部门从事工作的高级工程技术人才。

电磁场与无线技术专业：是原通信工程专业的微波技术方向，2008年成为新办专业，为工业与信息化部紧缺专业，具有硕士学位和博士学位授予权。该专业培养具有射频无线电信号的产生、辐射、传播、散射、接收和处理相关理论、技术和工程知识，适合于航天航空、通信、信息及国防电子等领域的微波、射频与天线方面的高级工程技术人才。

哈工大第十次党代会确立了"建设世界一流大学的宏伟目标"，确定的办学指导思想是：以马列主义、毛泽东思想、邓小平理论和"三个代表"重要思想为指导，认真贯彻党的教育方针，全面落实科学发展观，以队伍建设为核心，以学科建设为龙头，以人才培养为根本，以体制和机制创新为动力，以党建和思想政治工作为保障，牢固确立教学工作的中心地位，为国家发展建设培养和输送优秀人才，贡献高水平的科研成果，为人类社会科学进步与经济发展提供优质服务。

根据学校建设世界一流大学的总体定位和办学指导思想，学院的总体发展目标是：到2010年建设成为航天电子信息领域国内一流、国际知名的研究型学院。

学院当时有一个国家级重点学科，一个国防科工委重点学科，一个博士后流动站，一个一级学科博士点，两个二级学科博士点，三个二级学科硕士点，两个国防科工委重点本科专业，一个长江学者奖励计划特聘教授岗位。

20世纪初，哈工大已经进入全国一流大学行列，开始了一个专业和学科发展的新时期。信息与通信工程学科是信息领域的主要学科之一。该学科具有与国民经济和国防建设紧密联系的、稳定的研究方向，具备良好的科研基础，有结构合理的学术队伍，有刘永坦院士和张乃通院士作为学科带头人。几年来，该学科紧密结合航天尖端技术的需求，形成了以航天与国防电子信息系统为主要背景的雷达与通信系统学科方向。2000年全国重点学科评价，通信与信息系统学科排名第5名，2001年全国一级学科评估中，信息与通信工程学科排名第9名。

学院的人才培养定位是以研究型人才培养为主，兼顾工程型人才培养，人才培养层次定位是以本科生培养为基础，以高层次人才培养为重点，服务面向定位是立足航天服务国防，面向国内外电子信息领域。学院形成了比较完备的人才培养体系，从本科生到硕士、博士、博士后以及工程硕士等专业学位。坚持"规格严格，功夫到家"的优良校风，注重学生知识、能力、创造性等综合素质的全面发展。

教学工作的总体目标是：贯彻国家和学校培养高素质科技人才的教育思想，结合学科特点探索培养模式、更新课程体系、改善教学环境、全面提高教学水平。

微波实验室

（一）办学思路

1. 教育思想观念

随着我国高等教育规模的发展，高等学校的教学工作特别是本科教学工作出现了相应的新问题。结合学院的航天与国防特色，以及研究型学科特点，学院制定了明确的办学思想，以人才培养为中心、以本科教学为基础、以学科建设为根本、以科学研究为突破，推动学院工作的全面发展。

根据学院历史、现状和发展目标，为使学院的各项工作得到进一步发展，深入贯彻党的十六大精神，进一步解放思想，树立创新观念，推进内部体制、机制和管理方式等方面的改革，学院实施以人为本的管理理念，既注重培养高层次高素质人才，同时又尊重人的个性差异，在岗位聘任中求真务实，正确处理教学与科研的关系，提倡教学、科研优势互补，使每个人既有压力，又有动力，促进拔尖人才快速成长。政策向教学倾斜，在岗位聘任、职称评定和岗位津贴发放过程中优先保证教学一线人员。

2. 教学中心地位

体制保证：根据学科特点和实际情况，调整了内部管理体制和机构，从兼顾教学和科研两个中心的角度出发，将过去分离建制的科研单位和教学单位进行整合。原通信工程教研室和通信技术研究所合并，在教学上称为通信工程系，承担通信工程专业的本科专业教学工作；在科研和行政管理上归通信技术研究所。原电子工程教研室和电子工程技术研究所合并，在教学上称为电子工程系，承担电子信息工程专业的本科专业教学工作；在科研和行政管理上归电子工程技术研究所。将原来承担技术基础教学任务的应用电子技术教研室、微波技术教研室和信息工程教研室合并为信息工程系，但同时保持相对的独立性和完整性，共同承担技术基础课教学和部分专业课教学工作。

组织保证：在原来电子与通信工程系教学指导委员会的基础上，2003年9月学院成立了新的本科教学指导委员会，并制定了教学指导委员会工作条例，教学指导委员会负责研究院在办学思想、办学体制、办学方向、教学改革、教育创新等方面遇到的重大问题，及时提出科学的决策；负责审核教学计划、调整课程结构、专业设置和建设方案等。召开了多次会议，讨论了2003年本科教学计划的修订，审核教学研究立项，教学奖励政策，推动了教学工作的发展。

质量监控：学院成立了教学督导组，并制定了教学督导工作条例。教学督导组每学期都深入课堂检查教师教学情况，定期总结教学中出现的问题，及时整改，每次检查后，都与教师当场交流，帮助教师改进教学。

建立骨干课程组，采取竞聘上岗制度。骨干课竞聘课程组长及主讲教师，由院教学指导委员会负责审定。从而在课堂质量的入口处把好关，保证了教学水平的稳步提高。

制度保证：建立教学奖励制度，设立了学院"青年教师教学优秀奖""教材奖"，对准备申报国家级名师、省级名师、国家级精品课程、省级精品课程给予资助，对于获得优秀课程、双语授课的教师给予奖励。

实行教学质量考核一票否决制，在教师上岗考核时，执行了教务处的有关建议，对教学质量学生评教后较差的教师实行停课培训或降岗处理。在职称评定时，对副教授两年不上本科生课或连续两年学生评教后较差的教师实行一票否决制。

3. 教学工作思路

根据哈工大为国家重点高等学校的国内地位，结合学院学科特色非常明显、学科带头人业绩突出、科研工作比较重以及两个本科专业和研究生学科生源良好的特点，学院制定了明确的教学工作思路。

（1）首先，确定了以人才培养为中心，创建一流学科专业的总体工作目标。高等学校的根本任务就是培养高水平人才，这一点是学院制定工作目标和处理院系各项工作的认识基础。重点高等学校的重点任务当然是培养高层次的高水平人才，也就是硕士、博士研究生。但是学院清楚地认识到本科教学工作的基础地位，本科教学是培养高层次人才过程中基础训练的重要阶段，没有高质量的本科教学就无法实现高水平人才培养的根本任务。

（2）从国内外知名高等学校先进经验和发展趋势中可以看到，培养研究型、创造型、复合型的高水平人才必须拥有一支高水平的师资队伍，学院教学工作的基本思路之一就是力争建设和稳定一批高水平的专家和教学队伍。在已有的条件下，一方面通过人才引进，另一方面就是自我提高。通过高水平的科学研究来锻炼和稳定队伍是学院一直坚持的一个基本工作思路。

（3）结合当时国内高等学校的发展状况看，学院规模发展非常迅速。特别是随着信息技术的发展，通信工程和电子信息工程两个本科专业已经成为当时高等学校的"支柱"专业。在这种形势下，学院确定的工作思路是稳定规模、保持特色、保证质量。五年中，学院的两个本科专业每年招生总数一直稳定在300人左右，这个数字在全国甚至省内都是比较少的。

（4）突出本科专业的航天与国防特色，结合国际上先进国家高等学校教育思想观念的发展，深入研究学院本科专业的培养目标和培养模式。一方面学院根据学科方向一直坚持本科专业的"无线通信""空间电子信息系统""先进雷达系统"和"图像信息处理"等传统优势。另一方面结合现代电子信息技术的发展，突出加强计算机科学与技术方面的知识体系。正确地处理了本科生培养工作中建设与改革、保持与发展的关系。

（5）正确地认识本科教学工作的规律和特点，科学地处理教学与科研工作之间的矛盾。学院分析了教学、科研和学科建设等几个主要工作之间的关系和特点，重点研究了本科教学工作的重要性和存在的特殊困难。在资金投入、岗位聘任、职称评定等方面给予一定的倾斜和重点支持。科学、合理地处理了本科教学与研究生教学、学科建设及科研等其他工作的关系。

(二) 教学基本设施

1. 教学单位及实验室状况

学院下设两个研究所，三个系，两个本科专业，五个专业方向，四个本科教学实验室，其分布如下图所示。

通信工程系，由原通信工程教研室和通信技术研究所合并而成，在教学方面称为通信工程系，在科研及学科建设方面称通信技术研究所。通信工程系学科带头人为中国工程院院士张乃通教授，有教学科研人员34人，其中教授8人，研究员6人，副教授3人，副研究员7人，中级职称7人。有教学科研实验室面积5 400平方米，仪器设备200多台套，价值2 800万元。

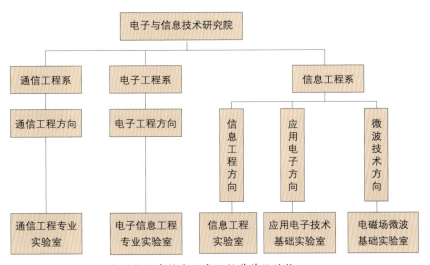

电子与信息技术研究院教学单位结构

电子工程系，由原电子工程教研室和电子工程技术研究所合并而成，在教学方面称为电子工程系，在科研及学科建设方面称电子工程技术研究所。电子工程系学科带头人为中国科学院、工程院院士刘永坦教授，有教学科研人员25人，其中教授6人，研究员5人，副教授7人，副研究员5人，讲师1人。有教学科研实验室面积3 100平方米，仪器设备300多台套，价值3 800万元。

信息工程系，由原应用电子技术教研室（501）、微波技术教研室（502）和信息工程教研室合并而成。信息工程系学科带头人为曹志道教授，有教学科研人员40人，其中教授10人，研究员1人，副教授10人，副研究员1人，中级职称 11 人。有教学科研实验室面积 2 100 平方米，仪器设备 200 多台套，价值 2 300 万元。

应用电子技术基础实验室，即为原 501 教研室的实验室，面向全院及部分外院系本科生开设通信电子线路、数字逻辑电路等技术基础课的教学实验。总实验教学工作量超过 1 800 课时／年。实验室的面积有 171 平方米，仪器设备总数 180 台套，设备总金额 185 万元。

信息工程实验室，即为原 501 教研室的实验室，面向全院及部分外院系本科生开设信号与系统等技术基础课的教学实验。总实验教学工作量超过 700 课时／年。实验室的面积有 120 平方米，仪器设备总数 100 台套，设备总金额 70 万元。

电磁场微波基础实验室，即为原 502 教研室的实验室，面向全院及部分外院系本科生开设电磁场理论、微波技术等技术基础课和专业课的教学实验。总实验教学工作量超过 1 800 课时／年。实验室的面积有 363 平方米，仪器设备总数 135 台套，设备总金额 230 万元。

通信工程专业实验室，面向全院及通信工程专业本科生开设通信原理教学实验，及通信工程专业的程控交换、遥测遥控专业课程的实验。可开出实验 10 个，总实验教学工作量超过 900 课时／年。通信工程专业实验室面积有 232 平方米，仪器设备总数 192 台套，设备总金额约 157 万元。

电子信息工程专业实验室，面向全院及电子信息工程专业本科生开设数字信号处理、随机信号分析、图像系统等课程的教学实验，可开出实验 12 个，总实验教学工作量超过 800 课时／年。电子信息工程专业实验室面积有 280 平方米，仪器设备总数 253 台套，设备总金额约 127 万元。

综上所述，研究院拥有本科教学实验面积总数为 1 166 平方米，教学仪器设备总数 860 台套，总价值约 769 万元。

2. 实习基地

校内实习基地主要有学校工程训练中心和学院的四个本科教学实验室。其中，学校工程训练中心负责学生的金工实习和电子工艺实习。本科教学实验室负责学院本科学生的生产实习，同时学院各实验室还为本科生提供科技创新活动的场所及必要的仪器设备，有专职、兼职教师和辅助人员对学生进行科技指导，已取得良好的效果。

校外实习基地可分为两个层面：一是根据专业培养要求，与企业共建的生产实习基地或毕业实习基地，主要包括哈尔滨侨航通信设备有限公司、天津广播设备公司、中国船舶工业公司北京系统工程研究院等。二是为开阔视野，进一步增进学生对企业和公司的生产和设计过程的了解，而组织学生参观访问若干企业和公司，如哈尔滨侨航通信设备有限公司、哈尔滨广播器材厂、哈尔滨工业大学国泰电子公司等。

2010年专用通信系统教育部工程研究中心通过教育部专家验收会

3. 培养方案

学院总的人才培养定位是以培养高层次、研究型人才为主。相应本科层次的人才培养目标为：培养适应21世纪社会主义现代化建设需要的、具有宽广的自然和人文社会科学基础、具有创新精神和实践能力的通信工程和电子信息工程领域的高级应用研究型专门人才。为了实现这一培养目标，学院于2003年对本科培养方案在2001年方案的基础上进行了修订。根据知识、能力、素质协调发展的原则，修订后两个专业培养方案对本科生的基本要求为：

（1）具有坚实的自然科学基础，较好的人文、艺术和社会科学基础知识及正确运用本国语言和文字表达的能力。

（2）具有较强的计算机和外语应用能力。

（3）较系统地掌握本专业领域宽广的理论基础知识，了解学科前沿及最新发展动态。

（4）具有创新意识和独立获取知识的能力。

（5）获得本专业领域的工程实践训练，具有较强的分析解决问题的能力及实践技能，具有从事与通信工程和电子信息工程专业有关的科学研究、技术开发、组织管理的能力。

本科生培养方案主要突出了以下几个方面。

（1）加强自然科学和人文社会科学基础，确保学生有较好的自然科学基础，使其具有充分的发展后劲；加强学生文化素质教育，促其全面发展。基础平台课学时占总学时的41.5%，包括外语、数学、物理、化学、体育，还包括计算机、自动化及人文社科类课程。

（2）为实行宽口径专业教育，建立了两个专业公共技术基础课，将各专业方向的共同基础纳入该平台。通信工程与电子工程专业属于电气信息类本科专业，同时又是原来无线电类专业唯一保存下来的本科专业。两个专业具有明显、相近的专业特点。为了拓宽专业口径，学院将原来的9门公共技术基础课增加为15门。增加的课程为："数字信号处理""通信原理""随机信号分析""计算机软件基础""计算机通信网络""微处理器原理与应用"。公共技术基础课学时占总学时的26.8%。

（3）加强了实践教学环节，强调学生能力培养。为加强学生外语能力的培养，确定了多门课程采用双语教学，加强实践能力培养，在增加毕业设计的时间的同时，增加了综合型、设计型实验内容，增加了课程设计的比重；鼓励学生参加科技创新活动。实践教学环节占总学时的20%。

（4）在毕业设计等教学环节中积极开展研究型教学实践，对不同层次、不同类型的学生分别安排论文研究、项目开发、系统设计等方面的实践课题。同时，允许学生在导师的指导下，根据个人需要、爱好和条件自行确定毕业设计课题，鼓励个性化发展。

（5）在两个本科专业上设立五个主干专业方向。五个研究方向各设置一套专业方向课程。加强了新技术的引入，密切结合教师科研方向和研究成果，跟踪国内外专业技术发展和人才市场需求，使本科毕业生具备基本的专业知识结构。

学院的本科生培养方案体现了学科定位和人才培养目标，整个培养方案体现了加强基础、增加人文、融入计算机、重视实践、拓宽专业面的基本思路。在总学时没有增加的前提下，学院要求课程组深入研究国内外技术发展现状，精练授课内容，使用先进教学手段，提高课堂授课效率，经过几年实践证明方案基本合理、可行。同时还发现了存在的问题，仍在不断调整和完善。

（三）教学内容

1. 教学方法与手段改革

为适应教学改革的需要，学院在教学方法与手段上积极开展改革与创新。做法是鼓励百花齐放，百家争鸣，充分发挥教师的积极性，开展讨论学习，提高认识，鼓励实践，探索出有特色、科学、先进且可行的教学方法和教学手段。

在教学方法和手段的改进方面，学院强调有效地调动学生学习积极性；在促进学生积极思考、激发学生的潜能方面，注重培养学生的知识运用能力。开展的主要工作包括以下方面。

（1）改革课堂教学方法。

为了适应新的培养方案，在技术基础课和专业课方面改变课堂教学形式，压缩传统内容的课内学时，注意课内与课外的结合，改变以往问题尽量解决于课堂的教学方式。课堂教学重点是讲思路、讲方法、引问题、重讨论，而将许多通过思考可以自己掌握的内容留给学生自己去做。专业课的课外作业形式多样，有常规作业、网上讨论、计算机分析、模拟等。调查显示绝大多数同学认为：这一教学模式有利于他们自主学习和个性发展。课堂不再是一言堂。有些教师组织的教学，学生的课堂发言比例已达课时的10%左右。学生最欢迎的是小组研究一个问题，制成电子讲稿派学生代表讲。

（2）积极推广多媒体教学手段。

研究院的本科生教学开展广泛采用多媒体教学手段，为三个基础课教研室的本科生任课老师配备了三台笔记本电脑，积极鼓励本科课程使用和制作CAI课件。本科生课程使用多媒体教学手段的课程共18门，占本科课程的44%。学院的四个本科教学实验室都已经安装了多媒体设备，所有实验室都使用了多媒体教学手段。同时部分课程还充分利用网络资源，开展网络答疑、网上讨论等活动，使课外教学环节更加丰富和多样。

（3）改进考试方法，注重素质提高。

为了全面贯彻素质教育的改革思想，学院在本科教学中积极开展考试方法改革，打破一张考卷定终身的弊端。在一些技术基础课中采用累加式考试方法，总成绩由平时成绩、大作业、实验考核、期末成绩按一定比例构成；在部分专业课中实行笔试和大作业综合的考试方式，在部分选修课中采用设计和研究报告的形式进行考试。

2. 双语教学

为了适应国际交流的需要和教育国际化趋势，学院根据学校推进双语教学的部署，以"提高学生综合素质，培养国际化人才"为目标，积极开展双语教学实践。已经在卫星通信、移动通信、电磁场与电磁波、卫星导航定位等6门课程中引入双语教学，收到了较好的效果。双语课程比例为15%。

3. 实践教学

实践教学是素质教育、人才培养的重要环节，实践教学体系的改革与建设具有战略意义。学院的学生入学成绩高，生源充足，毕业生供不应求，招生规模不断扩大。而专业实验室建设投入不足，从而形成了实验室面积严重不足、实验设备相对落后，实验室教师队伍不稳等问题。

实践教学体系主要包括实验、课程设计、工程训练、生产实习、毕业设计等若干环节，同时创造条件，让学生参加课外科技活动或老师的科研工作，使学生的实践能力得到全面提高。

学院的实验及上机学时占课程总学时的18%，全部技术基础课和专业方向主干课均有实验课或课程设计。实验开出率为100%。主要对技术基础实验室进行了较大的调整和改革，把原来隶属于不同教研室的实验室合并，整合成两个技术基础实验室，改变了原来实验室管理条块分割严重、资源利用率低的弊端，为进行实验室建设、实验教学内容改革创造了良好的条件。

4. 实习和实训

由于本地区电子信息企业较少，学院本科生的校外实习基地选择受限，院内实验室克服困难，基本保证了大部分本科学生在校内各实验室进行实习的需要。为了进一步提高实习和实训效果，学院一些专业努力联系有关单位，进行了观摩实习，在当时情况下取得了较好的效果。

5. 实践教学内容与体系

学院本科实践教学体系包括课程实验和课程设计、工程训练、生产实习、毕业设计等若干环节。其中学院各实验室主要承担的是课程设计、生产实习和毕业设计。课程设计是培养学生独立从事科学实验和科学研究的一种基本训练。为了全面培养学生能力，学院将课程设计分成两个部分。第一部分主要训练学生的实验技能，一直开展基于EDA技术的电子设计和仿真实验，学生反映良好。第二部分由专业教师指导进行研究设计训练，涉及内容十分广泛，这部分内容是学生进行科学研究的一种基本训练，为后期的毕业设计及研究生阶段的学习奠定了基础。

学院的生产实习学生人数多，实验室面积小，但实验室教师积极挖掘潜力，广开渠道，分别开展电话机安装调试、电视机安装调试、万用表安装调试等实习项目，同时安排学生参观本地的一些电子企业的生产线和电子产品的生产过程，总体上获得了较好的效果，达到了学生生产实习的目的。

在课程实验方面，学院的本科教学实验努力进行从以验证性实验为主到以设计、综合性实验为主的改革，开出综合性和设计性实验的课程占有实验课课程的60%。学院的技术基础课实验学生人数多，工作量大，实验室面积不足。为了增加新的实验项目，提高综合型、设计型实验比例，实验室教师积极探索、大胆实践、延长工作时间，为本科生技术基础课实验工作改善和提高做出了积极贡献。

在专业课实验中各专业实验室积极改革实验方法、增加实验项目、更新实验内容，新增实验项目15项，更新实验设备10种，使12门专业必修课的实验达到8门16项，其中综合性、设计性实验10项。

（四）学风

1. 教师风范

建设世界知名高水平大学，提高人才培养质量，师资队伍建设是关键。学院在师德师风建设、提高教师综合素质、激发教师教书育人的积极性和主动性等方面做了许多工作。将教风建设视为教学质量的重要保证，有制度、有措施、有落实、有成效。

"规格严格，功夫到家"是哈工大长期坚持的优良传统，学院教师在学校各级领导和老教师的悉心指导和言传身教下,不断严格要求自己,努力工作,基本形成了踏实、认真、勇于吃苦、不断进取的工作作风和学习态度,并注意把这种传统保持发扬,体现在教学科研工作中,例如建院初期在学院任教的刘永坦、张乃通、曹志道、钱国蕙、孙道理、郑玉祥等老教师在教学、科研方面是"规格严格,功夫到家"的典范。

学院的专业发展和学科建设得到突飞猛进的发展的一个重要因素是有好的学科带头人。刘永坦院士和张乃通院士在学院的发展建设中起到了十分重要和关键的作用。

刘永坦教授是研究院电子信息工程专业的创始人,是电子信息工程专业的博士生导师、中国科学院院士、中国工程院院士;担任哈尔滨工业大学研究生院院长、国务院学位委员会学科评议组召集人、国家自然科学奖信息评审组召集人、国家级有突出贡献的中青年专家、国防科工委航天专家咨询组专家、中国宇航学会理事、空军科技发展和人才建设顾问、IEEE高级会员、中国科学院主席团成员、中国科学院信息技术学部副主任等多项社会职务。在他的带领下研制出完整的新体制雷达系统,建成了我国第一个新体制雷达站。几年内获得国家科技进步奖一等奖1项,国家科技进步奖二等奖1项及省部级科技奖十几项。培养全国百名优秀博士1人。

张乃通教授是学院通信工程专业的创建人和学科带头人,是哈工大通信所名誉所长、教授、博士生导师、中国工程院院士;担任中国通信学会理事,《通信学报》常务编委,航天第三、五研究院兼职研究员,东南大学兼

时任校长王树国和张乃通院士等视察卫星发射现场

职教授。张乃通教授的科学研究使我国××指控通信系统赶上国外同类系统先进水平，主持研制成功超视距数据链，成果转化成装备，奠定了哈工大通信工程教学科研的基础。几年内获国家科技进步奖二等奖1项、三等奖3项，省部级一等奖5项。

学院广大教师在学科带头人的领导和熏陶下，培养出一种艰苦奋斗、不断进取的精神，先后出现了一批年轻的教学和科研骨干教师。

在教学管理上，为了使教风建设有章可循、有法可依，学院建立了相应的规范，如青年教师的试讲制度、任课教师须知、青年教师教学优秀奖励制度、优秀教材奖励制度、教学督导制度等。这些规范为确保本科教学秩序和教学质量起到了重要的保障作用。

学院在岗位聘任和考核中实行教学指标与科研指标互换、互补的政策，让有教学专长的教师按教学规律发展自己。学院严格执行学校各项教学工作规定，教学大纲、教学日历、教学设计和教案齐全、规范。

2. 学习风气

学院的学风建设工作由航天学院学工部统一管理，长期以来把学风建设作为一项重要工作来看待，教学与学生工作部门互相配合，积极采取措施，保证教育教学秩序的正常进行。

培养高素质全面发展的人才是学院的中心工作。在学生管理工作上一直把业务素质的培养和思想道德素质的培养放在同等的位置上。学生工作在德、智、体、美方面全面要求，没有出现严重违纪违规现象，学生整体素质不断提高。

学风建设的关键问题是考风，严格的考试纪律是保证学习效果和学生培养的根本。始终把建立良好的考风作为常抓不懈的核心工作，无论是考试动员，还是评奖评优、党员发展，始终把考风和学生综合素质作为各项工作的衡量尺度。学院常年坚持考前动员制度和考场巡视制度，规模较大的考试，主管书记或辅导员亲自巡视，始终提醒和鼓励学生以诚信的态度对待学习和考核。

在学风建设中制定了相应的规定，包括《航天学院本科生奖学金评定细则》《航天学院本科生推荐免试研究生德育评价细则》《航天学院本科生三好学生评比规定》《关于加强学风建设的若干意见》《关于实施学生学风督导的意见》等文件。同时积极开展丰富多彩的学术科技活动和文体活动，积极组织专家教授为本科生进行讲座和专业教育，这些活动极大地促进和调动了本科生学习的积极性，得到了明显的效果。

（五）社会声誉

1. 生源情况

学院的通信工程专业和电子信息工程专业一直是哈工大的热门本科专业。由于明显的航天高技术学科特点、刘永坦院士和张乃通院士等知名专家作为学科带头人的社会影响、强大的科研能力和突出的科研成果、广大毕业生在社会上的突出业绩，使得学院的本科生源在哈工大、黑龙江省甚至全国都是较好的。学院两个专业本科生入学成绩一直保持较高水平。通信工程专业在黑龙江省招生的入学平均成绩连续多年为哈工大各专业中排名第一名。

学院各级领导和广大教师非常重视招生宣传工作，院系领导、博士生导师、教学带头人、优秀青年教师和学生工作干部积极宣传，认真指导。同时利用校友、来访来宾、外出的教师等各方面人员宣传学校、学院，主动提高知名度，特别是教师在返乡社会实践活动中积极宣传，对不断提升学院本科生生源质量起到了积极的作用。

2. 社会评价

学院十分重视毕业生的社会评价，2002年以后先后多次开展了毕业生调查和联络工作，积累了大量素材和信息。学院的通信工程专业和电子信息工程专业都属于我国高等工科学校中的热门专业，全国各高等院校同类专业增加十分迅猛，在生源、师资及就业等方面造成了十分严重的竞争局面。在这种形势下，学院主要从自身做起，积极改革培养方式和课程体系，广泛与社会用人单位沟通，针对学院毕业生主要从事的工作背景，按照本科教学打好基础、注重能力培养的特点，有目的地进行改革和调整。学院本科毕业生的社会评价总体是较好的。例如，由"新浪""搜狐"等国内知名网站公布的"2004年中国大学本科专业排名"中，学院的通信工程专业在全国177所大学中位列第一名；电子信息工程专业在全国256所大学中排第八名。学院的毕业生社会调查先后考察了航天科技集团、航天科工集团、电子工业集团、华为、中兴、中国电信、中国移动等国内大型企业集团，这些企业普遍认为哈工大毕业生在全国重点大学同类专业中具有基础好、动手能力强、刻苦钻研和敬业等特点，给予了充分肯定和高度评价。

3.就业

就业工作是学校学生培养工作的最后一个环节，随着我国高等学校的改革和发展，毕业生就业越来越成为高等学校实力竞争的一个重要指标。学院领导班子配合航天学院有关工作人员把学生就业当作头等大事列入学院工作的日程。从组织动员到就业指导，从用人单位信息发布到建立有效的学生就业渠道，系统地开展了全面、合理、有效的就业服务，主要领导、骨干教师都主动参与就业信息的征集工作，学生就业心态相对稳定，已经形成了比较良好的就业机制。

学院在毕业生就业工作方面，坚持把社会的需要作为培养学生的指导原则，与主要用人单位保持长期密切的联系沟通，并建立畅通的反馈评价体系，在平时教育中贯彻实施，并对毕业生进行集中统一的教育，学院的毕业生已经成为一种品牌，一种高素质人才的保证。

二、研究生培养

随着哈尔滨工业大学向国际知名大学迈进，研究院期间，研究生培养工作得到了迅速的发展。研究院设有通信与信息系统、信号与信息处理和电磁场与微波技术三个硕士点，有通信与信息系统和信号与信息处理两个博士点。信息与通信工程学科具有一级学科博士学位授予权，并建有信息与通信工程学科博士后科研流动站。研究院的两个博士点学科组成的学科群航天雷达与通信系统为国家首批"211工程"重点建设学科及首批特聘教授岗位学科。通信与信息系统学科为国家级重点学科。

研究院各学科方向具有稳定的科研方向和较多的科研项目，同时十分重视研究生素质和能力的培养，并为研究生培养创造了良好的学习和科研环境，学生生源优良，毕业生具有基础知识扎实、综合素质高、创新能力和适应能力强等特点，受到社会普遍好评。

（一）办学思想及定位

研究院的人才培养定位是以研究型人才培养为主，兼顾工程型人才培养，人才培养层次定位是以本科生培养为基础，以高层次人才培养为重点；服务面向定位是立足航天服务国防，面向国内外电子信息领域。形成了比较完备的人才培养体系，从本科生到硕士、博士、博士后以及工程硕士等专业学位。坚持"规格严格，功夫到家"的优良校风，注重学生知识、能力、创造性等综合素质的全面发展。

（二）师资队伍

研究院具有一支实力雄厚、年龄结构合理、学术思想活跃的教学科研队伍，刘永坦院士和张乃通院士为学科带头人。至2009年，有在岗专职教学、科研及管理人员120人，其中教师97人，教学辅助人员9人，教学管理人员13人。教师中教授、研究员41人，副教授、副研究员30人，讲师26人。具有博士学位的教师62人，占教师比例63.9%。师资队伍中35岁以下的教师27人，占34%，36～45岁的教师34人，占35.1%，46～59岁的教师36人，占37.1%。有研究生导师70人，其中博士生导师31人。硕士生导师中具有博士学位的有43人，占61.4%；具有硕士以上学位的有64人，占91.4%。硕士研究生教育的生师比为4.1∶1，博士研究生教育的生师比为4.5∶1。

（三）培养条件

研究院硕士研究生导师积极参加科研工作，具有充足的研究生指导经费，通信技术研究所、电子工程技术研究所、图像信息技术研究所等单位都建立了良好的研究生创新基地，保证了二年级研究生人均计算机台数达到90%以上，一年级研究生人均计算机台数超过30%，并可以上网，从而保证了研究生的资料调研、仿真分析和撰写论文的需要。用于研究生的实验室面积近2 500平方米，博士研究生人均科研实验室面积大于6平方米，硕士研究生人均科研实验室面积大于5平方米，实验室仪器设备150多台套，价值3 000多万元。为研究生创新能力的培养创造了良好的条件。

在研究生培养方面，与NEC中国研究院、侨航通信公司等科研生产单位建立了良好的联合培养关系，在研究生培养方面发挥了重要作用。学院与日本、加拿大、俄罗斯、韩国及澳大利亚等国外一些著名大学建立了博士生联合培养合作关系。同时与国内航天及信息领域的研究院所建立了联合培养硕士研究生的关系。

（四）教育教学改革

1. 培养方案

研究院期间，研究生培养方案和课程体系经过修改和调整更趋合理。信息与通信工程学科在全校最早实现了以一级学科建立博士研究生培养方案和硕士研究生培养方案。培养目标进一步明确，课程体系逐步稳定合理。在2004年博士研究生和硕士研究生培养方案的基础上，经过几年的实践和调整，取得了较好的经验。2009年开始执行新一轮的研究生培养方案，特别是硕士研究生实行分类培养。为更好地适应国家经济社会发展对高层次应用型人才的迫切需要，进一步完善研究生教育培养体系，推动硕士研究生教育从培养以学术型人才为主向以培养应用型人才为主的模式转变，该学科硕士研究生采取分类培养方式进行。该学科所有全日制硕士研究生分为学术研究型和应用研究型两种类型。

学术研究型硕士研究生突出学科基础理论和应用基础研究能力的培养，毕业后准备继续攻读博士、出国深造或从事研究性工作。应用研究型硕士研究生突出应用技术和工程实践能力的培养，毕业后准备到相关领域的公司、企业和研究部门工作。

两种类型硕士研究生将采用两种不同的培养方案，同时在课程设置、学位论文要求等方面也有所区别。

2. 理论课程体系

执行的硕士研究生培养方案按照两种类型制订了不同的课程体系和要求。学术研究型研究生的课程学分为35学分，在原培养方案的基础上适当增加公共基础课和学科基础课学分。应用研究型研究生的课程学分为31学分，在原培养方案的基础上减少学科基础课，增加实践环节的训练。培养方案中包括开设的各类课程60门：其中学位课20门，选修课24门，专题课10门，实践课6门；40门课程包括实验环节，16门课程为新开设的课程。新的课程体系结合信息技术的发展和社会人才需求，增加了新内容，加强了实践能力的培养，总体上提高了基础性、理论性和专业性。

3. 实践教学体系

根据博士及硕士研究生毕业论文结合实际科研课题较多的实际情况，新修订的硕士研究生培养方案没有要求必须设置实验教学课程，研究生的实践培养主要在指导教师安排的科研工作中进行。实践表明这种方式更有利于因材施教和个性化培养，同时减少课时需求。为了加强硕士研究生实践能力培养，从2008年起开始要求各专业方向增加研究生实践教学环节，要求学位课必须安排实验环节，选修课开设实验课程比例达到40%以上。

2003年通信所研制的微小卫星测控通信一体化试验系统

（五）教育教学管理

1. 教学管理队伍

研究院设教学主管副院长1人，院长教学助理1人，主管教学秘书1人，主管学生工作副书记1人，研究生协理员1人，研究生辅导员1人，其中博士学位教师2人，硕士学位教师2人，所有管理人员都具有长期管理工作经验。

研究院教师注重通过教学实践进行教学研究和教学改革，在课程建设、教学内容、教学方法和教学手段方面不断提高，取得了一定的成果。各系及专业方向重视研究生教学改革，通过多次召开教学及研究生培养改革及讨论会，在研究生课程体系、课程内容及研究生论文等方面积极探索新方法，取得了较好的成效。

2. 制度建设与信息化管理

关于研究生培养过程中的规章制度，在严格执行学校研究生院制定的各种规章和规范的同时，根据研究生培养的特殊问题制定了相关的细化规定和要求，并严格执行，加强了研究生培养过程的监督和管理。除了学位委员会，还组织了硕士研究生学位论文审查小组和研究生课程督导专家组，积极开展学位论文初步审查、教师试讲评审、论文验收检查和课堂效果督察等方面的工作，取得了较好的效果。

3. 培养质量监督

在研究生招生环节质量监控方面，院系主管领导和专家组认真组织研究生复试及面试，严格把关，保证了录取研究生的质量。在教学管理方面，认真组织任课教师试讲，每学期参加多次听课，组织教学研讨活动，组织管理和检查硕士研究生的开题、中期检查、论文验收和论文答辩的教学环节，取得了有效的监督和保障作用。

（六）培养质量控制

1. 论文选题及培养环节

研究院绝大多数硕士研究生指导教师有独立的科研方向和课题，因此90%以上的研究生论文选题来源于实际的纵向或横向课题。并且绝大多数选题接触学科前沿，具有较大的理论意义和实际应用价值，有利于学生科研能力的培养，在新体制雷达、专用数据链、卫星测控通信、小型化宽带天线等科研项目中有很多硕士研究生参加，在完成科研课题的同时完成了论文工作，对研究生科研能力的提高有着非常好的效果。

在开题报告、中期检查、论文验收检查和论文答辩过程中严格按照学校规定的程序和时间进行，并且在交叉论文验收审查、导师回避式答辩和硕士学位论文预审等方面进行了探索和改进，取得了良好的效果。

2. 论文指导

对每个导师每年指导硕士生人数进行合理规定，来保证研究生论文的指导质量。积极推广硕士研究生指导小组，相近研究方向的教师及博士研究生组成联合指导小组，在小组内可以交叉协助指导，同时开展有效的学术活动，实现资源共享。对导师参加国家重大科研项目工作、长期出差在外地的情况，组织联合指导等方式，保证研究生的论文指导工作正常进行。硕士研究生学位论文要通过合理选题、加强指导、检查监督和严格审查等管理环节，支持研究生的科研工作环境优良，为提高学位论文质量奠定了良好的基础。将学校抽查、院内检查和了解到的国内高校同类学科情况比较，学院的硕士研究生学位论文达到了优良水平。

3. 研究生发表论文

博士研究生在读期间发表论文实行弹性要求方式，不断提高博士生发表学术论文的质量和数量，经过几年的经验摸索得到了较好的效果。在2006—2009年，博士生在校期间平均发表论文6.5篇，其中SCI/EI检索论文平均3.5篇；博士研究生申请并获受理发明专利共计18项，占在校博士生获受理发明专利的13%。硕士研究生在读期间发表论文情况良好，严格执行推荐免试研究生必须发表学术论文的有关规定，同时积极鼓励和支持其他硕士研究生发表论文。硕士研究生发表论文数平均达到毕业生人数的50%以上。

4. 毕业生社会评价

为深入了解研究院期间毕业生在工作岗位上的情况以及各用人单位的评价，对2007、2008、2009届研究生进行了毕业情况调查。先后通过航天行、企业行社会实践活动及专程就业调研、项目合作方式，走访了毕业生去向较多的航天研究院、所，以及公司，其中包括航天一院、二院、三院、五院，以及天津通广集团，中国普天，中兴，华为，中电集团十、二十九、五十四所等，也与许多公司的招聘人员进行了交流，了解公司对研究院学生的评价。跟踪调查的宗旨是从总体上明确社会对人才培养的要求及探讨如何提升毕业生的培养质量，及时找出在人才培养过程中存在的问题和偏差，加快教学改革步伐，进一步提高办学水平和教学质量。

通过对毕业生用人单位的调查，研究院从思想政治觉悟和心理素质、爱岗敬业和工作态度、业务能力和专业知识技能、工作实绩、团队合作等几方面进行了评价。

（1）政治思想觉悟和心理素质。

学院毕业生的思想政治觉悟高，在毕业生中一半是中共党员。"立足国防 服务航天"是哈工大的一大特色，也是学院的一大特色。信息与通信工程，是高新技术的代表，为国防航天立下不少功劳，毕业生也本着"立足国防 服务航天"的信念，毕业后去了中国航天的研究院，像航天一、二、三、五院等，为国家的航天事业贡献一分力量。

毕业生从不畏惧各种工作上的困难，无论在任何情况下都有一个良好的心态，有较强的心理素质。作为哈工大发展最快、最具挑战，也最有潜力的信息技术专业，学生始终坚持刻苦学习，不怕困难挫折，锻炼出了非常好的心理素质。不管在生活中，还是学习、研究中，无论遇到什么样的困难，都会尽一切努力去克服，他们已养成了迎难而上的气魄。

（2）工作态度。

用人单位不仅仅要看个人的专业技能，更看重个人的工作态度。用人单位表示学院毕业生在工作中兢兢业业，对工作一丝不苟，有强烈的事业心和责任感，能够踏踏实实做学问。秉承哈工大"规格严格，功夫到家"的校训，在信息技术飞速发展的时代，学生积极进取，跟上时代发展的步伐。学院所学和所做的许多项目都与国防航天有关，培养了学生强烈的责任感，对国家、对学校都要有一份责任。进入航天研究院工作的毕业生更是如此，他们肩负着国家的使命，强烈的责任感使他们能更好地工作。

（3）业务能力、专业知识技能和工作业绩。

哈工大培养出的毕业生以其基础理论扎实、动手和实践能力强、综合素质高而大受用人单位欢迎。学院更是如此，各研究院所表示学院毕业生有很好的专业基础，到岗位后能很快进入工作状态，而且具有自主创新意识和能力，在专业领域有很大的潜力；各公司也表示学院的毕业生适应性很强，工作中吃苦耐劳，勤学好问，上进心强，各种工作能很快上手，工作质量好，效率高，做事认真、踏实，很快成为单位里的业务骨干和能手，工作不久就能独当一面，在单位做出了很大的成绩。

（4）团队合作精神。

在研究生期间学院注意培养学生的团结合作精神，在一些实践环节和论文课题中要求大家分组进行，既分工明确，又有自己的方向，一个组内大家互相协作，共同完成任务，需要大家有良好的团队合作精神和沟通能力。这一点用人单位给予学院毕业生充分的肯定，学院的毕业生都具有很强的沟通能力和协作精神，在一个项目组里大家既分工明确，又互相交流、帮忙，共同把工作做好，能很出色地完成任务。每个人都是团队的一分子，都为团队贡献出自己的力量，不管谁遇到困难大家都尽量帮忙，共渡难关。

（5）总体评价。

学院毕业生综合素质强，动手能力强，有很强的团队合作能力，并且学生觉悟和心理素质都很高，有进取心和责任感，真正符合了用人单位的需求。从毕业生在工作岗位上的表现与优势发挥方面来看，用人单位认为，学院在教育方式方法和教学管理模式上都是相对科学合理的，能够在注重学生专业基础理论和基础知识学习的同时，锻炼学生的实际动手能力，培养学生自我思考、创新开拓的意识，发挥学生的特长，增强学生的综合素质培养。走访调查的结果说明在此阶段学院学生教育的方法方式是正确的、科学的，坚定了全院还要再接再厉、提高教学质量、加快建设和发展、培养高素质拔尖人才的信心。

首先，继续坚持素质教育，提高学生的思想政治觉悟，培养良好的心理素质。时代飞速发展，竞争越来越激烈，学生必须全面提高自身的综合素质，才能在社会激烈的竞争中立于不败之地，这就要求坚持和加强素质教育。通过书本内外、课堂内外、学校内外等多种途径，培养和提高学生的综合能力。

其次，继续完善和加强教学方法、方式和管理模式，此阶段研究生分类培养就是其中一个改革，分别培养将来准备从事科研工作的拔尖人才和去企业一展抱负的应用型人才。重点加强学生创新能力的培养，使学生能独立思考问题，解决问题。教学内容上，注意知识的更新，把发展独立思考和独立判断的能力放在首位，注重传授学习知识、运用知识、探索和检验知识的方法；在教学方法与手段上，重在激发学生的学习主动性和学习潜能，重点加强进行创造性活动有关的方法、能力、品格的教育。

第三，精心组织学生活动，培养和锻炼学生多方面能力。未来是一个多元化的世界，需要学生有多方面的能力。素质教育是让学生全面发展的教育，学生综合能力的培养，有赖于其自身对知识的探求，更有赖于其自身精神和行为的磨炼与修养。事实表明，学生活动有利于培养学生的集体主义精神、团队合作精神、开拓创新精神，有利于培养学生的各方面能力，提高学生的总体素质。

三、工程硕士研究生培养

我国自 1997 年正式建立了工程硕士培养制度,改变了工科学位类型比较单一的状况,这是完善我国学位制度的一项重大举措。开展工程硕士培养工作顺应了工程教育国际发展的趋势,是高等工程教育自身改革的需要。几年来,工程硕士培养工作取得了可喜的成绩,这一制度的逐步完善,必然会在我国研究生教育和经济发展中发挥越来越重要的作用。

从 1999 年开始,哈尔滨工业大学按照国务院学位委员会、教育部《关于实施〈工程硕士专业学位设置方案〉的通知》(学位 [1997]54 号)的要求,在国务院学位办、全国工程硕士专业学位教育指导委员会的具体指导和帮助下,开展了工程硕士研究生的招生和培养工作,逐步建立起较为完整的工程硕士研究生培养管理体系,探索出了适应工程硕士培养教育的新理念与办学新模式。

随着哈尔滨工业大学向国际知名大学迈进,学院专业硕士学位研究生培养工作得到了迅速的发展。为了全面贯彻学校建设高水平国际知名大学的总体发展精神,提高相应学科专业硕士学位研究生培养工作的水平和规模,学院对这一期间工程硕士研究生培养工作进行了总结和回顾。

(一)招生要求

从 1999 年开始,电子与通信工程领域招收的工程硕士研究生需符合的基本条件包括:

(1)属在职工程技术或工程管理人员,或在学校从事工程技术与工程管理教学的教师。

（2）获得学士学位3年（含3年）以上，具有3年以上工程实践经验。或者获得学士学位1年以上，获学士学位后工作经历虽未达到3年，但具有4年以上工程实践经验。

（3）工作业绩突出。

（4）年龄原则上不超过45岁。

（二）招生来源

电子与通信工程领域招收的研究生主要来自大中型企业和研究院所等相关专业领域，在研究院阶段，工程硕士研究生的考生相对集中，这一时期电子与通信工程领域招生的企业单位情况如下表所示。

工程硕士研究生生源单位情况

年份	生源单位
1999	深圳海关
2000	解放军第23集团军，信息产业部第49研究所，黑龙江省移动分公司
2002	长春一汽大众集团公司，黑龙江电信软件工程局，信息产业部第49研究所
2003	黑龙江省通信学会
2004	黑龙江省通信学会，沈阳师范大学软件学院，哈尔滨联通
2005	黑龙江省通信学会，沈阳师范大学软件学院，北京微电子研究所
2006	黑龙江省通信学会，沈阳师范大学软件学院

对于缺乏高层次技术、管理人才的国内大中型企业、部队及科研单位，在办学条件成熟的情况下，研究院在企业所在地开展了异地办学，分别在深圳海关、沈阳师范大学、长春一汽大众集团公司设置了办学点。

（三）课程教学

学校制定了一套工程硕士研究生培养的教学管理规定和文件。对工程硕士的培养，要求有宽广的知识面，合理的知识结构，能为企业解决实际问题。学院在哈尔滨工业大学工程硕士研究生培养管理规定的基础上，制订了电子与通信工程领域工程硕士研究生的培养方案，同时针对每个企业单位制订了培养计划，对所有课程设置了有针对性的教学大纲。

电子与通信工程领域工程硕士培养管理的主要文件：

（1）哈尔滨工业大学工程硕士研究生培养方案。

（2）哈尔滨工业大学工程硕士研究生课程目录及内容简介。

（3）哈尔滨工业大学工程硕士研究生手册。

（4）哈尔滨工业大学工程硕士研究生课程教学大纲。

（5）电子与通信工程领域工程硕士研究生培养方案。

（6）电子与通信工程领域工程硕士研究生课程及教学大纲。

工程硕士研究生是根据所在领域研究生培养的要求和企业单位的实际需求设置的，规定工程硕士研究生在攻读学位期间，所修课程的总学分应达到35学分，其中学位课19学分，选修课16学分。课程设置框架如下：

课程设置结合企业单位需求，同时符合工程领域学科范围，选派有教学经验的教师为工程硕士研究生授课，针对学生不同情况、工作繁忙的特点，充分利用现代教学手段，保证教学质量，取得了较好的教学效果。

电子与通信工程领域为了做好工程硕士的培养工作，确保培养质量，认真组织管理专业设置、课程设置、导师信息、工程硕士基本信息、教学计划、成绩登记、申请书及审批表等环节，做到了管理的信息化、规范化，提高了管理效率和数据统计的准确性。除校本部外，异地办学点都有完善的电教室，能很好地满足授课的需求，按照培养方案，哈工大派出了高水平教师授课，和培养单位密切合作，共同做好教学组织和实施工作。

（四）学位论文

工程硕士研究生的论文选题绝大多数都具有比较明确的研究背景和应用价值，并且直接解决工程硕士研究生所在单位的实际问题。还有一部分研究生根据工作需要结合指导教师的研究方向开展研究工作。论文选题普遍具有一定的技术难度和先进性，体现了工程硕士研究生综合运用科学理论、方法和技术手段解决工程实际问题的能力。

学位论文包括课题背景、论文选题的意义、国内外研究动态、设计方案的比较与评估、需要解决的主要问题和途径、本人在课题中所做的工作、理论分析、设计计算书、测试装置和试验手段、计算程序、试验数据处理、必要的图纸、图表曲线与结论、结果、所引用的参考文献，以及经济效益分析等。

工程硕士学位论文有工程设计和研究论文两种基本形式。以工程设计类居多，也包括部分研究类论文，论文选题比较集中的研究方向包括：

（1）移动通信系统设计、网络规划及相关技术。

（2）信息管理系统及计算机网络设计、软硬件调试及系统集成技术。

（3）抗干扰通信系统设计及现有通信设备改造。

（4）电信网络维护及网络管理系统设计。

（5）传感器技术及信息采集技术。

（6）民用雷达系统相关技术。

（7）图像处理及多媒体信息传输技术。

（五）论文指导与研究条件

工程硕士研究生的指导采用双导师制，由院内具有工程实际经验的导师与企业或科研单位推荐的业务水平高、责任心强、具有高级技术职称的兼职导师联合指导。来自企业的导师由学院进行任职资格审查，报研究生院后办理审批手续。

选派有丰富经

李金宗教授指导研究生

验的具有高级职称的教师担任工程硕士的导师，校内导师在培养过程中起主导作用，指导学生选题，与学生直接讨论论文实施的技术方案，并指导学生完成论文，对学生论文质量总负责。兼职导师指导学生选好课题，做好课题，协调学生用于论文工作的时间。院内导师和企业导师在工程硕士研究生的指导上密切合作，特别是在工程硕士研究生论文工作阶段及时交流有关情况。

学位论文工作的主要目的是培养工程硕士研究生综合运用科学理论、方法和技术解决工程实际问题的能力。在课程学习阶段完成后，组织进行论文选题和开题，开题报告要求在完成课程学习后六个月内进行，工程硕士研究生进入论文研究阶段，半年后各领域方向组织进行中期检查，检查论文工作的进展情况。工程硕士研究生完成培养方案中规定的所有环节，经过研究生院审查，达到培养计划的要求，可进入工程硕士学位答辩阶段。每位工程硕士研究生的学位论文需经 2 位专家评阅通过。答辩委员会按照《哈尔滨工业大学工程硕士研究生论文答辩及学位申请工作细则》的有关规定组织答辩。对工程硕士研究生的学位论文经过三层学术机构严格审查，对不符合要求的学位论文严格把关，要求认真修改，对没有达到要求的论文采取延期答辩的方式，对提高论文质量起到了重要作用。

（六）工程硕士培养效果

经过几年的艰辛探索和努力，学院在电子与通信工程领域工程硕士研究生培养方面积累了一定的经验，办出了一定的特色。

1. 以行业形式连续多年办学

工程硕士是给在职人员提供再学习、提高的一个学位教育机会，为学生的工作和企业的发展提供了双赢的局面。但是一般一个企业和部门往往不能同时报送较多人员，需要分批选送、培养和提高。因此与行业管理部门联合办学，较好地解决了这个实际问题。例如，与黑龙江省通信管理局连续多年联合办学，对黑龙江省通信行业各个企业逐年招生培养，在黑龙江省电信行业人才在职培养方面探索出了一条良好的途径，为行业所属的电信、移动、联通、网通及相关研究院所分批次培养了较多的工程技术人员，受到了企业良好的评价。

2. 与有关教学单位异地联合办学

为了开辟外地人才培养基地，推动工程硕士培养工作，学院注意与外地有条件的单位联合办学，尽管这样会增加教学成本，但是为了长期合作，互利互惠，学院还是积极主动地开展工作，也取得了较好的效果。与沈阳师范大学软件学院联合办学，在电信网络和计算机网络软件方面加强人才培养，取得了连续多年的培养工作成绩。

3. 坚持"规格严格，功夫到家"的要求，保持培养质量

哈尔滨工业大学在教学工作方面长期坚持"规格严格，功夫到家"的要求，在工程硕士培养中，学院仍然坚持高标准、严要求，同时在培养环节中注重质量第一，每年的毕业研究生都要经过层层审查，对不合格的论文坚决退回，重新修改。这样保证了学位的质量，保持了学校的荣誉，也得到了社会的广泛认同。

四、科学研究

在电子与信息技术研究院期间,该学科根据信息与通信工程学科及电子信息技术领域的发展趋势和我国航天及国防电子信息化建设需求,结合学科的优势与特色方向,并考虑该学科"211工程"和"985工程"等建设的基础,积极争取并参加对国防建设和经济发展有重要意义的研究项目,开展了相关的研究工作。

(一)新体制雷达与探测技术

新体制雷达研究是国防应用前景十分广阔,同时又是极富挑战性的学术研究新领域。新体制雷达的探测距离远、警戒范围大;具有很强的对抗现有反雷达技术的能力;工作可靠、运行费用低廉;在现在乃至可预见的将来,在对海探测应用领域有不可替代的作用。大力开展地波 OTH 雷达研究,可望使大范围海洋监测、超远距离目标探测、高精度目标指示以及对敏感海域的实时态势侦察等一系列对国家安全和对未来战争胜负具有决定性意义的重大探测问题得到满意解决。强大的科学研究背景为在信息获取、传输和信息处理领域培养一流的高级技术人才提供了广阔舞台。确立先进的研究领域和前沿性研究课题以及建设一流的教师队伍,能够更好地为国家和国防信息化建设培养高层次人才。新体制雷达是一个新的前沿性学术研究领域。加强这个研究方向的建设,能够推动现代雷达理论与技术、现代雷达系统工程以及现代信号与信息处理技术的发展。

该学科从1982年开始从事新体制雷达研究,1986年攻克了为研制一部实用新体制雷达所必须解决的11项关键技术；1990年建成了我国第一部新体制雷达实验站，并分别于同年和1994年成功地完成了超视距探测海面舰船目标和低空飞机目标的系统实验。

该学科所承担的和开展的新体制雷达研究项目包括陆基地波新体制雷达、舰载地波新体制雷达、高频新体制雷达多基地及组网技术、分布式多载舰地波OTH雷达总体技术、高频天波/地波新体制雷达集成技术、岸基对海逆合成孔径雷达技术、星载毫米波雷达空间目标探测与跟踪技术和陆基移动快速布设地波OTH雷达试验研究等。

该方向是由中国科学院和中国工程院院士、著名雷达专家刘永坦教授一手创办的。当时有教授13人，副教授9人，平均年龄40岁以下。地波新体制雷达型号研制是哈工大独立承担的重大国防型号研制任务；舰载地波新体制雷达研究所取得的研究成果在"九五"和"十五"由总装备部主持的项目验收中都被评为优秀。多年来获包括国家科技进步奖一等奖和航天工业部科技进步奖一等奖在内的各级各类奖若干项；在高频雷达研究领域发表了数百篇学术论文和大量的科学研究报告。其整体研究水平处于当时国际先进水平。

2008年电子所高频雷达科研团队成员在哈工大威海雷达试验站合影

（二）雷达信息处理技术

新型雷达系统利用数字信号处理及高速信号处理器实现高性能的雷达信号检测及信号处理。该研究方向主要研究目标和意义包括：将信息融合新技术应用到探测和拦截系统中，为新一代防空导弹武器系统多传感器多模信息融合的工程化实现提供理论依据。实现作战舰艇短波装备的一体化设计，从而提高我军短波装备的综合作战效能，为海军的海上编队提供短波通信、短波通信对抗和地波雷达对抗保障。利用逆合成孔径雷达（ISAR）技术对舰船目标进行成像，可以获得高分辨率的雷达图像。实现在远距离处进行目标分类、目标识别、火力评估。这些技术对于海上侦察、反潜、反舰、海上交通管制及缉私等有重要意义，对分布式新体制雷达的研究与研制工作起到重要推动作用，也适用于各类分布式多传感器系统（例如分布式小卫星群）的相参信号处理。

该学科所承担的和开展的雷达信息处理技术研究项目包括：雷达信息融合及应用、舰载短波综合对抗一体化技术、雷达目标成像及识别技术、复杂背景下雷达弱信号检测技术。

该研究方向的学术带头人是中国科学院和中国工程院院士刘永坦教授。研究队伍中有教授8人，副教授4人，平均年龄40岁以下。该学科自1988年参加863的ISAR课题后，取得国内第一批ISAR目标数据，经哈工大和其他参加单位处理，得出质量优于国外公开发表的成像结果。出版专著1部，发表学术论文40余篇，参加和完成"863"、总参、国家自然科学基金等项目多项。在逆合成孔径雷达技术方面获国家科技进步奖二等奖，高频地波雷达技术获包括国家科技进步奖一等奖和航天工业部科技成果奖一等奖在内的各级奖项若干项。其整体研究水平处于当时的国际先进水平。

（三）超宽带理论及新一代无线通信系统

超宽带（UWB）通信系统具有节省资源、构成简单、穿透能力强、定位精度高、频谱灵活等特点，在当时的通信与信息系统领域引起极大的关注。从应用领域来看，超宽带可以提供高速率的无线通信，提高多径分辨力（ns级）。超宽带系统从提出到出现商用模型，采用的是连续波体制，而该学科的研究则采用脉冲体制，重要的研究意义在于脉冲体制具有更加优秀的探测分辨能力（例如时间和空间的分辨率），并且脉冲信号在完成通信功能的同时，通过上层协议设计，可以完成附加的探测等功能。从系统发展看，

信息工程系林茂六教授指导研究生

多功能（通信＋传感）综合系统是对单一通信系统的补充，因此，开展基于脉冲超宽带多功能探测系统和信息传输研究具有重要的理论意义和广阔的应用前景。

　　传统的通信系统的研究日趋成熟，信道的容量已经接近理论上的山农极限，频谱资源日趋紧张，而用户数量和业务种类还在快速增长，为了缓解这个矛盾，针对传统的时、频、空域等不容易解决的问题，提出了以分数傅氏变换为数学基础的新型变换域信号处理和变换域通信系统的研究方向。该研究方向的内涵是针对分数傅立叶变换域进行信号处理，提供除了传统时频域等之外的另外一种或多种资源域，并在新的资源域上进行资源分配。在该方向上，研究人员研究包括分数傅立叶变换域的信号分析、设计和处理方法，目的在于提高资源利用率和频谱效率，并对于非高斯信号的干扰信号提供额外的抑制途径，同时研究更加有效的信号处理手段，建立有效的资源复用方法和理论，进一步提高通信系统的容量。

　　该方向的主持者有中国工程院院士张乃通教授、部级有突出贡献的中青年专家张中兆教授、教育部新世纪优秀人才沙学军教授等，他们从20年前就开始了在移动通信理论与技术方面的研究工作，完成了多项国家自然科学基金和国家创新科技项目，撰写了科技著作4部，发表了学术论文200余篇，申报国家发明专利10余项，获得国家和省部级科技进步奖8项，培养了博士研究生30余人、硕士研究生200余人，积极开展国际合作交流活动。从事该方向研究的教师有

15 人，博士学位比例达到 40%，在读博士研究生 16 人，硕士研究生 90 人。

（四）空间信息传输及对抗理论与技术

空间信息传输系统是我国高技术领域的标志性应用成果之一，有着十分广泛的应用领域和研究意义。该学科在此领域有较好的研究基础，分别在天基综合信息网络理论与技术、宽带多媒体卫星系统及相关技术、空间系统信号对抗理论与技术、新一代卫星导航定位系统及相关技术、卫星移动通信体制与系统设计、深空测控与通信系统理论与技术方面具备了良好的研究基础和初步研究成果，也是"十一五"期间的重要研究方向。

天基信息传输系统是当时空间技术最为重要的一个发展方向，它一方面是社会需求的推动，另一方面也是现代卫星通信技术发展的结果。天基信息传输系统作为全球信息网络、空间对地观测和军事信息系统的重要组成部分受到了广泛重视。特别是军事信息系统中，信息获取和传输是作战不可或缺和提高战斗力的要素。信息化战争必须把各种信息源、信息通道和信息接收者、使用者联结在战场信息网络之中。天基信息传输系统的主要功能是将各级各类商用和军用的情报侦察系统、信息搜集系统、信息保障系统、指控单元、武器单元等这些作战元素连接起来，从而实现互连互通和信息共享，以充分发挥信息系统的整体作战效能。随着太空时代的发展，深空探测日益成为人类的重大战略任务。能否进行深空探测，成为一个国家科技实力、综合国力强大与否的体现，并且关系到一个国家长远的战略利益。深空通信是深空探测的基础，深空探测的能力最终归于深空通信技术的发展和能力的提高。在新一代通信系统中，重要的发展方向是实现全球化、个人化、无缝连接的多媒体通信网络。这在很大程度上也依赖于空间信息系统的建立和发展，其发展趋势和热点包括深空测控通信网、大容量宽带多媒体卫星通信、中低轨道卫星移动通信和新一代导航定位卫星系统。因此，相关的理论和关键技术研究具有重要意义，我国的中长期科技发展计划和国防研究计划都把空间信息技术作为发展重点。

在该研究方向上由张乃通院士作为带头人，包括教授 4 人，副教授 5 人，承担了包括国家自然科学基金重点项目、国家"973"项目、国防高技术研究计划、航天预先研究计划等一批国家级科研项目，具有稳定的研究队伍、良好的研究基础和研究条件，这一时期，在该方向上出版专著3部，发表论文200多篇。

（五）抗干扰通信理论与数据链系统

未来的军事战争以基于信息战的高技术精确打击为主要特征，信息对抗与反对抗将是未来军事竞争和科技竞争的重点。抗干扰通信体制及数据链系统是以未来军事无线通信系统为背景，研究适合未来高技术精确打击武器要求的信息网络和信息系统的关键技术。数据链采用无线网络通信技术，实现三军战术数据系统的实时交互，使战区内各种指挥控制系统和各种作战平台融为一体，最大限度地提高作战效能，以实现真正意义上的联合作战。

这一方向是该学科的传统学术方向，该学科在网络中心战模型的基础上进行实用化的研究，主要是根据指控系统的实际需求，开展接近于实用化的网络化中心战系统的体系结构研究。在研究建立陆海空天一体化信息支持系统先期概念演示系统的基础上，开展信息传输系统中天基网和邻近空间平台信息传输技术的研究，包括天基网和邻近空间平台的组网形式、传输特性、信息服务支持等方面的关键技术及相应的演示验证仿真系统。飞行器中继制导技术是为了实现超视距目标攻击而提供的一种辅助制导方式。中继制导是把单一的自控制导变为自主控制与外界人工控制相结合的复合控制。通过人工实时控制修正，可以延长飞行器自控飞行的距离和提高射击的精确度，在满足打击精度要求下大幅度延伸有效作用距离。

在该学术方向上该学科已经具有良好的研究基础和具体应用背景，有实力雄厚的研究队伍，有教授6人，副教授6人。曾获得国家科技进步奖二等奖1项，省部级科技进步奖一等奖1项、二等奖3项，完成多个装备和系统配套设备，累计完成科研经费1亿多元。在研课题包括国防预先研究、装备和预研等多项，该方向"十一五"期间获得科研经费5 000万元。

（六）成像侦察与电子对抗技术

成像侦察与电子对抗技术是现代军事战争中极其重要的信息获取与对抗手

段。成像侦察是利用可见光、红外、合成孔径雷达 SAR、激光、多光谱/高光谱获取目标二维或三维图像,从而达到探测目标、定位目标和识别目标等目的。随着传感器、遥感平台、数据通信等相关技术的快速发展,现代空间遥感成像侦察已经进入了一个能够动态、快速、准确、多手段提供各种观测数据的新阶段。尤其是航天遥感,已经在成像的空间分辨率、时间分辨率和光谱分辨率等方面呈现出快速发展的趋势。这使得成像侦察手段进入了快速发展的阶段。电子对抗是指敌对双方利用专门的电子设备进行的相互抗争,它包括对敌方采取的测定、利用、削弱或阻止利用电磁频谱的行动和对

2003年电子工程技术研究所张宁教授为科工委及学校领导介绍科研情况

己方采取的保护行动这两个相互对立的方面,对立的双方分别称为电子对抗和电子反对抗。

　　成像侦察与电子战技术的研究能够极大地提高军事作战能力、对抗与反对抗能力,也是该学科"十一五"期间的重要研究方向。该学科在此领域有较好的研究基础,分别在高光谱图像目标识别及反伪装技术、多传感器协同探测与处理技术、遥感图像压缩传输及抗干扰技术、数字波束形成测向定位技术方面具备了良好的研究基础,并取得了前期初步研究成果。

　　在该研究方向上,该学科先后承担或完成了国家自然科学基金、国家有关部委等科研课题 50 多项,曾获国家科技进步奖二等奖 3 项、三等奖 4 项,获部级科技进步奖一等奖 7 项、二等奖 5 项、三等奖 5 项。已经获得的研究成果包括:基于高光谱图像的军事目标侦察技术、数字波束形成(DBF)测向定位技术、遥感图像数据压缩技术、极化抗箔条干扰导引头的研究等。

开展的研究内容包括：高光谱数据精细解译及侦察中的应用研究、多传感器协同探测及智能处理技术研究、高保真遥感图像压缩传输及抗干扰技术研究、航母编队突防及识别技术研究、电子侦察及数字波束形成（DBF）测向定位技术等。这些研究内容的完成和相应预期研究成果的取得，会大大推动成像侦察与电子战技术在军事侦察、作战方面的应用，提高军事作战能力。其中部分关键技术也可在国民经济领域得到重要应用。

（七）关键技术研究

1. 超宽带数字化系统最小相位响应重构理论及精细频率栅相位校准装置

大信号网络分析能完整精确地揭示射频微波待测装置(DUT)的大信号特征，是最终实现"超越-S参数"理论的强大引擎。大信号网络分析这时还处在初级阶段，面临许多挑战，其中之一是提高相位校准频率分辨率，这是实现大信号窄带调制激励下进行测量、大信号表征和非线性特征建模的关键要素。

该研究提出一种通过幅频响应重构超宽带数字化系统最小相位响应算法，该算法是基于Kramaers-Krong(K-K)变换并辅以必要的NTN直接相位测量数据，对重构的相位响应不确定度进行完整分析，在此基础上提出一种利用平方律检波器作为精细频率栅相位校准参考的思想，研究其实现机理，给出相位校准实现方案，组建精细频率栅相位校准装置。

将已有的谐波相位参考和精细频率栅相位校准参考结合起来，可使大信号网络分析仪的谐波相位校准的频率分辨率大幅提高，该标准可溯源到基本量值单位。

2. 动态频谱接入技术（DSAT）

新业务的用户需求和应用的强劲增长，使得已有的频谱分配机制成了提供新业务需求的主要瓶颈。许多研究报告指出：在给定的时间和位置上，已分配的频谱实际上却存在大量的空闲。而正在运行的静态频谱管理机制却严重限制上述频谱资源的使用。

认知无线电（CR）的提出，为动态地管理频谱资源提供了全新的技术。因此，IEEE通信学会将动态频谱接入技术列为无线通信技术中一种新的具有重大发展潜力的领域。该研究采用DAA（DETECT AND AVIOD）技术，探索WIMAX/

UWB 系统之间频谱共存机制。具体研究内容包括：受干系统（VICTIM）上、下行链路的能量、相干和循环平稳检测算法；受干系统上、下行链路避让算法；对能量、相干和循环平稳检测算法的结构进行优化，使算法对各种不同的系统普遍适用。

3. 深空通信中若干关键技术的研究

主要研究内容包括：

（1）基于地球静止轨道卫星编队的天基连续测控和通信系统的研究。

（2）面向深空探测通信中星际互联网络体系结构的研究。

（3）基于喷泉编码的深空通信中高效信道编码技术研究。

（4）基于 CCSDS 的深空通信中协议技术的研究。

（5）面向高动态、高速的深空通信网络的智能传输协议的研究。

（6）实验软件仿真平台的设计与实现。

这一项目的技术创新点是以地球静止轨道卫星编队为中继进行天基连续探测及通信，包含相应的网络体系拓扑的架构以及协议技术，并建立具备通信、测量等综合功能的实验室仿真系统。

该研究目标是：建立基于地球静止轨道卫星编队的天基连续测控和通信系统框架，建立较为完整的星际互联网络体系拓扑结构，提出基于喷泉编码面向深空通信的高效信道编码算法，提出基于 CCSDS 的深空通信中协议技术的理论雏形，提供面向高动态以及实现高速的深空通信网络的智能传输协议的软件包。其应用前景在于为深空探测通信系统的建立提供理论支持和工程设计的依据。

4. 交会对接 CCD 光学成像敏感器

主要内容包括：发光组件在轨空间适应性的质量可靠性试验方案；合作目标在轨热控措施设计和热分析；合作目标在轨空间环境适应性鉴定试验和长寿命试验；窄带滤光片的研制；目标标志像点的识别与反干扰软件设计。关键技术包括：

（1）标志的识别与反干扰技术。

（2）塑封近红外发光二极管（IREDs）在空间轨道上的长期应用。

（3）匀光器的设计等。

其中的窄带滤光片可以消除阳光效应和其他杂散光的干扰，以完成标志的识别。目标标志像点的识别和反干扰软件作为目标识别软件的基础，应用到图像信息处理器，消除在窄带滤光片通带内残留的杂散光干扰，检测出标志像点。该项目的研究成果可以应用于地面空间环境模拟的各种交会对接试验中，进而应用到飞船舱外对接口。作为 CCD 光学敏感器的目标子系统，具有自动热控、工作状态的遥控和数传等功能。在我国未来空间站的搭建中具有关键作用，对我国载人航天的发展和空间资源的开发具有重大意义。

五、学科建设

（一）学科现有基础

哈尔滨工业大学信息与通信工程一级学科下设通信与信息系统和信号与信息处理两个二级学科。其中的通信与信息系统学科2001年被确定为国家重点学科，是哈工大"211工程"（一、二期）和"985工程"（一、二期）的重点建设学科。该一级学科包括电子工程研究所、通信技术研究所、通信工程系、电子工程系、信息工程系、微波工程系和威海雷达试验站等教学科研单位，设有两个国防重点本科专业、一个国防科工委重点学科、两个省部级重点实验室。主要学科方向包括：新体制雷达理论与雷达系统总体技术、雷达信号检测理论与技术、超宽带通信理论与传输技术、卫星通信系统与卫星测控通信技术、无线宽带通信与抗干扰通信系统、专用移动通信系统及无线接入技术、卫星导航定位技术、遥感图像处理与图像压缩、电子对抗技术、信号测量与控制技术、小型化智能天线技术等。

中国科学院院士、中国工程院院士刘永坦教授和中国工程院院士张乃通教授为该学科的学科带头人，刘永坦教授是我国新体制雷达研究领域的著名专家，是哈尔滨工业大学研究生院院长、电子工程研究所名誉所长，担任中国科学院主席团成员、中国科学院信息技术科学部副主任、国家自然科学奖评审委员会委员、信息科学学科组召集人、国务院学位委员会学科评议组信息与通信工程学科组召集人等职务。张乃通教授是我国军事通信系统及移动通信领域的著名专家，是通信技术研究所名誉所长。

研究院阶段后期，该学科在刘永坦院士和张乃通院士的领导下，在新体制雷达、微波成像雷达、指挥控制系统数据链系统、微小卫星通信及测控、集群移动通信等方向承担、完成了研究课题80多项，科研经费超过1亿元，其中多数项目为国家和国防高技术研究项目，共获得国家科技进步奖二等奖1项，省部级科技进步奖一等奖1项、二等奖4项，一批科研成果直接应用于国防建设和国民经济建设。

新体制岸基雷达已正式立项研制，这期间已接近完成研制工作；新体制舰载雷达已完成预先研究工作，该新体制雷达的研究成果填补了我国国防领域的一项空白，在技术上达到了当时国际先进水平。新体制雷达研究项目的前期成果1992年曾获得国家科技进步奖一等奖。×××指挥控制通信系统相关技术是该学科的另一主要研究方向。先后完成了×××数传通信系统、×××数传通信设备等项目，多年累积研制经费达5 000多万元。2001年该研究方向的成果获得国家科技进步奖二等奖，"十一五"期间该方向已确定为我国新一代专用数据链系统。该学科曾提出了我国逆合成孔径实验雷达的系统方案，完成该实验雷达的系统测试和联试，为我国研制实用逆合成孔径雷达奠定了基础。在该方向上曾在1997年获得国家科技进步奖二等奖。数字集群移动通信系统的研究使我国专用通信网络的关键技术和功能达到或超过国外同类系统水平，填补了国内空白，曾被评为国家级新产品及1999年国家科技进步奖三等奖。"试验卫星一号"测控通信系统是哈工大"试验卫星一号"的重要子系统，2004年卫星成功发射，该系统工作稳定可靠，圆满完成在轨试验任务。HIT-1卫星测控通信地面站是我国高校第一个USB标准卫星测控站，成果获得省部级科技进步奖一等奖。

该学科不断加强研究生理论和实践能力的培养，提高学生素质，改善教学条件。2003年该学科博士研究生谢俊好获得全国百篇优秀博士论文，该学科研究生在航天、国防及信息技术领域受到广泛好评。

该学科的优势是具有与航天和国防建设紧密联系的研究方向，良好的科研基础，结构合理的学术队伍，业绩突出的学术带头人。几年之内，形成了以雷达、卫星通信、电子对抗和移动通信系统为主要背景的学科方向。

从1980年开始，哈工大的信息与通信工程学科在教学、科研和学科建设等方面有了迅速的发展，国内地位不断提高。

1986 年哈工大通信与信息系统学科获得博士学位授予权。当时该学科具有博士学位授予权的高校有清华大学、北京邮电大学、北京航空航天大学、东南大学、浙江大学、华中科技大学、哈尔滨工业大学等 16 所。

1998 年哈工大信息与通信工程一级学科获得全国首批一级学科博士学位授予权。当时具有一级学科博士学位授予权的高校有北京大学、清华大学、北京邮电大学、北京航空航天大学、东南大学、浙江大学、华中科技大学、哈尔滨工业大学等 13 所。

2002 年哈工大信息与通信工程一级学科在全国评估中排名第九。前 22 名的高校分别为：清华大学、西安电子科技大学、北京邮电大学、国防科技大学、东南大学、北京交通大学、北京理工大学、电子科技大学、哈尔滨工业大学、北京航空航天大学、上海交通大学、华南理工大学、浙江大学、华中科技大学、西北工业大学、中国科学技术大学、西安交通大学、大连理工大学、兰州交通大学、大连海事大学、吉林大学、浙江工业大学。

2006 年哈工大信息与通信工程一级学科在全国评估中排名第十三。前 22 名的高校分别为：清华大学、西安电子科技大学、北京邮电大学、国防科技大学、北京理工大学、上海交通大学、电子科技大学、北京大学、北京航空航天大学、东南大学、北京交通大学、华中科技大学、哈尔滨工业大学、浙江大学、西安交通大学、武汉大学、西北工业大学、大连理工大学、天津大学、中国科学技术大学、华南理工大学、西安交通大学。

2007 年全国一级学科重点学科评审中，哈工大信号与信息处理学科没有被确定为重点学科，从而失去建设一级重点学科的机会。当时拥有一级重点学科的 8 所高校分别为：清华大学、北京邮电大学、成都电子科技大学、西安电子科技大学、东南大学、北京交通大学、国防科技大学、北京理工大学。

（二）学科建设目标

保持航天和国防特色，扩大科研优势，加强学术团队建设，改善教学实验条件，扩大国际合作交流，使该学科整体实力达到国内前列，国际知名。

根据该学科建设的总体目标，采取积极措施凝练信息与通信工程一级学科的学术方向，保持通信与信息系统学科的发展势头，加快信号与信息处理学科的发展。努力将该学科建成具有自身特色的、国内外知名的学科。要努力培养出国际知名的学科带头人和国内知名的专家教授，通过国际合作，吸引若干名国外的著名专家来校工作。在优势方向和新兴方向上取得一批高水平原创性成果，获得国家级科技成果奖。建成具有国际先进水平的科研教学基地（重点实验室）。使该学科在总体上达到国内领先和国际先进水平，部分达到国际领先水平，对我国航天及国防建设做出较大贡献。

2004年通信所科研实验室

（三）学科建设发展思路

1. 明确建设目标，凝练研究方向，保持学科特色

学科以美国麻省理工学院的林肯实验室为参照系，把握国家航天和国防建设需求，围绕学科目标，注意凝练学科发展方向，培育学科新增长点。组织力量，采取得力措施，团结协作，努力实现学科建设总体目标。国防和航天领域是该学科长期从事的科研主要应用背景，为突出学科特色，该学科进一步加强与国家航天及国防高技术发展计划结合，承担更多高水平、原创性、高技术含量的科研课题，注意科研成果转化，为国家的航天和国防建设做出更大贡献。

2. 稳定学术队伍，培养中青年学科带头人，引进高层次人才

在学科建设中，学科特色主要靠学术方向与标志性成果来体现，而关键在于学科带头人和学术骨干。该学科立足已选定的主攻方向，培养高水平中青年学术带头人，引进高层次、高水平人才，特别是注意培养年轻的学科带头人，提高教师学术水平，提高教师队伍的博士化率。通过学校内部管理体制和人事分配制度的改革，做好稳定人才、培养高水平学术带头人的工作，实现按需设岗、竞争上岗，使教学科研队伍的结构更加合理，以满足未来学科发展的需要。

3. 加强国际合作，引进外部资源，寻求阶跃式发展

扩大国际交流与合作是该学科一个主要发展途径，为了建设高水平的科学研究基地（重点实验室），培养高素质的人才，该学科加大国际合作力度，争取更多的国际合作研究和联合培养人才的项目，通过国际合作项目引进先进的思维方式、管理体制和人才培养模式，从而在学科建设的科研方向、队伍建设、基地建设和人才培养等方面寻求一个高速的、阶跃式的发展。

(四) 学术团队建设

建设一流的学术队伍是学科建设的重要指标。学院致力于做好学科带头人和学术骨干培养、高水平人才引进、学术团队建设、提高教师博士化率等方面的工作。

1. 学科带头人和学术骨干

该学科的学科带头人为刘永坦教授和张乃通教授。

刘永坦教授，中国科学院院士，中国工程院院士。刘永坦教授的主要研究方向是高频雷达系统及雷达信号处理。

张乃通教授，中国工程院院士，中国通信学会理事，主要研究方向是指挥控制数据通信系统、个人通信与空间通信。

继续抓好中青年学术带头人的培养工作，特别是青年学术骨干的培养。

2. 学术团队建设

该学科在建设好若干个学术方向的同时建设好若干个学术团队，从而形成整体学术团队。在"十一五"期间该学科计划建设好以下学术方向团队。

空间目标雷达探测与特性识别：许荣庆、姜义成、袁业澍等。

软件雷达及雷达组网系统：张宁、邓维波、权太范、刘梅等。

超宽带理论及新一代无线通信系统：张中兆、沙学军、谭学治、孟维晓等。

空间信息传输及对抗理论与技术：顾学迈、郭庆、张钦宇等。

抗干扰通信与数据链系统：徐玉滨、王钢、赵洪林等。

成像侦察及电子对抗：张晔、乔晓林、李绍滨等。

每个学术方向团队将由学科带头人指导，包括8～10名骨干教师，

20～30名博士生、硕士生组成的研究队伍。

3. 人才引进及提高博士化率

该学科进一步强化队伍的博士化和年轻化，实现了学科教师的博士化比率达到或超过60%，到2012年使该学科中青年教师博士化比率超过70%。努力吸引国内外优秀人才，到2010年引进、增加博士生导师5～8人，引进、增加正高职教师6~8人。每年出国考察或进修3人以上，争取正高职人员每2年出国考察一次。

4. 稳定教师队伍

由学科统一协调，从工作所需人才考虑，逐步安排人员培训提高和引进人才。做到培训提高有目标，引进人才严格考核，从组织管理上确保人尽其才，发挥各方面人才优势。

研究院成立引进人才领导小组。定期检查师资规划执行情况，根据每年的实际情况，及时修订人员培训提高和引进人才计划。计划执行好的单位，在岗位聘任和出国留学等方面给予支持。

建立人员培训提高、人才引进、出国留学等相应管理规定，确保在工作中表现突出的人员可以优先获得培训提高或出国留学的机会，引进的专家学者能够为学科的发展发挥作用。

建立人才引进、培养例会制度，每半年讨论一次人员培训提高、人才引进、出国留学等计划，检查监督各系所落实情况。

努力在工资岗位、科研经费、助手配备、科研条件、工作环境和相应政策等方面优先考虑引进的人才和留学回国教师。

（五）学术交流

在雷达系统和信号处理方面该学科进一步加强与英国伯明翰大学、俄罗斯莫斯科远程无线电研究所、澳大利亚国防研究所以及韩国和中国香港等著名大学的合作和交流。在通信技术方面加强与美国的麻省理工学院，英国的南安普敦大学，日本的大阪大学、东北大学、德岛大学、NTT DoCoMo公司，韩国的高丽大学、汉阳大学，以及中国香港大学、香港城市大学等建立技术合作和交流关系。每年邀请国外该领域的知名专家教授来学校举办讲座。

（六）教学科研基础条件建设

在研究院期间，该学科继续加强教学科研基础条件的建设，建设的原则是重点支持新学科方向的科研平台，重点改善信号与信息处理学科方向的基础条件，重点抓好软环境的建设。建设的目标是加强基础理论研究，提高信号处理学科方向的整体水平，改善该学科在人才引进、科研教学获奖、高水平论文发表、专利申请、优秀博士生培养等方面的不足和相对薄弱的环节，继续争取建设成为国家级重点实验室或工程研究中心。

建设的项目包括：

（1）SAR/ISAR 信号处理试验系统。
（2）超宽带通信试验系统。
（3）新型多传感器信息协同探测与智能处理实验平台。
（4）电子侦察与电子对抗实验系统。
（5）新一代高性能全球卫星导航接收机演示验证系统。
（6）高水平人才引进、高水平论文、专著及专利专项基金。

通过学科建设项目的实施，继续保持通信与信息系统学科为国家重点学科，进一步提升信息与通信工程一级学科的水平。通过进一步凝练学科方向，使学科的优势学术方向得到进一步加强，保持其国内一流地位，达到国际先进水平。同时，建设一些学科新兴与交叉方向，成为学科新的增长点，以利于保持学科长期的优势地位。通过实施多层次的人才战略，在整体上提高本学科师资队伍的水平和素质，并在实现教师队伍年轻化的同时，进一步提高教师博士化率，促进师资队伍的国际化。通过承担若干国家重大项目，取得高水平标志性研究成果，提高本学科水平和知名度。获得高水平科技奖励，注意扩大和推广成果应用，获得更大的社会和经济效益。加强本科生教学条件建设及培养质量保证体系，改善研究生培养条件，提高博士研究生学位论文质量。力争建设成国家级重点实验室或工程研究中心。

第八章 电子与信息工程学院
（2009—2020）

2009年，经学校同意，电子与信息技术研究院更名为电子与信息工程学院，学生划归学院管理，同时成立学院党委，张爱红任党委书记、曲成刚任副书记，张中兆任院长，许荣庆、顾学迈、张宁任副院长。

2009年工信部启动"十二五"特色学科专业建设，电信学院两个学科及四个本科专业获批建设经费1 800多万元，为历史上最大一次教学投入。

2009年王树权书记、张乃通院士等参加电信学院揭牌仪式

2010年电信学院博士研究生王勇、张狂获得校优秀博士学位论文奖，同年，王勇获得全国百篇优秀博士学位论文提名奖。

2010年哈工大启动"985"三期建设，电信学院获得建设经费800万元，重点支持了信号与信息处理学科和卓越工程师计划等教学项目。

2010年电信学院通信技术研究所"专用通信系统教育部工程研究中心"通过教育部专家验收。

2010年电信学院通信技术研究所获批黑龙江省"宽带无线通信与网络"重点实验室。

2011年电信学院领导换届，张爱红任党委书记，尹立一任副书记，顾学迈

2010年通信工程系部分教师合影

任院长,邓维波、郭庆任副院长。2012年位寅生、赵雅琴任电信学院副院长。

2012年电信学院通信所张中兆教授科研团队承担的科研项目获得国家科技进步奖二等奖。

2011年电信学院部分教师合影

2012年教育部公布第三轮学科评估结果，电信学院信息与通信工程学科排名并列第10名，继续保持国内高校同类学科先进水平。

2013年电信学院参与建设的哈工大"宇航科学与技术"2011协同创新中心获得教育部批准。

2013年电信学院通信技术研究所参与联建获批公安部"警用无线数字通信"重点实验室。

2014年电信学院科研团队参加的"无线通信技术"和"信息感知技术"两个2011协同创新中心计划获教育部批准。

2014年电信学院电子信息工程专业通过教育部工程教育专业认证。2014年电信学院刘永坦院士团队的新体制雷达项目获得国防科技进步奖特等奖。

2015年电信学院刘永坦院士团队的新体制雷达项目获得国家科技进步奖一等奖。

2015年电信学院特聘教授亚历山大院士获得中国政府友谊奖。

2015年该学科深圳校区张钦宇教授获得国家自然科学基金委杰出青年基金；电信学院谷延锋教授获得国家自然科学基金委优秀青年基金。

2016年电信学院王勇教授获得国家自然科学基金委优秀青年基金。

2016年哈工大开始实行本科生大类培养，电信学院招收电子信息类本科专业学生。

2016年电信学院领导换届，张爱红任党委书记，尹立一任副书记，郭庆任院长，位寅生、孟维晓、赵雅琴任副院长。

2016年电信学院电子工程技术研究所获批工业和信息化部"对海监测与信息处理"重点实验室。

2016年电信学院信息与通信工程学科获批工信部"十三五"国防特色学科。

2016年电信学院邱景辉教授被授予乌克兰技术科学院外籍院士。电信学院特聘教授亚历山大院士和邱景辉教授科研团队为哈工大多次举办中乌科技论坛做出突出贡献。

2017年哈工大启动双一流学科建设计划，电信学院分别参与两个国家双一流学科群建设。

2017 年参加工信部重点实验室揭牌仪式的专家与部分教师合影

2017 年教育部公布第四轮学科评估结果，电信学院信息与通信工程学科评为 A-，进入全国前 10% 学科行列。

2017 年 10 月该学科威海校区于长军教授作为党的十九大代表参加了中国共产党第十九次代表大会。于长军教授坚持工作在哈工大威海雷达试验站二十年，为学科发展和科研创新做出了突出贡献。

2017 年电信学院通信工程和电子信息工程两个本科专业通过教育部工程教育专业认证。

2018 年哈工大全校参加教育部本科教育审核评估工作，电信学院圆满完成评估工作。

2018 年尹振东教学团队荣获黑龙江省教学成果奖一等奖。

2018 年谷延锋教授入选科技部中青年科技创新领军人才，其科研团队获得黑龙江省自然科学奖一等奖。

2018 年哈工大决定将电气工程与自动化学院划分为电气工程与自动化和仪器科学与工程两个学院，测控技术及仪器专业（53）回到电信学院。电信学院现包括通信工程系（51）、电子工程系（52）、测控工程系（53）、微波工程系（54）和信息工程系（55）5 个系（所）单位。

2019年测控专业部分教师合影

2019年1月刘永坦院士获得2018年度国家最高科学技术奖，2019年1月8日刘永坦院士在人民大会堂接受习近平总书记亲自颁奖，哈工大党委书记王树权和校长周玉出席颁奖仪式。

2019年刘永坦院士获得国家最高科学技术奖时与校领导合影

2019年电信学院领导班子调整，位寅生任党委书记兼副院长，尹立一任副书记，郭庆任院长，孟维晓、彭宇、冀振元任副院长。

2019年哈工大开始实行本科生专业集群招生，电信学院招收计算机与电子通信类本科专业学生。

2019年通信工程专业、电子与信息工程专业获批国家级一流本科专业建设点。信息对抗技术专业、遥感科学与技术专业、电磁场与无线技术专业获批省级一流本科专业建设点。

2019年电信学院信息工程系获批黑龙江省"天空地一体化智能遥感技术"重点实验室。

2020年电信学院获批工业和信息化部首批校企协同育人示范基地——"哈尔滨工业大学－中国航天科工集团第二研究院电子信息协同育人基地"。

一、本科生培养

人才培养工作的主要任务是采取有效措施，普遍提高教育教学质量，建立若干个优秀教学团队，积极争取高水平教学成果。同时要加大力度，做好招生宣传、学生管理、强化基层教学组织、教授上讲台、实验室建设、教学改革、学生创新实践及毕业生就业等方面工作。

学院现有通信工程、电子信息工程、信息对抗技术、遥感科学与技术、电磁场与无线技术、测控工程及智能化六个专业方向，其中通信工程和电子信息工程为国防重点专业和黑龙江省重点专业，信息对抗技术和遥感科学与技术为国防紧缺专业。学院现有在校本科生1 127人，硕士研究生331人，博士研究生237人。

学院一直坚持立德树人的根本任务，坚持人才培养的中心地位，坚持本科教学基础地位，秉承学校提出的"转理念、强通识、精课程、重实践、抓两化（个性化、国际化）、建组织、严评价、促发展"的八大教育教学改革措施，努力建设高水平本科教育体系，持续提高本科人才培养质量。学院不忘初心，立足航天、服务国防，面向世界科技前沿、面向国家重大需求、面向国民经济主战场，培养能够在电子信息领域从事科学研究、系统设计、技术研发和管理、教育教学等工作的创新人才。经过60余年的发展，学院一代又一代的教师及学生为国防装备建设和国家经济发展做出了重大贡献。

回首过去，展望未来，学院将继续秉承"以学生为中心，学生学习与发展成效驱动"的教育教学理念，落实学校"通识教育、专业教育、实践创新、个性发展有机融合"的人才培养体系，强化"厚基础、强实践、严过程、求创新"的人才培养特色，立足航天、服务国防，为培养能够引领未来电子信息技术发展的毕业生而持续奋斗。

（一）学院办学定位

经过60余年的发展建设，学院形成了科研育人的人才培养传统。21世纪以来，随着电子信息技术的飞速发展和国家对创新人才培养的需求，学院进一步明确了培养高层次创新人才、建设世界一流学科的办学定位：面向国际学术前沿和国家战略需求，建设具有国防航天信息领域特色、世界一流的信息与通信工程学科，依托一流科研环境，把学院建设成为培养电子信息领域高层次创新人才的摇篮。办学定位体现了面向国家和社会发展需求、面向国际科技前沿、传承学院历史传统的特点。

2017年教育部本科工程教育专业认证专家来校检查

（二）学院人才培养目标

学院根据学校人才培养目标、社会发展需求，参照国际一流专业和工程教育专业认证标准，针对专业特点制定学院的人才培养目标如下：

立足航天、服务国防，面向国际学术前沿和国家重大需求，培养具有优良品德、执着信念、家国情怀，尊重社会价值，恪守工程伦理道德，具有沟通协作能力、创新精神和国际视野，具备多维知识结构和解决复杂工程问题的职业胜任力，能够引领未来电子信息及相关领域发展的杰出人才。

学院本科专业的毕业要求：

（1）工程知识：掌握数学、物理、计算机等基础理论知识，掌握电子线路与系统、信号与信息处理、电波传播、电子信息系统等专业知识，并能够将所学知识用于解决信息获取、传输和处理等电子信息领域的复杂工程问题。

（2）问题分析：应用数学、物理、计算机及信息获取、传输和处理的理论知识和科学方法，并借助文献辅助对电子信息领域的复杂工程问题进行系统表达和分析论证，以获得有效结论。

（3）设计/开发/评价复杂工程问题的解决方案：针对电子信息领域中的复杂工程问题，能够给出合理的解决方案，设计满足特定需求的功能模块或系统，并能够在设计方案中体现创新意识，同时能够评价上述方案及工程实践对社会、健康、安全、法律、文化、环境及可持续发展的影响，并理解应承担的责任。

（4）工程问题研究及使用现代工具：能够基于科学原理，采用科学方法对电子信息领域的复杂工程问题进行研究；能够开发、选择与使用恰当的技术、资源、现代工程工具和信息技术工具，对复杂工程问题进行模拟和预测，并理解其局限性；能够依此设计和完成实验，分析实验数据并通过信息综合得到合理有效的结论。

（5）职业规范：具有优良品德、执着信念、家国情怀、良好的人文社会科学素养和社会责任感，能够在电子信息领域的工程实践中理解并遵守职业道德和规范，履行应承担的责任。

（6）团队与项目管理：能够在多学科背景下的团队中担任团队成员和负

责人等不同角色，并进行团队合作；理解、掌握工程管理原理和经济决策方法，并能够在多学科环境下的项目管理中灵活应用。

（7）沟通：能够就复杂工程问题与国内外业界同行及社会公众进行有效的沟通和交流，具有良好的国际视野。

（8）终身学习：具有自主学习和终身学习的意识，以及不断学习和适应发展的能力。

（三）师资队伍

学院秉承学校的"人才强校"战略，强调师资队伍建设是学院发展的力量源泉，是人才培养的最基本保障。学院配合学校人事制度改革，不断强化师资队伍建设的传统和特色，推行了教师岗位分类管理改革，建立了教师岗位长聘、准聘制度，优化了收入分配机制，依托学校教师教学发展中心，积极提升现有师资队伍的整体水平，并通过学校的"高层次人才引进计划"，积极引进优秀青年教师，努力打造一支政治坚定、师德高尚、业务精良、作风过硬的高水平师资队伍。

学院始终贯彻师资队伍建设是学院基础性、战略性工作的方针，坚持把师资队伍建设作为学院发展的重大任务来对待，形成了以教学、科研建设带动师资队伍建设、以师资队伍建设促进学院发展的工作思路，以引进和培养高层次人才、普遍提高教师的教学、科研水平为师资队伍建设的根本任务。结合学科特点，坚持以人为本、人尽其才、才尽其用的原则，建立和完善适合学科发展的教师岗位分类聘任制度、专业职务聘任制度以及岗位考核评价体系。通过政策引导，学院教师根据自身的特点和潜能，合理定位，明确发展目标和方向，充分实现学院发展和教师个人发展的有机结合。学院积极贯彻学校的稳、引、培的人才培养政策，通过多种渠道努力创造适合于青年教师成长的良好环境，鼓励并支持青年教师出国进修、拓展国际化视野，指导和培训青年教师参评各级各类人才计划，同时积极引进海内外优秀人才充实师资队伍，不断改善学缘结构，提升师资队伍的整体水平。

2018年工信部重点实验室学术委员会合影

1. 教育教学水平

学院始终重视建设一支高水平的教师队伍，现有专任教师专业水平整体较高，教学科研能力整体较强。学院的科研工作始终以国家重大战略需求和国际发展前沿为牵引，教师高水平的科研能力为高质量的本科教学和高水平的人才培养奠定了良好的基础。

学院积极贯彻落实《关于建立健全师德建设长效机制的实施办法》《哈尔滨工业大学学术道德规范》等学校系列制度，从引导和防范两个方面加强师德师风建设。首先，学院依托学校每年组织的新聘教职工岗前培训、新增博士生导师培训、青年教师培训研讨班、青年领导人员培训班、青年学术骨干培训班等，引导新入职教师及青年教师在保证教学科研能力水平的同时，努力加强师德师风修养；其次，建立健全教师党风廉政建设体系和党风廉政建设制度，强调既要传道授业解惑，又要注意培养健全人格和良好的思想道德品质，不断加强教师职业道德建设。学院把思想政治素质、道德品质作为必备的考查内容，在教师梯队建设、教师培训、人才选拔等工作中，明确提出教师职业道德考查的内容，并实行"师德一票否决制"。

学院依托学校设立的"立德树人奖""优秀教工李昌奖""我心目中的好老师""学生最喜爱的优秀班主任"等师德师风表彰体系，鼓励和激励教师以德立身、以德立学、以德施教，在不断提高自身思想道德水平和业务水平的前提下，关注学生的身心健康和学业的不断进步。"开创中国新体制雷达之路"的刘永坦双院士几十年如一日，为我国培养了大量的优秀雷达技术人才；赵雅琴教授和冀振元教授分别获得了2014年度和2015年度"我心目中的好老师"称号。此外，电子工程技术研究所获2016年度哈尔滨工业大学先进集体，通信技术研究所获2017年度哈尔滨工业大学立德树人先进集体，宗华老师获2017年度哈尔滨工业大学立德树人先进个人标兵等多项集体和个人荣誉称号。

2. 教师发展与服务

学院依托学校教师教学发展中心，推广先进教育理念，促进教育教学创新，提升教师教学能力，为教师教学能力的提升提供支持和服务。

学院积极组织院内教师，特别是年轻教师参加学校举办的教学培训活动，学校不断拓展培训形式和类型，完善培训体系，优化培训内容，以满足不同类型教师多样性、个性化需求。学校和学院围绕教学改革和提高人才培养质量需求，邀请国内外著名专家，针对审核评估、工程教育认证、在线开放课程建设等主题进行培训。2015—2017年，学院共派出7人次参加美国明尼苏达大学"先进教育理念培训"研讨班，依托学校出国交流平台学习先进的教学理念和方法，学院积极组织参加海外研讨教师和全院教师分享先进的理念和方法。组织16人次参加认证委集中培训，100余人次参加学校教师教学发展中心举办的各类培训。通过各种类型的培训，教师开阔了眼界，加深了对教学工作的理解和认识，提高了实际教学水平。学院每年都积极举办院内的教学研讨，对教学理念、教学方法进行大讨论，通过大讨论达到统一思想、提高教学水平的目的。

学院依据学校发布的《哈尔滨工业大学本科课堂教学准入、认证及退出管理条例》，规定新教师通过培训、听课、助课、备课等环节方可申请教学准入，在课程准备中为年轻教师配备经验丰富的老教师，对年轻教师进行指导，提升教学水平。学院将学科专业基础课打造成信号处理、电波传播、电子线路等课程群，按照课程群进行教学团队的建设和引导，通过课程群内教学内容的探讨和交流，不断提高课程群的整体水平。

学校教师教学发展中心提供多样化的教师教学发展载体，学院教师积极参与学校举办的教学节等系列活动，共同营造了尊师重教、崇德尚学的教学文化氛围，优化了教师发展的生态环境。

学校和学院积极鼓励和资助教师参加国际国内高水平教学、学术会议，提高教师的教学研究水平和专业学术水平，增加与国内外同行深层次交流的机会，近年来超过30人次的年轻教师通过访问学者、短期交流等途径提升了专业水平和教学能力。

哈工大任南琪副校长接见亚历山大院士及其科研团队

（四）教学资源

教学资源是保证人才培养、教学质量的物质基础。学院着眼于人才培养与发展，重视教学资源建设，使教学经费、教学设施、专业设置与培养方案、课程资源和社会资源等教学资源能够满足人才培养需要，为教学质量的逐步提升提供有力的保障。

1. 教学设施

学院不断完善课堂教学、实践教学及辅助教学设施建设，利用科研平台助力教学，强化资源共享与开放，加强信息化建设，为本科教学的顺利开展提供必要的教学设施和良好条件。

学院的本科课堂教学主要依托于学校的课堂教学设施和辅助教学设施，学院持续支持实践教学设施建设，并坚持"整体规划、科学管理、产学研结合"的方针，教学实验室、实习实训基地等实践教学设施建设能够满足本科教学和专业发展的需要。充分发挥校物理实验中心、计算机实验教学中心和工程训练中心等国家级实验教学示范中心作用，加强学院的国家级工程实践教育中心和省级教学示范中心对本科教学实践环节的支撑，教学用仪器设备和计算机资源在数量与功能上均能满足学院本科人才培养的需要。学院信息与通信工程实验中心在"211工程"、"985工程"、国防特色学科专业建设等专项资金的支持下，优化、整合、扩建基础实验室、专业实验室和创新创业实践基地，为本科生毕业设计、课程实践等教学环节提供了强有力的支撑。同时，学院以"优势互补、资源共享、互惠双赢、共同发展"为原则，与中国移动、国裕数据、东软集团等公司建立了12个校外合作实践基地，与Xilinx、Proteus、R&S等公司建立了10个联合实验室、2个校内实践基地，并争取到国际知名公司Xilinx、Altera、R&S、NI、Proteus、中兴通讯等公司对教学仪器的捐赠，充分利用了社会资源，为生产实习、课程实验等实践环节提供了充分的资源保障。

2. 依托学科平台建设，服务本科教学工作

学院注重科教融合，依托学科建设和科研平台，服务本科教学。学院建有5个省部级重点实验室（对海监测与信息处理工业和信息化部重点实验室、专用通信系统教育部工程研究中心、宽带无线通信与网络黑龙江省重点实验室、天空地一体化智能遥感技术黑龙江省重点实验室、警用无线数字通信公安部重点实验室）、1个"111"引智基地（毫米波太赫兹成像探测技术学科创新引智基地）和3个2011协同创新中心（宇航科学与技术、无线通信新技术、信息感知技术），为本科实践教学、科技创新和科学研究提供了充足的实验设备及良好的科研环境，注重科学研究融入教学过程，强有力地支撑了电子信息领域的人才培养，使学生了解本领域的研究方向和前沿技术，增强了学生的专业认同感。

3. 强化实验室规范管理，促进设施开放利用

学院采取系列措施规范管理并提高教学设施与设备利用率。2015—2017年学院实验室绩效考评成绩都位于学校前列。学院重视实践教学环节，强化实验室的规范管理，推进教学资源共享，促进设施及设备开放利用，提高实验室资源使用效率，从而保证了本科实践教学环节的有序进行。

学院积极探索如何利用实验室资源为课外科技创新和竞赛提供有力支撑的模式，坚持"面向全体、形式多样、讲究效率"的原则，建设了电子信息类创新创业实践教育基地，采用全面开放模式，并加强科技创新指导通道建设，为本科生参加科技创新活动提供良好的科研环境和创新指导，为提高学生工程实践能力、创新意识和创新创业能力的培养起到重要作用。2015—2017年，学院本科生参与科技创新竞赛的人数、项目数得到较大提升，获得省部级以上奖项100余项，获奖400余人次，在国际顶点大赛、全国大学生电子设计竞赛、全国"互联网+"大学生创业大赛、全国大学生物联网设计竞赛等竞赛中也均取得了优异的成绩。

4. 专业设置与培养方案

学院设置通信工程、电子信息工程、信息对抗技术、遥感科学与技术、电磁场与无线技术五个专业。其中通信工程和电子信息工程为国防重点专业和黑龙江省重点专业，信息对抗技术和遥感科学与技术为国防紧缺专业，专业结构合理，具有可持续发展性。2016年将通信工程、电子信息工程、信息对抗技术、遥感科学与技术、电磁场与无线技术五个专业合并为电子信息类大类专业招收本科生，同时完成了大类培养方案修订。2019年与计算机科学与技术学院组成专业集群计算机与电子通信大类招收本科生，实施新一轮本科专业综合改革，拓宽培养口径，创新专业培养模式；实施本科专业标准化建设，推进本科专业认证，持续优化专业结构。学院持续加强优势专业培育，打造国防重点专业和国防紧缺专业特色专业，加强与理学及新兴专业的交叉，进行多维知识结构创新人才的培养，提升人才培养对社会需求的适应度。

根据国家经济社会发展、科学技术进步对人才培养的需求变化，结合新形势下学校人才培养目标的定位、工作总体规划和本科教学改革要求，每四年修订一次专业培养方案，每年调整执行方案，建立本科培养方案持续改进机制。2016 年学校启动大类招生与大类培养改革，以及本科培养方案修订工作，重点是优化课程体系、更新教学内容、改革教学模式，将通识教育与专业教育有机融合，将创新能力培养贯穿教育教学全过程，课程设置注重基础性和交叉性，给予学生更多的自主权和选择权，加强与工程教育专业认证全面衔接，实现本研教学打通，完成了 2016 版培养方案的修订工作。2016 版培养方案梳理了公共基础课，调整了大类培养专业课，拓宽专业口径，突出培养特色，促进专业教育与通识教育结合、理论教学与实践教学结合、课内培养与课外培养结合、主修制与辅修制结合，对文化素质教育和创新创业教育设置学分要求，实践教学比重达到 32.4%，补充本研共享系列课程，实现了厚基础、宽口径、强实践、严过程、求创新的人才培养模式。

5. 社会资源

学院积极推进国内外高校交流合作、校企合作育人，通过共建专业、共建实习基地以及共建产学研基地等多种形式，充分利用国内外优质教育资源、社会资源来提高人才培养质量，支持了教学资源保障的多元化。

学院加强与世界一流大学、著名科研机构和跨国企业开展高水平、深层次、可持续的交流合作，将国内外优质资源有效融合到教学科研全过程，形成"学校－学院－师生－项目"模式，完善国际化建设体系。学院通过"海外学者夏季课程讲学计划"和暑期国际学校引进、邀请海外高层次专家和学者来校工作、访问和讲学，2016—2018 年在夏季学期持续开设了 7 个前沿学术讲座。学院依托学校建立的 IEEE Harbin Section 分别成立了 IEEE ComSoc、GRS、VTS、WIE 等四个 IEEE Harbin Chapter，2016—2018 年主办国际会议 7 次，并连续承办四届中乌科技论坛。学院重视学生交流，扩大学生国际交流项目规模和方式，鼓励本科生参加国际学术会议，为本科生提供参与科学研究、进行国际交流的机会。

微波工程系亚历山大院士和邱景辉教授科研团队合影

（五）学生发展

在"以学生为中心，学生学习与发展成效驱动"理念指导下，学院着力提高生源质量，努力构建全方位服务体系，大力弘扬优良学风，不断完善就业服务体系，让学生发展成为教育体系的核心。

1. 招生及生源情况

多年来，学院一直高度重视本科招生工作，采取统一规划、统一调配的方式有条不紊地开展招生工作。

学院成立以来每年本科招生人数稳定在 310 人左右，生源质量总体较好，生源质量总体情况在学校的排名在第 3、4 位，居于学校前列。学院积极采取措施提高生源质量，克服地域不利因素，在招生工作中取得了较大成绩，赢得了广大考生的信任和较高的社会声誉。

学院在实际招生工作中，严格依据教育部及学校相关规定执行宣传及招生工作，实施阳光招生，本着公平、公正、公开的原则，择优选拔生源。学院成立了招生及宣传工作小组，全面负责和协调招生工作的有序实施。在实际工作中，按照"谁主管，谁负责"的原则，把招生工作任务落实到具体的人。招生及宣传工作小组定期赴各地高中进行招生宣传，发放学院宣传资料，详细解读招生政策，介绍学院专业特色、课程设置及就业、考研、出国等情况；依托校友广泛宣传，请优秀学生在假期实践活动中回高中母校进行宣传；学院参加学校定期举行的"校园开放日暨本科招生咨询会"，选派资深教授详细解读学院招生政策、专业特色和志愿填报等方面问题，吸引了全国各地优秀考生来报考；学院教师利用出差机会联系当地高中，进行相关招生宣传，扩大学校及学院在当地的影响力；另外，学院每年单独组织招生宣传小组奔赴河南省，定点宣传学校及学院情况。

2. 学生指导与服务

学院以"立德树人"为宗旨，开展全方位的指导与服务，努力提高服务质量，促进学生的健康发展。为保证学生培养目标的达成，学生指导由学校和学院两级联动组织完成。在学校学生工作处、招生就业处、心理咨询中心、生涯发展指导办公室领导和支持下，学院按照规范化、体系化、模块化的形式为学生提供学习指导、职业规划、就业指导、心理辅导，建立以受教育者为主体的全方位学生指导平台。主要包括以下几个方面：

（1）注重思想引领，强调德育教育。学院始终高度重视思想政治工作，将德育作为学生思想政治教育的"龙头"。以节庆日、纪念日、入学毕业等重要契机深入开展教育活动，让学生具有家国情怀。

（2）新生入学教育指导。学院积极组织新生进行入学指导，帮助新生了解新的生活和学习环境，院系主要领导直接参与新生入学教育活动，与学生家长和学生面对面交流，体现了对学生的关怀，也让学生了解学习过程中的要求。

（3）专业学习指导。专业学习指导主要由专业教师完成，重点指导学生学科基础理论、专业基础理论、专业知识和专业技能，侧重学生能力和素质的培养。学院在大一年级开设专业导论课，使大一学生了解所学专业的性质、研究内容、知识体系、历史沿革、职业发展、热点问题等相关内容，使学生能结合自己的爱好进一步明确自己的发展方向。

（4）工程实践指导。工程实践指导由专业教师、教辅人员、企业教师来完成，主要包括工程训练、生产实习、综合实验、毕业设计等，主要培养学生的专业技能以及分析和解决复杂工程问题的能力。学院是哈工大开展基于项目学习的试点学院之一，完成了基于项目学习的培养方案制订、教学基地建设、项目执行过程管理方案制订等工作，培养了学生分析问题、解决问题、探索创新的能力，也培养了学生的团队意识。

（5）科技创新指导。科技创新指导由具有丰富工程实践经验的专业教师来完成。学院为激发学生学习兴趣，锻炼动手能力，培养团队合作意识，构建电子与信息工程学院科技创新体系，编写了《哈尔滨工业大学电子与信息工程学院本科生科技创新指导手册》，全面介绍学院本科生参加科技创新活动的项目、过程、注意事项；使学生科技创新活动体系化、基地化、规范化、日常化和批量化。目前，学院已将科技创新按照创新学分的方式列入学生的课程体系，学生参与科技创新的比例已经达到了百分之百。

（6）职业规划与就业指导。学院帮助学生自觉树立正确的成才观、择业观和就业观，努力提高学院学生的实践能力、就业能力和创业能力。就业指导涵盖了就业形势分析、求职礼仪、表达沟通能力、面试技巧、简历撰写，并积极分享成功求职案例。学院建立了在低年级学生中开展职业规划指导、在高年级学生中训练求职技能的就业指导纵向工作体系，并积极拓展就业实习基地，充分贯彻"早、细、实"的就业工作理念。

（7）心理辅导。心理辅导主要培养学生良好的心理品质，形成自尊、自爱、自律、自强的优良品格，使之具备较强的心理调节能力。促进学生的心理素质与思想道德素质、科学文化素质、专业素质和身体素质的协调发展，从而提高学生适应社会的能力。

通过形式多样、细致入微的工作，学生对学校和学院提供的指导与服务普遍感到满意。

（六）就业与发展

学院立足航天、服务国防，将就业思想引导、就业能力培养、就业支持服务贯穿人才培养全过程，激励并引导毕业生勇于投身国家建设的一线、项目攻关的前沿，不断优化就业结构，全面推动毕业生就业向更高质量发展。

学院对学生的就业指导工作进行统筹安排，帮助学生树立正确的成才观、择业观和就业观，努力提高学生的工程实践能力及就业能力。多年来，学院毕业生一直处于供不应求状态，也一直保持着良好的就业率，2016—2018年平均初次就业率在96%以上。

　　学院毕业生以扎实的理论基础、突出的工程实践能力、踏实肯干的工作态度和乐于奉献、敢为人先的精神品格得到了社会各界的高度评价和用人单位的欢迎。

　　针对用人单位对学院毕业生的评价以及满意度，学校及学院展开了多方面的调查。调查结果显示，绝大部分用人单位对学校的就业工作表示"很满意"或者"满意"。通过调查显示，用人单位对哈工大毕业生"德、知、能、勤、绩"五方面总体满意度高。在知识结构方面，学院毕业生的专业基础知识、学科前沿知识等相比其他高校具有较大优势。其中，毕业生具有的基础知识水平，毕业生工作投入、甘于奉献程度、对单位技术贡献程度等均处于较高水平。

二、研究生培养

（一）培养目标

坚持立足航天、服务国防，面向国际学术前沿、面向国家重大需求，培养具有优良品德、执着信念、家国情怀，尊重社会价值，恪守工程伦理道德，具备坚实的信息与通信工程学科基础理论与专业知识，具有独立从事科学研究能力，具有多学科交叉能力、创新精神和国际化视野，能够引领未来发展的杰出人才。

（二）学位标准

1. 博士学位基本标准

该学科博士生在信息与通信工程学科领域应掌握坚实宽广的基础理论和系统深入的专门知识。应深入了解和掌握信息与通信工程学科国内外发展现状和发展趋势，为取得创新性成果奠定坚实的基础。此外，根据所从事的研究领域，熟练掌握科学的方法论。博士生应具有独立从事科学研究和承担专门技术工作的能力及协同创新的能力。博士学位论文必须在科学或专门技术上做出创新性的成果，以表明独立从事科学研究工作的能力。创新性成果体现在针对信息与通信工程学科领域的研究课题提出的新思想、新概念、新理论、新算法、新方案，或对已有结果的重大改进。博士生应在信息与通信工程学科相关领域发表本学科要求的数量和质量的学术论文、专利等。

2. 硕士学位基本标准

该学科硕士生在信息与通信工程学科领域应掌握坚实的基础理论和系统的专

门知识。硕士学位论文是科学研究工作的总结与升华，是数学分析对物理概念的诠释过程，是用实验数据及实际应用对理论的佐证过程。学位论文的学术观点必须明确，且逻辑严谨、文字通畅、图表清晰、概念清楚、数据可靠、计算正确、层次分明、标注规范。硕士生必须通过科研和技术开发活动，对相对独立完成的课题或取得的阶段性成果进行总结，按照本学科要求发表一定数量和质量的学术论文、申请发明专利等具有一定创新性的成果。

(三) 培养方向

本学科研究生的主要培养方向包含：

1. 无线通信与网络

主要研究宽带传输与抗干扰理论与方法、变换域高效资源分配与高密度异构网络协同、物理层安全传输波形设计以及通信、雷达和导航定位一体化理论与方法。

2. 空天通信理论与技术

主要研究空间通信传输理论与技术、空天通信网络体系结构、通信卫星星座与组网设计、空天通信网络管理与测控技术、空天通信网络传输协议、空天通信网络仿真技术等。

3. 新体制雷达理论与技术

该方向包括岸基地波新体制雷达、舰载地波新体制雷达、多基地高频新体制雷达系统、高频雷达组网技术等。

4. 微波成像与目标识别技术

该方向包括合成孔径雷达（SAR）和逆合成孔径雷达（ISAR）系统设计和成像算法研究。

5. 遥感信息处理技术

该方向主要包括高分辨率图像地物分类、目标检测与识别、遥感数据压缩、遥感图像目标特性仿真、遥感数据融合等领域，以高分辨率遥感图像处理、智能感知等为研究特色。

6. 电子对抗理论与技术

该方向主要包括无源目标识别、雷达对抗技术、光电对抗技术、通信网络安全、通信雷达对抗一体化、网络信息安全、自动测试等领域，以无源目标识别、电子对抗和通信网络安全为研究特色。

7. 毫米波太赫兹探测理论与技术

该方向侧重毫米波太赫兹波的产生、空间调制和探测理论与技术，主要研究毫米波太赫兹波的产生、微波/毫米波/太赫兹成像探测技术、基于超表面的毫米波太赫兹空间调制、超高速率空间通信、人体安全检查新方法等。

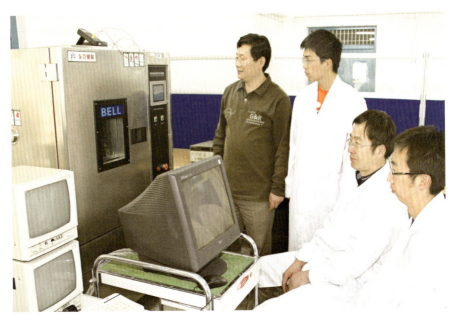

通信所赵洪林教授、马永奎教授与研究生进行科研实验

（四）招生选拔

1. 招生情况

"十三五"期间，信息与通信工程学科累计培养博士学位研究生131人，硕士学位研究生711人。申请攻读博士学位583人，报考工学硕士研究生3 039人；累计招收博士学位研究生200人，录取比例为34.31%，其中来自本校的硕士研究生占72.6%，其他"985"或"211"院校的硕士研究生占14.2%；累计招收硕士学位研究生755人，录取比例为24.8%，其中来自本

校的本科生占57.4%，其他"985"或"211"院校的本科生占27.6%。近年来，硕士研究生学科生源总体情况良好，但是来自其他"985"院校的本科生数在实际录取硕士研究生总数中占比不高。

为保证生源质量，学科主动出击，组织教师"走出去"、学生"请进来"、发挥互联网作用提高宣传效率，努力提高学科品牌效应。① 组织骨干教师奔赴全国各重点招生区域进行招生宣讲工作；② 发挥互联网优势，下大力气建设学院主页，详细介绍学科历史、突出强项和特色项目、强化优势团队品牌建设。

2. 选拔过程

（1）博士研究生的选拔。

对于博士研究生的招生选拔分为直接攻博、硕博连读、推荐攻博、申请－考核四种方式。"申请－考核"是面向符合报考条件的所有优秀考生选拔博士生的招生方式。哈工大不再安排普通招考的博士生招生方式，全面实行"申请－考核"制。"申请－考核"每年度进行两次，第一次在秋季学期进行，为面上招生。第二次在春季学期进行，为补充招生。

（2）硕士研究生的选拔。

学科对于硕士研究生的招生选拔主要分为推免和统考两种方式。对预报名和正式报名的推免生，按照学院的复试遴选标准选择推免生申请人。复试分批次及时进行，考核主要以面试为主，采用来校面试、视频面试、赴外地面试、委托面试等方式灵活进行。

统考硕士生需经初试和复试两个环节，初试采用笔试方式，复试采用笔试和结构化面试相结合的方式进行。结构化面试主要考核考生的综合素质、业务能力以及外语水平。

（五）导师指导

1. 新增导师选拔与培训

学院设置了新增博导选拔的基本条件和新增硕导选拔的基本条件，着重考查候选人的学术能力、科研条件和在研课题水准。对新增导师，在学校统一组织相关培训的基础上，学院采用与经验丰富指导教师座谈的形式帮助新增导师迅速进入正轨。

2. 导师队伍考核

学院每年对导师队伍进行登记考核。博士生新导师第一年免考核。其他博士生导师每年进行登记，达不到规定要求的，学院对相关导师予以停招，即暂停招生资格一年。对硕士生导师的考核主要以延期答辩学生数量和论文被评为 C 及以下评分的学生数量为准。学生论文连续 3 年出现 C 及以下评分的硕士生导师暂停招生资格一年。

3. 校外兼职 / 合作导师队伍建设

为拓宽学生视野，引入学术交流与碰撞，学科在校外导师队伍建设上取得了一定的成果。先后特聘了中国工程院院士，国外著名大学教授等 20 余名兼职博导。

4. 学生指导

明确研究生导师立德树人职责，引导研究生树立正确的世界观、人生观、价值观，提升研究生思想政治素质；强化学术指导，定期与研究生沟通交流，指导研究生确定研究方向，深入开展研究；营造和谐的学术环境，培养研究生的创新意识和创新能力，激发研究生创新潜力；在研究生培养的各个环节，强化学术规范训练，加强职业伦理教育，提升学术道德涵养；加强与研究生的交流与沟通，建立良好的师生互动机制，关注研究生的学业压力，营造良好的学习氛围，关心研究生生活和身心健康，不断提升研究生敢于面对困难挫折的良好心理素质。

（六）实践教学

1. 校内实践教学平台

截至现在，学科共建设了 10 个覆盖全院主要研究方向、保证研究生培养计划中实践课环节和其他系列课程中实验环节的顺利实施的校内实践平台。

2. 校外实践基地

以企业和社会的人才需求意向与该学科人才培养目标为契合点，以"优势互补、资源共享、互惠双赢、共同发展"为原则，十三五期间建立了 6 家校企合作实践基地，为研究生提供工程实践平台。

3. 培养成效

"十三五"期间，该学科研究生参加全国研究生电子设计大赛等高水平学科竞赛获得省级以上奖励 36 项，其中国家级奖励 12 项，省级奖励 24 项。

（七）学术交流

1. 国际学术会议与交流

该学科一直十分注重国际学术交流与推广，营造学术氛围，推进学科发展。创建了覆盖东北地区的 IEEE、IEEE ComSoc、IEEE GRS、IEEE VTC 和 IEEE WIE 哈尔滨分会，以及 IEEE BME 深圳分会等五个重要的学术组织。依托各个分会，吸引了众多知名学者到该学科交流，包括 IEEE 通信学会前两任主席和 IEEE 信息论学会主席，以及 10 余名 IEEE Fellow；承办了第四届中国国际通信大会（IEEE ICCC）等 4 个重要国际会议，协办了第五届全球毫米波会议（GSM2012）等 6 个国际会议和论坛。"十三五"期间在校生累计参加国际学术交流 355 人次。

微波工程系邱景辉教授与新西伯利亚国立技术大学教授们合影

2. 国内学术会议

"十三五"期间来共资助学生参加中国通信学会学术年会、中国卫星导航学术年会、全国雷达学术年会、中国遥感大会、全国微波毫米波会议等国内学术会议89人次。通过参加这些学术会议，学生们了解到国内本领域的最新研究进展，与本领域的专家学者建立联系，并通过与企业参会者的零距离交流，了解到行业的发展现状。

（八）论文质量

1. 博士学位论文质量

学科严把博士论文质量关。要求导师和学生认真对待和回复盲评意见，预留充足时间修改论文，避免突击答辩、突击上会。截至2019年，在教育部历年全国博士学位论文抽查过程中该学科博士学位论文没有出现不合格的情况。

2. 工学硕士学位论文质量

信息与通信工程学科的硕士生必须通过科研和技术开发活动，对相对独立完成的课题或取得的阶段性成果进行总结，按照该学科要求发表一定数量和质量的学术论文、申请发明专利等具有一定创新性的成果。

（九）学风教育

通过对新晋导师进行培训，强调学术道德问题的重要地位，促使导师队伍保持警觉。在学生手册、培养大纲等文件中明确提出学术道德的要求，通过导师对学生进行学风教育，敦促学生遵守学术道德。通过反面案例，教育导师与学生，使其认识触犯学术道德底线的严峻性，形成不敢犯的高压线。

（十）就业发展

该学科研究生毕业的主要去向为国内外高校继续深造、航天科技集团、航天科工集团、中国电子科技集团、中国核工业集团、中航工业集团、华为技术有限公司、中兴通讯有限公司、爱立信（中国）有限公司、上海贝尔阿尔卡特股份有限公司、中国移动、中国联通、中国电信等各类大型知名企事业单位和研究院所。

先后涌现出一批对我国国防航天事业和电子信息产业做出重要贡献的杰出人才，包括中国工程院院士贲德、中国科学院院士周志鑫、广东省副省长张光军、中兴通讯公司原 CEO 赵先明、中国卫星公司原总裁闫忠文、华为公司董事兼 2012 国家实验室总裁李英涛、中国移动副总裁李慧镝等。

通过对毕业生就业的跟踪调查，用人单位对学院毕业生的综合评价良好。资料表明，99% 的用人单位对学院毕业生的印象非常好，认为其知识面宽，接受新知识能力强，对基础知识掌握扎实，对知识的应用灵活；98% 的被调查者认为学院学生素质高，适合从事科学研究、工程应用和各项管理工作。调查结果表明学院毕业生具有良好的综合素质与适应能力，能够在各个岗位上取得良好的成绩，近年来学院毕业生就业比率在国内处于领先地位。

"十三五"期间，学科共培养博士毕业生 131 人，硕士毕业生 711 人。其中博士毕业生的主要就业去向为高等教育单位（26.72%）和科研设计单位（24.43%）；硕士毕业生的主要就业去向为科研设计单位（23.21%）、国有企业（19.41%）和民营企业（24.89%）。

三、工程硕士研究生培养

（一）培养目标

坚持立足航天、服务国防，培养具有优良品德、执着信念、家国情怀，具有良好的职业道德和敬业精神，具有科学严谨和求真务实的学习态度和工作作风，掌握电子与通信工程领域的基础理论和解决工程实际问题的先进技术方法与现代技术手段，具有较强的创新意识和创新能力，具备独立担负本领域工程技术和工程管理工作能力的高层次应用型人才。

（二）学位标准

电子与通信工程领域依托信息与通信工程一级学科。全日制工程硕士研究生的学制一般为 2 年；非全日制工程硕士研究生的学制一般为 3～5 年。

工程硕士专业学位论文选题应直接来源于生产实际或具有明确的工程背景，其研究成果要有实际应用价值。论文拟解决的问题要有一定的技术难度和工作量，论文要具有一定的理论深度、先进性和实用性。学生能够综合运用基础理论、科学方法、专业知识和技术手段对所解决的工程实际问题进行分析研究，并能在某方面提出独立见解。电子与通信工程领域的推免生必须通过科研和技术开发活动，对相对独立完成的课题或取得的阶段性成果进行总结，按照本学科要求发表一定数量和质量的学术论文、申请发明专利等具有一定创新性的成果。

（三）培养方向

本学科工程硕士的主要培养方向包含：

1. 无线通信网络与应用

无线通信网络与应用方向主要研究通信网体系结构、网络资源管理、超长时延链路通信体制及传输协议、宽带传输与抗干扰理论与方法、变换域高效资源分配与高密度异构网络协同、物理层安全传输波形设计以及通信、雷达和导航定位一体化技术应用等。

2. 雷达探测与遥感成像技术

雷达探测与遥感成像技术方向包括岸基地波新体制雷达、舰载地波新体制雷达、多基地高频新体制雷达系统、高频雷达组网技术、合成孔径雷达（SAR）和逆合成孔径雷达（ISAR）系统设计和成像算法、高分辨率图像地物分类、目标检测与识别、遥感数据压缩、遥感图像目标特性仿真、遥感数据融合等。

3. 信息对抗技术与应用

信息对抗技术与应用方向侧重在信息获取、传输和处理的过程中，对无线电信号进行侦察、防护等。主要研究方向包括无源目标识别、雷达对抗技术、光电对抗技术、通信网络安全、通信雷达对抗一体化、网络信息安全、自动测试等领域，以无源目标识别、电子对抗和通信网络安全为研究特色。

4. 微波射频与天线技术

微波射频与天线技术方向侧重电磁波的产生、辐射、传输和接收技术及应用。主要研究内容包括天线理论与技术，微波/毫米波/太赫兹成像探测技术，微波/毫米波电路技术，电磁超材料与超表面理论及技术，微波光子技术与应用，生物电磁效应等。

（四）招生选拔

1. 招生情况

"十三五"期间，电子与通信工程领域累计培养全日制工程硕士492人，非全日制工程硕士140人；报考工程硕士研究生1 015人；累计招收全日制工程硕士研究生538人，录取比例为53.0%。其中来自本校的本科生占58.8%，其他"985"

或"211"院校的本科生占24.0%；累计招收非全日制工程硕士研究生125人。近年来，全日制工程硕士研究生生源总体情况良好，但是来自其他"985"院校的本科生数在实际录取硕士研究生总数中占比不高。

为保证生源质量，学科主动出击，组织教师"走出去"、学生"请进来"、发挥互联网作用提高宣传效率，努力提高学科品牌效应。① 组织骨干教师奔赴全国各重点招生区域进行招生宣讲工作；② 发挥互联网优势，下大力气建设学院主页，详细介绍学科历史、突出强项和特色项目、强化优势团队品牌建设。

2. 选拔过程

学院对于全日制工程硕士研究生的招生选拔主要分为推免和统考两种方式，非全日制硕士研究生的招生采用全国统一考试的形式进行选拔。对预报名和正式报名的推免生，按照该学院的复试遴选标准选择推免生申请人。复试分批次及时进行，考核主要以面试为主，采用来校面试、视频面试、赴外地面试、委托面试等方式灵活进行。

统考全日制工程硕士生需经初试和复试两个环节，初试采用笔试方式，复试采用笔试和结构化面试相结合的方式进行。结构化面试主要考核考生的综合素质、业务能力以及外语水平。

（五）导师指导

1. 新增导师选拔与培训

学院设置了新增硕导选拔的基本条件，着重考查候选人的学术能力、科研条件和在研课题水准。对新增导师，在学校统一组织相关培训的基础上，学院采用与经验丰富指导教师座谈的形式帮助新增导师迅速进入正轨。

2. 导师队伍考核

学院每年对导师队伍进行登记考核。对硕士生导师的考核主要以延期答辩学生数量和论文被评为C及以下评分的学生数量为准。学生论文连续3年出现C及以下评分的硕士生导师暂停招生资格一年。

3. 校外兼职/合作导师队伍建设

为加强学生工程实践能力，提高学生课题与工程实际的结合度，学科积极建设企业合作导师队伍，并取得了一定的成果。先后聘任了 50 名企业合作导师，为学生科研选题和课题指导提供有力保障。

4. 学生指导

明确研究生导师立德树人职责，引导研究生树立正确的世界观、人生观、价值观，提升研究生思想政治素质；强化学术指导，定期与研究生沟通交流，指导研究生确定研究方向，深入开展研究；营造和谐的学术环境，培养研究生的创新意识和创新能力，激发研究生创新潜力；在研究生培养的各个环节，强化学术规范训练，加强职业伦理教育，提升学术道德涵养；加强与研究生的交流与沟通，建立良好的师生互动机制，关注研究生的学业压力，营造良好的学习氛围，关心研究生生活和身心健康，不断提升研究生敢于面对困难挫折的良好心理素质。

5. 论文质量

电子与通信工程领域的硕士生必须通过科研和技术开发活动，对相对独立完成的课题或取得的阶段性成果进行总结，按照本学科要求发表一定数量和质量的学术论文、申请发明专利等具有一定创新性的成果。

6. 就业去向

"十三五"期间，学院工程硕士毕业生 492 人。主要就业去向为科研设计单位（22.56%）、国有企业（24.79%）和民营企业（30.69%）。

四、科学研究

学院成立以来，时逢国家发展的"十二五""十三五"规划时期，科学研究是高水平大学的重要任务之一，也是高层次人才培养和师资队伍建设的重要保障。根据国际科学技术和我国科技经济的发展需求，学院在"十二五"和"十三五"期间继续面向国防航天需求，保持优势科研方向，鼓励交叉科研方向，持续做好科学研究工作。

（一）对海信息获取系统理论及技术

从"十三五"开始的十年，中国将跨入海洋强国的行列。海洋信息的获取是迈向海洋强国的重要条件，是我国未来发展的重点方向之一。"十三五"期间，在保持哈工大新体制雷达研究优势的基础上，重点研究海洋信息探测新理论和新技术，拓展研究方向，主要研究项目包括：

1. 对海新体制雷达总体技术与系统设计

在单基地（岸基／舰载）高频超视距雷达、逆合成孔径雷达的基础上，进行海空兼容新体制雷达系统总体技术研究、原理样机研制及外场试验，并进行新型装备的系统设计，以适用不同应用平台的需要，获得更大覆盖范围及更好的"四抗"能力。其关键技术包括：①新体制的高频地波新体制雷达、研发实现大范围海空目标兼容探测的新型高频雷达、多基地高频地波雷达、分布式舰载高频地波雷达、MIMO 高频新体制雷达等；②拓展地波雷达领域到天波，形成高频雷达地波－天波全领域覆盖，在发展天波发射地波接收的高频新体制雷达的基础上，进一步拓展地波雷达领域大力发展天波雷达的信号与信息处理技术；③新体制逆合成孔径雷达，研发实现视距范围内海空目标探测与成像的新型逆合成孔径雷达及组网技术。

2. 对海探测关键技术

主要包括：①对海新体制雷达目标探测技术，包含新的雷达信号形式及处理技术、高频雷达电离层扰动消除及干扰抑制理论与技术、多模式逆合成孔径雷达成像技术、对海新体制雷达目标特征提取与分类识别技术、对海新体制雷达信息融合技术；②对海新体制雷达海态遥感机理与技术，包括新体制高频雷达海态遥感研究、新体制逆合成孔径雷达海态遥感研究等。

（二）空间信息网络传输理论与技术

空间信息网络是陆地通信网的扩展，是人类活动拓展至空间、远海乃至深空的重大信息基础设施，也是当今全球科技和产业发展的热点。该方向针对未来的空间网络组网和传输技术开展研究，解决多种网络的互联、互通和互操作的需求，主要研究方向包括：

1. 空天地一体化信息网络组网理论与关键技术

基于目前多种网络体制和未来的国家战略需求，研究大时空尺度下的网络结构模型、可扩展的异质异构组网关键技术、空间动态网络容量理论，实现空间节点高效组网，空天地多种网络的有效互联。研究的关键技术主要包括：① 动态重构空间信息网络体系结构设计，主要针对空间信息网络节点类型多样、能力差异大、技术体制不一、在轨硬件升级难度大等问题，开展基于任务驱动的动态重构空间信息网络体系设计和多任务规划研究；② 空间动态网络高效传输与接入方法，主要针对服务多样化与随需覆盖等问题，研究基于业务的空间通信高效传输与接入方法，根据业务分布与特性要求，研究灵活高效的随需接入方法，开展面向空间信息网络按需服务与自适应通信接入新方法的研究；③ 空天地一体化网络传输协议，主要针对一体化网络不同传输协议体系，对不同通信环境特殊性进行适配和支持的问题，研究不同协议体系的性能，开展各类适应天基网络特殊性的新协议体系，以及一体化网络协议互联新机制的研究与试验工作。

2. 空间协同数据链组网技术

针对协同数据链网络化需求,根据不同环境需求,研究层次化空间协同数据链网络模型、移动模型和业务模型,开展数据链传输及路由协议、空间协同数据链的组网技术研究,实现灵活、高效的数据链协同应用。关键技术主要包括:① 高速跳频/扩频技术与变换域预处理联合技术,开展新的信号处理方法的研究,增强数据链传输信号的抗检测/抗截获能力;② 协同分布式链路传输技术,开展空间数据链网络多点分布式协同传输技术的研究,提高协同数据链的抗干扰和高效实时传输的能力;③ 数据链组网技术,利用空间通信设施,研究数据链自组网协议、控制管理技术,实现数据链协同高效的应用。

电子研究所许荣庆教授在全国科技奖励大会上领奖

3. 星地一体化移动通信系统关键技术

结合陆地移动通信和互联网技术的发展,开展全球覆盖的星地一体化移动通信技术的研究,实现海洋船舶、高速列车和飞机等移动体的全球覆盖服务。面向交通领域的V2V(车辆间)或(M2M)、无人机应用、油气田、智慧农林业等物联网应用、自然灾害和人为灾害应急通信等领域,提供无缝高效实时的信息传输服务。主要关键技术包括：① 星地一体化网络体系结构；② 星地兼容空中接口与协议；③ 一体化的 Backhaul 网络标准及验证技术；④ 星地一体化网络频谱共享技术；⑤ 支持广域物联网的卫星星座设计及接入技术。

（三）移动互联网传输理论与应用

在目前的民用移动通信研究领域，移动互联网络是一个发展趋势，其中除了传统的移动业务外，由于物联网的业务增加，使得在未来网络中，节点多、业务密度低的节点会大量加入通信网，对传统的民用通信网理论和技术提出新的挑战。对此，该方向将移动互联网未来的发展列为研究内容，主要包括：

1. 移动传输与组网新体制研究

针对目前的通信资源紧张，研究机构和产业界不断提出新的传输技术模式，例如 SCMA、MUSA、PDMA 等在传统技术上提升用户数量的手段，同时也针对 OFDM 提出多种改进方法，例如 F-OFDM、GFDM、FBMC 等提升频谱效率，此外，新频段开拓和超密度组网技术、大规模 MIMO、全双工等技术也不断出现。对此，该方向拟针对传统信号处理，结合交叉学科技术，开展单载波与多载波的协同传输研究，并兼容现有技术框架，探索提升 F-OFDM 等技术的传输效率。主要关键技术包括：① 多种载波协同理论与技术的建模与实现技术；② 随机波束理论的容量提升技术。

2. 面向业务差异性的网络融合与数据处理技术

未来的移动网络业务将有巨大差异，既有高速大容量的业务源，也有低业务速率的大量传感器业务节点，同时未来的车联网还需要低速实时业务。这样的实际需求对于任何一种单一接入控制策略都不能满足要求，因此需要在网络中具有不同接入控制，并针对不同业务分部，配置不同的业务接入节点，多节点之间需要做到单独接入、中继接入或协同接入，对于异构网络的协同接入提出了实际需求。此外，用户行为模式直接影响业务流量，因此对用户数据的分析，直接可以揭示用户的行为特征，基于用户行为预测的网络资源调度，对提升网络资源效率有重要作用。研究的关键技术主要包括：① 多业务接入控制技术，研究优化不同业务类型、速率、实时性等业务的 QoS 保障技术；② 分布式协同中继传输，主要研究多节点协同的传统用户、物联网/车联网用户的实时/非实时业务的协同传输技术；③ 用户行为预测与业务数据挖掘技术，主要解决多种用户数据分析，提出基于用户行为预测的业务调度与分配技术与方法，在满足用户业务 QoS 的同时，降低网络开销。

（四）空间对地观测信息处理理论与应用

该方向以《国家中长期科学与技术发展规划纲要（2006—2020 年）》中"高分辨率对地观测系统重大专项"为背景，依托我国高分辨率对地观测卫星数据，面向国民经济和国防建设中高分辨遥感数据应用需求，立足学科在过去十余年所开展的理论及应用技术研究基础，开展面向应用的高分辨率光学图像、高光谱图像、红外图像、微波遥感图像以及电子观测数据的处理、信息提取及应用的理论与技术的研究，重点突破高分辨率条件下海量信息有效提取的技术瓶颈，弥补我国在高光谱图像、红外图像、微波遥感图像、电子观测数据有效利用方面的不足，充分发挥我国高分辨率对地观测数据的功效，推动高分辨率对地观测系统的有效利用。主要研究内容包括以下方面。

1. 高分辨率光学图像海量信息有效提取理论与应用技术

以星载超高分辨率光学遥感图像有效应用为目的，主要解决海量高分辨率星载数据信息提取效率低、精度不足等所导致的无法充分发挥传感器效能的问题。重点开展高分辨率目标全要素信息提取技术、高分辨率地貌与目标信息快速识别与提取技术、复杂场景中典型目标检测与识别、面向应用的高分辨率图像快速处理技术等方面的研究。

2. 高分辨率高光谱/红外目标特征信息提取与利用技术

以星载高分辨率高光谱图像/红外图像有效应用为目的，主要解决当前遥感领域对于高光谱/红外图像应用范围有限、目标独有特征提取与利用效率不高、不能有效发挥高光谱/红外图像优势的问题。重点开展典型地物与目标的高光谱与红外独有特征理论分析、弱小目标（小于分辨单元）高光谱/红外信息有效提取与应用技术、星载多分辨率光学/高光谱/红外高精度协同处理与应用等方面的研究。

3. 高分辨率微波遥感图像特性信息提取理论与应用技术

以星载高分辨率多极化 SAR 图像有效应用为目的，主要解决微波遥感图像目标特征难以理解所导致的当前国民经济及国防建设领域相关应用单位对多极化 SAR 图像解译能力低，无法充分发挥图像特点以致限制图像有效应用的问题。重点开展高分辨率典型地物与目标多极化 SAR 图像特征分析与表达、SAR/ 极化 SAR 目标特征与人类认知解译、弱小目标（小于分辨单元）极化信息有效提取与应用技术、复杂场景多极化 SAR 图像快速解译与目标检测等方面的研究。

4. 高分辨率电子观测信息提取与应用技术

以星载高分辨率电磁观测数据有效应用为目的，从简单背景条件出发，以复杂背景条件作为最终应用，重点研究微弱信号特征提取与检测技术、复杂信号检测与识别技术、电磁辐射高精度快速定位技术、多维弱信号协同处理技术等方面的研究。

5. 高分辨率对地观测数据高效协同应用技术

发挥当前不同星载对地观测系统各自优势，同时结合国内现有的机载平台，结合国民经济与国防建设中具体应用需求，开展覆盖光学、高光谱、红外、微波、激光以及电子测量等设备的多源高分辨率对地观测数据协同应用理论与技术、面向工程的高效协同处理与应用技术、面向需求的高分辨率对地观测数据协同应用系统等方面的研究。

（五）微波智能材料与微波成像理论及技术

近年来，微波智能材料研究领域发展迅速，继而为射频工程实践带来一系列前所未有的技术变革。智能超材料是指超材料的电磁特性可以在外部控制源（电、磁、光、热）的影响下实时按需变化，从而能够成倍扩展超材料及相应射频系统的有效带宽、节省电路面积、降低系统功耗，以及实现射频系统功能的分时复用，对于国防、通信、医疗等领域的国家重大发展需求具有重要意义。微波成像技术涉及电磁学、光学、半导体物理学、材料科学以及微加工技术等多个学科，在物理学、信息科学、生物学、医学等诸多领域有重要的应用前景。该方向的主要研究内容包括以下方面。

1. 智能超材料表征、设计与新概念射频技术

主要包括：① 智能超材料的表征方法研究。超材料的智能化势必带来非线性、色散性和各向异性等一系列问题，这使得传统的超材料表征方法要么不再适用，要么需要改进和优化。② 智能超材料的数值仿真方法研究。智能超材料的非线性使数值仿真的难度增大，准确率降低，很多时候根本无法用商业化的数值仿真工具进行电磁特性分析。针对上述问题，学院将结合学科在电磁场数值计算方面的研究基础，开发智能超材料的专业仿真工具，为智能超材料研究奠定基础。③ 智能超材料的设计、加工方法研究。智能化的核心在于如何将可调控元素融入超材料的"胞元"中，其中涉及非常复杂的射频设计问题、微纳加工问题。难点则在于不但要让材料智能化，还要具有足够优异的性能（带宽、损耗、反应速度等），复杂的电磁散射、非线性等问题在射频高频端将变得尤为突出。④ 基于智能超材料的新概念射频技术应用研究。智能超材料势必在雷达与无线通信技术领域引起新一轮的技术变革。"十三五"期间将重点在无 TR 组件的低成本相控阵系统、基于射频电控技术的智能天线系统、基于随机射频扫描的纯硬件图像压缩技术，以及基于超材料的高速信号完整性保障四个方面开展研究工作。

2. 微波超宽带噪声雷达技术

较之传统雷达，利用随机噪声信号探测目标的噪声雷达具有极低的被拦截率，并兼具优越的抗电磁干扰能力、突出的电磁兼容特性和更高的距离分辨率。该研究方向旨在探讨噪声雷达技术在监测、测高以及综合孔径成像等方面的新应用，并着力研究噪声雷达关键技术，如微波噪声源的研制、为实现最优接收目的的相干接收算法的研究、波束综合天线技术的研究、距离模糊和距离旁瓣的压缩技术等。

3. 微波等离子体技术

等离子体炬在航天和各工业生产领域有着极其广泛的应用。该研究旨在研制一种节能、低成本、小型化的新型等离子体炬。通过波导谐振腔、同轴转换器和匹配节的优化和调节，该系统的工作频率从 GHz 覆盖到 THz 频段，输出功率从

几瓦到数百千瓦。该系统对于等离子体辅助燃烧、金属热处理行业、土壤及其他材料处理等领域有着重要的应用和经济价值。

4. 微波超宽带高分辨率成像技术

结合低温超导技术，该研究方向旨在利用低温工作环境降低噪声系数，设计和研制 8 mm 和 3 mm 频段的超低噪声接收机。探索基于低噪声接收机／辐射计的高分辨率被动毫米波成像系统的实现方案，理论分析系统的有效探测距离和空间分辨率等性能指标。该成像系统有望成为一种新体制雷达，在完成侦察、预警等任务的同时不易被发现。

五、学科发展

（一）学科整体情况

教育部从 2012 年的第三轮学科评估开始，只针对各个一级学科开展评估工作。根据第三轮全国一级学科评估结果和数据，全国参加这次评估的信息与通信工程学科为 74 所高校。其中 18 个国家重点学科高校全部参评，这些高校为北京大学、清华大学、北京交通大学、北京航空航天大学、北京理工大学、北京邮电大学、天津大学、哈尔滨工业大学、上海交通大学、东南大学、浙江大学、中国科学技术大学、华南理工大学、电子科技大学、西安电子科技大学等。2012 年哈工大该学科排名为并列第 10 位。

学科发展和建设是一个比较复杂的过程，在诸多影响因素中，外部环境和内部机制的不断完善和建立是一个关键。2010 年，该学科确定的长远发展目标是：保持航天和国防特色，开拓民用领域，加强基础研究和学科交叉，加强学术团队建设，改善教学环境，提高人才培养质量，扩大国际合作交流，使该学科整体实力达到国内前列、国际知名。

明确建设目标，凝练学术方向，保持学科特色。把握国防航天和国民经济建设需求，培育学科新增长点，承担更多基础性、原创性、高技术含量的科研项目，并关注科研成果转化。

加强学术队伍建设，提高团队学术水平，引进高层次人才，培养中青年学科带头人。通过管理体制和人事分配制度的改革，实现按需设岗、竞争上岗，使教学科研队伍的结构更加合理，以满足未来学科发展的需要。

测控工程系部分教师合影

加强国际合作,引进外部资源。通过国际合作项目引进先进的思维方式、管理体制和人才培养模式,从而在学科建设的科研方向、队伍建设、基地建设和人才培养等方面实现快速发展。

2016 年,教育部学位与研究生教育发展中心按照"人才为先、质量为要、中国特色、国际影响"的价值导向和"自愿申请、免费参评"的基本原则,以非行政性的第三方方式启动了全国第四轮学科评估。指标体系包括"师资队伍与资源""人才培养质量""科学研究水平"和"社会服务与学科声誉"四个一级指标及其下设二级指标和部分重要的数据项。

在第四轮学科评估中,"信息与通信工程"一级学科,共有 138 家单位自愿申请参评,其中高校 137 所,科研院所 1 所。具有"博士一级授权"的高校参评率为 96.8%。从学科整体水平层面看,哈工大在参评的 137 所高校中,学科整体水平位列 A- 档。高于哈工大该学科的有 6 所高校的相应学科,分别是北京邮电大学、电子科技大学、清华大学、上海交通大学、西安电子科技大学、国防科技大学。从学科发展态势看,该学科整体水平较第三轮有所进步。

(二)学科发展

学院在"十二五"期间,在校本部共有教职工 144 人,其中专职教师 120 人,教学科研辅助人员10人，管理人员14人。在120名专职教师中有教授44人（占36.7%），副教授52人（占43.3%），讲师24人（占20.0%）；博士生导师41人，硕士生导师98人；具有博士学位的教师99人（82.5%）；具有一年以上海外经历的教师61人（占50.8%）。35岁以下教师39人（占30.5%），36~45岁教师43人（占33.6%），46岁以上教师46人（占35.9%）。

在科学研究方面，"十二五"期间该学科的主要科研方向是新体制雷达、武器系统抗干扰专用数据链、专用集群通信系统、空间通信与卫星通信技术、空间信息对抗技术、空间遥感及图像处理理论等。2012—2015年期间共承担各类科研项目260余项，累计科研经费3.5亿元。基础研究项目经费3850万元，国防应用及装备研究项目2.6亿元，民用科研项目5100多万元，承担国家自然科学基金项目67项。发表学术论文620余篇，其中SCI检索论文156篇，EI检索论文390篇。受理发明专利200余项，已授权发明专利86项。电子工程技术研究所完成的"岸基高频地波高频雷达系统"项目获得2015年国家科技进步奖一等奖，通信技术研究所完成的"专用图像指令传输系统"项目获得2012年国家科技进步奖二等奖。另外，学科还获得了省部级科技进步奖特等奖1项、一等奖3项、二等奖5项。同时，在海洋信息获取技术、天地一体化信息网络、高效通信传输技术、微波传输理论及应用、微波成像技术等领域开辟了新的研究方向，形成了新的科研增长点。

在国际化建设方面，学科出国访学进修教师达到年均20多人次。博士生参加国际学术会议和短期交流年均10余人次。在2012—2015年期间，该学科已培养本科留学生8人，硕士学位留学生9人，博士学位留学生9人。该学科参加CSC联合培养学生总数57人。目前在校本科留学生13人，硕士留学生21人，博士留学生11人。本学科教师积极参加国际学术组织活动，IEEE电磁兼容/微波理论与技术/天线传播哈尔滨联合分会和IEEE通信学会哈尔滨分会，这两个分会是IEEE在中国建立的67个学术组织中的两个。另外。在基地建设方面，"十二五"期间该学科建设了"专用通信系统教育部工程研究中心""宽带无线通信与网络黑龙江省重点实验室""警用无线数字通信公安部重点实验室"等3个省部级重点实验室。配合学校参与了"宇航科学与技术"2011协同创新中心的工作，参加了东南大学牵头的"无线通信技术"2011协同创新中心团队及西安电子科技大学牵头的"信息感知技术"2011协同创新中心团队，均获得批准。承担的工信部"十二五"国防特色学科专业建设项目已经完成。

（三）学科建设目标

在"十三五"期间，学科以学校深化改革方案、学校学科建设总体思路为依据，基于国内外同类学科对比分析，结合学科具体情况，明确学科规划的指导思想：继续坚持立足航天、服务国防的信息获取、传输及应用领域的学科方向，积极拓展与未来科学前沿及国家需求密切结合的新兴、交叉学科方向；大力加强和改进人才培养模式，全面落实人才培养根本任务，不断提高人才培养质量；深化改革，促进师资队伍建设，重点培养和引进中青年骨干教师；注重基础科研能力和成果转化能力的提高，保证科研工作可持续发展；促进国际化建设，加强教学科研基地建设，不断改善学科发展环境；突出特色，创建品牌，全面提升，进一步提高国内高水平学科地位。

学科通过全面综合改革，积极探索适合学科现状和特点的发展途径与工作思路，在师资队伍建设、人才培养、科学研究、国际化建设、学科公共平台等方面有了持续的发展。

2018年微波工程系宗华副教授获得第四届全国高校青年教师教学竞赛三等奖

1. 师资队伍发展

教师作为学校教学、科研活动的主体力量，其师资水平的高低是决定办学水平高低的重要因素之一，师资队伍是提升学科水平的关键和保证，在"十三五"期间，继续贯彻师资队伍建设是学科基础性、战略性工作的方针，树立人才资源是学科发展的第一资源，培养造就高素质教师是立教之本、兴教之源的思想。根据学校师资队伍建设和发展的总体规划，坚持以学科建设带动师资队伍建设，以师资队伍建设促进学科发展的工作思路，重点开展了以下几方面工作。

（1）配合学校新一轮人事制度改革，进一步统一思想，强化目标，制定规章，集中可用资源，重点向青年教师和科研团队倾斜。以培养领军人才和高水平团队为基本目标，实现平台、方向、人才、团队、成果的良性互动、协调发展。

（2）根据学校《关于深化人事制度改革加强师资队伍建设的指导意见》等系列文件精神的要求，学院明确了人事制度综合改革的思路和框架，制订了学院人事制度改革的初步方案。2017年，学院在完成首次长聘岗聘任工作的基础上，结合"双一流""十三五"规划方案制订，持续推进人事制度改革方案制订工作，确保人事制度改革和师资队伍建设各项举措落到实处。学院首次建立了涵盖长聘、准聘、普通岗教师在内的绩效考核指标体系和考核办法，并制定了相应的实施细则，包括：《电信学院教师岗位长聘制度实施细则》《电信学院教师岗位准聘制度实施细则》《电信学院教师岗位分类管理实施细则》《电信学院教师岗位绩效考核和分配办法》。逐步实现教师"各就其位、各尽其责"的岗位分类架构，逐步建立"能上能下、能进能出"的流转机制，逐步健全教师"多劳多得、优劳优酬"的分配机制。

（3）积极引进和培养适合学科长远发展的高水平后备人才，适度发展学科师资队伍规模。重点引进和培养高水平青年拔尖人才，招聘重大科研项目急需专业人才。继续开展海外人才的招聘，根据学科规划制订年度教师招聘计划，通过加强学院和海外学术组织的联系和对接，参加了学校组织的海外人才招聘会，承办了四届哈工大国际青年学者神舟论坛—信息与通信分论坛。

（4）积极引进和培养高水平学科领军人才，积极引进"千人计划"学者；力争引进和培养长江学者特聘教授和国家杰出青年学者；积极培育若干个国内领先、国际知名的科技创新团队和教学团队；形成一支业务精湛、结构合理、相对稳定、开拓创新、富有活力、与国内人才形势和学科发展及社会需要相适应的、可持续发展的高水平师资队伍。

2. 科研方向

科学研究是高水平大学的重要任务之一，也是高层次人才培养和师资队伍建设的重要保障。根据国际科学技术和我国科技经济的发展需求，学科在"十三五"期间本着保持优势、开拓创新和目标引领的基本思路，结合我国未来一段时间"一带一路"倡议，以及中国制造2025、"互联网+"和国防信息化的科技发展趋势，在"海洋信息获取系统理论及技术""空间信息网络传输理论与技术""移动互联网传理论与应用""空间对地观测信息处理理论与应用""微波智能材料与微波成像理论及技术"等五个重点方向发展。参加了学校国防特色学科建设的申请工作，获批工信部主干特色学科建设的支持，特色学科的平台建设规划已开展进行，为该学科特色方向的发展提供了有力支持。

（四）国际化建设

国际化建设是提升学科国际影响力的重要工作，该学科的科研特色给国际化建设工作带来了一定的困难。"十三五"期间，进一步扭转和改变国际化建设的不利局面，突出有限指标，提升学科国际化建设水平。① 加大引进海外人才，积极鼓励教师出国进修。② 积极招收和培养国际留学生，继续鼓励学生出国留学、联合培养及短期交流。③ 积极争取主办或承办国际学术会议，继续鼓励教师参加高水平国际学术会议，鼓励教师参与国际学术组织建设和活动，鼓励教师发表高水平学术论文。④ 采用多种形式，邀请或聘请外国著名专家学者来校讲学、学术交流和合作研究；围绕高水平人才培养的需求，学院将继续聘请名誉教授和客座教授，通过聘请国际知名学者、暑期外教课程、共建高水平英文课程、暑期学校、引智项目、国际科研合作项目等持续不断的建设，增强了学院与国际知名大学和研究机构之间的实质性合作。依托该学科成立了 IEEE ComSoc Harbin Chapter、IEEE VTS Harbin Chapter、IEEE GRS Harbin Chapter IEEE GRS Student Branch Chapter IEEE WIE Harbin Chapter 学术组织。

2015年电信学院特聘教授亚历山大院士与外国专家合影

（五）学科公共平台建设

在科研公共平台建设方面，"十三五"期间，除了积极完成好哈工大的"宇航科学与技术"2011协同创新中心、东南大学的"无线通信技术"2011协同创新中心及西安电子科技大学牵头的"信息感知技术"2011协同创新中心的相应工作之外，该学科还积极争取创建若干个国家级和省部级科研基地和平台。争取建立国防重点实验室、"一带一路"科技部重点实验室。增加建立了对海监测与信息处理工业和信息化部重点实验室、黑龙江省天空地一体化智能遥感技术重点实验室和中智ICT联合实验室。

在教学公共平台建设方面，该学科在现有信息与通信工程黑龙江省实验教学示范中心的基础上，结合电子线路、信号处理、电波传播基础课程群和通信工程、电子信息工程等五个专业课程群，整合实验室资源，进一步建设信息与通信工程一体化教学平台，同时在学院学生创新创业实践中心和学生校外实践基地建设方面加大了力度。

通过进一步凝练和拓展学科方向，保持新体制雷达、空间通信、专用数据链、信息对抗及空间遥感等方向的国内领先、国际先进地位；同时，努力开拓海洋监测、无人机测控、卫星移动通信与空间物联网、智能电磁材料、生物电子技术等新兴与交叉学科方向，发展学科新的增长点。

通过实施多层次的人才引进和培养，在整体上提高本学科师资队伍的水平和素质。教师博士化率达到了90%以上；海外引进讲席教授3人；新增国家基金委优青2人、科技部中青年科技创新领军人才1人、省杰青1人、龙江学者"青年学者"2人。

全面提高人才培养质量，加强本科生教学投入，提高研究生论文质量。"十三五"期间，突破性获得黑龙江省教学成果奖一等奖1项，校级教学成果奖一等奖4项。

通过承担若干项国家重大项目，取得了高水平标志性研究成果，提高了学科水平和知名度。"十三五"期间，刘永坦院士获得2018年度国家最高科学技术奖、2015年国家科技进步奖1项，获得多项省部级科技奖励。

广泛开展国际合作，促进教师及学生的国际交流。主办或承办国际学术会议3次；邀请国外知名专家教授来校讲学及交流30余人次，承担自然基金委国际合作重点研究项目2项，获批高等学校学科创新引智计划"111引智计划"项目1项。

六十多年来，哈工大无线电工程系的成立，既是顺应全球范围电子信息科学发展的潮流，也是服务国家发展与安全的重大应用需求。无线电工程系从无到有，从系到学院，经历了"初创基业""艰难前行""快速发展"和"拼搏奋进"几个阶段。学院坚持"面向国家重大需求、彰显航天国防特色、军民融合发展"，在人才培养、科学研究、学科建设等方面取得了突出的成绩，正迈入努力建设世界一流学科的新阶段。回首六十多年走过的不平凡历程，要衷心地感谢第一代电信人的艰辛创业与奠基之功；要感谢所有在这里工作学习过的教职员工的不懈努力；感谢广大校友的偕行佐助；更要感谢来自工信部、航天科技与科工集团、中国电子科技集团等国家部门、行业企业和地方部门的关怀与指导；感谢哈工大历届校领导和各部门的关心与支持；感谢兄弟院系和国内外各类学术组织的真诚帮助！

在建校百年的新起点，学院正处在中国电子信息领域逐渐与世界先进水平接近、赶超的新时代，要正视所面临的优化结构、提升质量、内涵发展的学科发展新阶段，继续秉承电信人重责任、讲担当、严谨认真、务实创新的优良传统，以奋发向上的精神面貌和谦虚谨慎的科学态度迎接新时代带来的新挑战。

第九章 时光印记——百年校庆征文选

*国家最高科学技术奖
刘永坦院士：为祖国筑起"海防长城"

吉 星

"我只是一名普通的教师和科技工作者，在党和国家的支持下，做成了点儿事。这事离开团队的力量也是绝对无法做到的。荣获国家最高科学技术奖是一种无上的光荣，这份殊荣不仅仅属于我个人，更属于我们的团队，属于这个伟大时代所有爱国奉献的知识分子。"

这是 2018 年度国家最高科学技术奖获得者刘永坦院士谈及自己的贡献时所说的一段话。很难想象，这位老人朴实谦虚的话语背后，却是一段波澜壮阔的新体制雷达发展史。鲜为人知的是，40 年来他心无旁骛，一直致力于新体制雷达事业的发展，为我国筑起"海防长城"做出了卓越的贡献。

刘永坦，中国科学院院士，中国工程院院士，哈尔滨工业大学教授，著名雷达与信号处理技术专家，对海探测新体制雷达理论与技术奠基人和引领者，1991 年和 2015 年两次获得国家科技进步奖一等奖。40 年来，他领导和培育的创新团队，率先在国内开展了新体制雷达研究，技术成果"领跑"世界，成功实现工程应用，在保卫祖国海疆中发挥着不可替代的强大作用。也正因为如此，他才能当之无愧地被国人尊为"挺起中国脊梁的国宝级人物"。

一、战火纷飞山河碎　碧血丹心图自强

1936 年 12 月 1 日，刘永坦出生在南京一个温馨的书香门第，父亲是工程师，

---

* 原载于哈尔滨工业大学微信公众号 2019 年 1 月 9 日，原文有删改。

母亲是教师，舅舅是大学教授。然而，生活在内忧外患的乱世，无论什么样的家庭，都无法摆脱那挥之不去的阴霾和苦难。国家蒙难，民何以安？出生不到一年，他就随家人开始了逃难生涯。从南京到武汉，从武汉到宜昌，从宜昌到宜昌乡下，从宜昌乡下再到重庆，后来又从重庆回到南京，饱受10多年流离之苦的刘永坦自懂事起就对国难深有体会。"永坦"不仅是家人对他人生平安顺遂最好的祝愿，也是对国家命运最深的企盼。正因为如此，自强、强国的梦想从小就在他的心里深深扎下了根。

"'死去元知万事空，但悲不见九州同。王师北定中原日，家祭无忘告乃翁''三十功名尘与土，八千里路云和月。莫等闲、白了少年头，空悲切'……我永远不会忘记在昏暗的菜油灯下做完作业后，聆听母亲用慈祥动人的声音诵读诗词和讲解家国大义时的激情。"刘永坦很早就在母亲的"监督"下读史书、诵诗文、勤思考，培养出了很强的求知欲和爱国心。父亲常常告诉刘永坦，科学可以救国，可以振兴中华。13岁那年，中华人民共和国的成立更让他坚定了刻苦学习、科技兴国的信念。

1953年，刘永坦怀着投身祖国工业化的决心，以优异的成绩考入哈工大。早在中学念书时，他就在学业上初露锋芒，尤其是在数学方面展示出超人的天赋。在哈工大，他更是如鱼得水，尽情地在知识的海洋里遨游。对于学校开设的工科数学和物理，他觉得"不解渴"，又自学了理科数学和物理的有关部分。在这个过程中，他也培养了自己顽强的意志力、坚韧的性格。

经过一年预科、两年本科的学习，成绩优异的他作为预备师资之一，被学校派往清华大学进修无线电技术。短暂的两年时光，他毫不懈怠，扎扎实实地完成了学习任务。1958年，刘永坦回到哈工大参与组建无线电工程系。这年夏天，他走上了大学讲台，正式成为哈工大的青年教师和科技工作者，成为向科学进军的中坚力量之一。

1965年春，刘永坦参加了科技攻关第一战，承担了国家"单脉冲延迟接收机"研制任务，主持并提出了总体设计方案。遗憾的是，他还没有来得及完成人生第一项研制任务就插队落户到黑龙江省五常县，这里以出产优质大米而闻名全国。暂别雷达尖端技术的研发来到农村种大米，深谙历史进程的刘永坦非但没有心灰意冷，反而愈挫愈奋，历苦弥坚。因为他知道，社会在发展的过程中难免出现波折，处于逆境之中的个人必须经得起考验。

"爱国就要真正了解我们的国家，千千万万的农民不都是这么辛勤劳苦吗？我有什么好抱怨的？"积肥、插秧、除草……这些一样都不会也没关系，学就是了！繁重的水田劳作没有使刘永坦消沉下去，反而激励他做起了"合格的农民"，但也因此落下了伴随一生的腰病。

1973年重回学校后，刘永坦所在的专业正在从事声表面波的器件研究。由于研究需要大量数字计算，他成为系里第一个学会使用计算机的人。

1978年，刘永坦被破格晋升为无线电系副教授。同年8月的一天，刘永坦正在修抗洪江堤，一纸去北京语言学院参加出国人员外语培训班选拔考试的通知，让没有任何准备的他奔赴北京，走进阔别已久的考场。凭借扎实的"内功"，他以优异的成绩考上了出国人员外语培训班的快班，成为改革开放后第一批出国的人员之一。

1979年6月，刘永坦到英国埃塞克斯大学和伯明翰大学进修、工作。伯明翰大学电子工程系拥有丰富的文献资料和先进的实验设备，聚集着一大批雷达技术的知名专家和学者——刘永坦的合作教授谢尔曼就是其中之一。刘永坦来进修之前，这里曾接收过少量的中国留学生。不过，他们大多做的是科研辅助工作。

了解情况之后，刘永坦心里不是滋味儿。因此，他更是严格要求自己，铆足劲儿去学。刘永坦常常提醒自己："我是一名中国人，我的成功与否代表着中国新一代知识分子的形象。"

二、异域未敢忘报国　壮士归来获突破

来英国之初，谢尔曼给了刘永坦大量的英文文献去学习。凭借过硬的英文功底、深厚的专业知识，刘永坦很快完成了"作业"。他的勤奋、刻苦和才华赢得了谢尔曼的信赖和赏识。谢尔曼开始让他帮带博士生，并让他参与重大科研项目"民用海态遥感信号处理机"的全部研制工作。这一技术对刘永坦来说是一个全新的领域，他深知此项课题的艰巨性。

设计—试验—失败—总结—再试验……无数个日日夜夜在刘永坦的钻研中

悄无声息地溜走。终于，一年多以后，他顺利完成了具有国际先进水平的信号处理机研制工作。谢尔曼评价说："刘永坦独自完成的工程系统，是一个最有实用价值、工程上很完善的设备，其科研成果无论在理论上还是实践上都很重要。他的贡献是具有独创性的。"进修期间，伯明翰大学授予刘永坦"名誉研究员"的称号。

通过这次难得的科研任务，刘永坦对雷达有了全新的认识。传统的雷达虽然有"千里眼"之称，但也有"看"不到的地方。世界上不少国家因此致力于研制新体制雷达，从而使"千里眼"练就"火眼金睛"的本领。

"中国必须要发展这样的雷达！这就是我要做的！"刘永坦说，"我学有所成，当然要回国。在英国，无论我工作多么努力，取得了多大的成绩，终归是在给别人干活。回到祖国，我可以堂堂正正地署上'中华人民共和国'，这种心情是何等舒畅！"

1981年的金秋，进修结束后的刘永坦立刻起程回国。此刻，他的心中已萌生出一个宏愿——开创中国的新体制雷达之路。

新体制雷达被俄罗斯人称为"21世纪的雷达"。当今世界的千余种雷达中，新体制雷达不仅仅代表着现代雷达的一个发展趋势，而且在航天、航海、渔业、沿海石油开发、海洋气候预报、海岸经济区发展等领域也都有重要作用。20世纪70年代中期，中国曾经对这种新体制雷达进行过突击性的会战攻关，但由于难度太大、国外实行技术封锁等诸多因素，最终未获成果。

除了基本理论和思路外，刘永坦根本找不到多少资料，更没有相关的技术可供借鉴。对此，当时有人说，大的研究院所尚且不具备这样的条件和能力，更别说一所大学了；还有人说，这样的研究风险太大、周期太长，很可能把时间和精力都搭进去了却一事无成……但是刘永坦不改初衷。

1982年初春，刘永坦专程赶赴北京，向当时的航天工业部预研部门领导汇报，翔实地介绍了当时发达国家新体制雷达发展的动态，并畅谈了自己的大胆设想。预研部门的领导听得十分认真，当场拍板支持刘永坦的设想，希望他迅速组织科技攻关力量，早日把新体制雷达研制出来。得到支持后，刘永坦立即进行了细致的策划和准备。他根据当时世界上雷达的最新技术信息，运用自己在国外取得的科研新成果，采用了独特的信号与数字处理技术，提出研制中国新体制雷达的方案。也是在这一年，刘永坦光荣地加入了中国共产党。

经过10个月的连续奋战后，一份20多万字的《新体制雷达的总体方案论证报告》诞生了。1983年夏，航天工业部科技委员会召开方案评审会，对这份新体制雷达方案报告做详细评审。专题会开了整整4天，最后与会专家们一致表决通过该报告。有两位与会的知名老专家深有感触地说："我们已经多年没有看到过如此详细的论证报告了！"

这是一场填补国内空白、从零起步的具有开拓性的攻坚战。接下来的战斗更加艰苦卓绝，经过800多个日日夜夜的努力、数千次实验、数万个测试数据的获取，刘永坦主持的航天工业部预研项目"新体制雷达关键技术及方案论证"获得丰硕成果，系统地突破了传播激励、海杂波背景目标检测、远距离探测信号及系统模型设计等基础理论，创建了完备的新体制理论体系。这些关键技术的突破为中国新体制雷达研制成功打下了良好基础。

1986年7月，航天工业部在哈工大举行了新体制雷达关键技术成果鉴定会。50多位专家认真审查、讨论和评议，一致认为："哈尔滨工业大学用两年多的时间在技术攻关中取得了重大进展，已经掌握了新体制雷达的主要关键技术，某些单项技术已经进入国际国内先进行列。由于主要关键技术已经突破，证明原定方案是可行的，已经具备了进一步完善雷达系统设计并建立实验站的条件。"从此，新体制雷达从预研项目被列为国家科技应用与基础研究项目。

三、自古英豪成大器　功夫皆是苦中来

"没有理论指导的实践是盲目的实践，没有被实践证实并得以丰富发展的理论是空洞的理论。只有这两者紧密结合、相辅相成，才是我们完成具有创新科研工作的指导方针。"刘永坦和他的团队已经完成了预研使命，完全可以结题报奖了。但是，他认为仅仅"纸上谈兵"是不够的，国家真正需要的是进一步建立有实际意义的雷达实验站。1986年，刘永坦开始主持"新体制雷达研究"，再一次出发，为研制成完整的雷达系统而奋力拼搏。

从1987年开始，刘永坦和他的团队还承担了国家"863"计划项目新体制

雷达研制工作。他们与航天工业总公司的有关研究所联合成功研制了中国第一台逆合成孔径实验雷达，为中国雷达技术的进一步发展奠定了坚实的基础。

进行雷达研制，研究人员大部分时间都要在现场做试验。外场试验期间，刘永坦他们常常在条件恶劣的试验现场一干就是几个月，临到春节前一两天才能回家与亲人团聚，短短几天之后又得返回试验现场。

刘永坦曾反复对团队成员们说："跟理论相比，实际情况会有很多意想不到的事情掺入其中，需要仔细分析各种各样的原因，一件件解决。这也是好事，因为不碰到实际问题永远也提高不了，你有的都是书本上的很漂亮的理论，但往往套到实际中去就发现不是那么回事了，只有在实际中解决问题，才能体现出理论的完美。"

调试初期，系统频频死机。问题究竟出在哪里？几十万行的大型控制程序，再加上发射、接收、信号处理、显示等设备组成的庞大系统，任何一个微小的故障都可能导致整个系统无法运行。要从这么大的系统中找出问题的症结，工作量无疑是巨大的。可试验中的运行状况是决定项目能不能顺利转入下一阶段研制的关键。刘永坦率领他的团队，每天工作十几个小时，对系统的每一个程序进行检查，发现一个问题就解决一个问题，保证了系统的稳定运行。

作为主帅，刘永坦承担着比别人更加繁重的工作。虽说有了当年在农村的磨砺，他并不认为工作有多辛苦。可即便如此，他们在外场做试验的劳动强度也远非常人可比——每天工作十几个小时，常常由于赶不上吃饭而用面包充饥，困了就倒在实验室的板凳上凑合一觉……超负荷的脑力和体力付出，铁打的汉子也会被击倒，疼痛难忍的腰椎间盘突出曾让他几个月不能行走。有一次，在攻克某个关键技术时，他终于因为长期劳累而倒在了现场。上不了"前线"，就"运筹"于病床之上，刘永坦硬是躺在床上，坚持和大家一起"奋战"，终于打败了挡在必经之路上的"拦路虎"。

对于刘永坦来说，腰椎间盘突出复发已经是"惯犯"了。有一年春天，哈尔滨寒流未消，他旧病复发，腰像是断了一样疼，但仍坚守教学岗位，照常默默地忍住剧痛为学生讲课，旁听青年教师试讲课……直到有一次从课堂上下来，一位研究生发现他脸色苍白，知道老师病痛又突发了，才不顾老师反对，冒雨把老师送回了家。在家养病的日子里，刘永坦又多次请教研室的同事把自己的研究生邀请到家里来，一起讨论论文的修改，并给予精心指点。他必须打败病痛，争分夺秒，因为还有新体制雷达的工作等着他去完成。

新体制雷达不同于以往的微波雷达，就连当时航天工业部的专家们在论证时也低估了其工程化的难度。批复的经费在采购完必要的仪器设备之后，可支配的资金已经所剩无几。有道是"巧妇难为无米之炊"，面对这种境况，有些人灰心了。关键时刻，刘永坦不但没有退缩，反而奋勇直前。经过反复讨论，他们决定自筹资金并争取到国家有关部门的大力支持。

"有志者，事竟成，破釜沉舟，百二秦关终属楚。苦心人，天不负，卧薪尝胆，三千越甲可吞吴。"随后的日子，这群优秀的科技工作者顶风冒雪，日晒雨淋，终于在1989年建成了中国第一个新体制雷达站，成功研制出我国第一部对海新体制实验雷达。

1990年4月3日，对于团队所有人来说，都是一个难忘的日子。这一天，刘永坦他们首次完成了我国对海面舰船目标的远距离探测实验，标志着新体制雷达技术实现了我国对海探测技术的重大突破。当目标出现在屏幕上时，团队成员们都流泪了，为的是成功后的狂喜，为的是8年来不为外人知晓的艰辛。8年之中，刘永坦的团队也从当初的6人攻关课题组发展成了几十人的研究所。

1990年10月，国家多个部门联合举行的鉴定会宣布："新体制雷达研究成果居国际领先水平。"1991年，该项目荣获国家科技进步奖一等奖。

四、黄沙百战穿金甲　不破楼兰终不还

"一定要把实验室里的成果变成真正的应用。"研究成果虽然获得了国家科技进步奖一等奖，但刘永坦觉得还远远不够。他认为这些成果倘若不能变成真正的应用，那无疑就像是一把没有开刃的宝剑，好看却不中用，这对国家来说是一种巨大的浪费和损失。

一切为了国家的需要，面对人生的又一次重要抉择，刘永坦又一次做出了继续勇往直前的决定。这一次，他知道不止需要8年。随后发生的事情，让刘永坦"意外"地深深感动了一回。在得知他的决定之后，团队成员竟然全部义无反顾

地做出了全力支持的决定。

由于在雷达、制导技术方面的创造性科学成就和突出贡献，刘永坦于1990年被人事部批准为有突出贡献的中青年专家，1991年当选为中国科学院学部委员（1993年改称院士），1994年又当选为中国工程院首届院士。对此，刘永坦说过这样一句话："我这个'双院士'称号，是整个研究所集体智慧的结晶。"的确，科学技术发展到今天，科研活动不太可能再允许一个人去单打独斗。新体制雷达研制队伍就是一个相互协作的团队。

任何一支团队都有着自己的"精神"。这精神是什么？是一种性格，也是一种情怀。刘永坦所秉承的性格和情怀是敢于迎难而上、挑战自我的气魄，是困境之中勇往直前、毫不退缩的决心，是难题面前义无反顾、敢于亮剑的斗志。他的性格和情怀早已润物细无声般深深植根于团队每一个成员的心中。

"新体制雷达项目得到了国家高度重视。它对国家、学校和专业都意义重大，我们压力很大，但必须做好。"1997年，新体制雷达被批准正式立项，哈工大作为总体单位承担研制工作，这在国内高校中尚属首次。大家深知，面前是一条只能进不能退的路。

"能为国家的强大做贡献是我们最大的动力和使命。国家把这么重要的项目交给我们做，这是我们最大的荣耀。"刘永坦说，"钱对一个知识分子来说有什么意义？情怀和理想才是最重要的，所以我们团队成员尽管清贫，尽管每次去外场常常要干两三个月后才能回来休整几天，却依然干得有劲、觉得光荣。"

为了解决国家海防远程探测的迫切需求，必须研制具有稳定、远距离探测能力的雷达，然而，从原理到工程实现涉及电磁环境复杂、多种强杂波干扰等国际性技术难题。面对世界各国均难以突破的技术瓶颈，刘永坦带领团队，历经上千次实验和多次重大改进，对长期以来困扰雷达的诸多威胁提供了有效的对抗技术措施，终于在21世纪初形成了一整套创新技术和方法，攻克了制约新体制雷达性能发挥的系列国际性难题。

回忆起从实验场地转战到实际应用场地的岁月，团队成员都唏嘘不已：很多理论、技术上的难点和空白仍然需要去解决、去填补，再加上地域环境的差异，实际工作中又产生了许多新的问题和困难。的确，这太不容易了。因为这类项目一般都是由专业院所来完成，绝非一所高校的团队能承担的。

宝剑锋从磨砺出，梅花香自苦寒来。按照国家有关部门提出的继续提高雷达性能的要求，又是10余年的艰辛努力和刻苦攻关，刘永坦和他的团队又一次圆满完成了任务，2011年成功研制出我国具有全天时、全天候、远距离探测能力的新体制雷达——与国际最先进同类雷达相比，系统规模更小、作用距离更远、精度更高、造价更低，总体性能达到国际先进水平，核心技术处于国际领先地位，标志着我国对海远距离探测技术的一项重大突破。2015年，团队再次获得国家科技进步奖一等奖。

五、三尺讲台哺新秀　学为人师育群星

"一年之计，莫如树谷；十年之计，莫如树木；终身之计，莫如树人。"刘永坦既是成就卓著的雷达技术帅才，同时又是善于教书育人的优秀教师。无论获得什么荣誉和头衔，他最看重的还是"教师"这一身份。作为人民教师，他觉得培养创新人才责无旁贷。

在60年的教育生涯中，虽然科研任务繁重又兼多项社会职务，但他一直坚持在创新人才培养上下功夫，不仅为我国科技队伍的建设和人才培养做出了重要贡献，也获得了当之无愧的荣誉。他1992年、1993年连续被航空航天部评为"人才培养先进个人"，1993年被评为全国教育系统劳动模范并获人民教师奖章，1995年获哈工大"伯乐奖"，1997年获香港柏宁顿教育基金会"孺子牛金球奖"……

刘永坦1978年破格晋升为副教授，1985年被评为教授，1986年以"通信与电子系统"学科带头人身份被评为博导。从教60年来，他一直致力于电子工程的教学与研究工作，先后讲授过10多门课程。20世纪80年代以来，他又讲授了五六门新课程。有两年，他给本科生和研究生连续讲授4门课，近300学时。1989年5月，他主编的《无线电制导技术》作为全国统编教材出版。1999年10月，他出版的专著《雷达成像技术》获得首届国防科技工业优秀图书奖、全国普通高等学校优秀教材一等奖。

"必须志存高远，大胆创新，走别人没走过的路，攻占世界前沿高地，打败那些科研实践中遇到的'拦路虎'；必须实事求是，脚踏实地，不畏艰险沿着陡

峭山路攀登，一步一步达到光辉的顶点。"基于这样的教育理念，他培养的学生都获得了较强的分析和解决问题的能力。他认为，科研和教书育人是相辅相成的，重大科研课题为培养高层次科技人才提供了丰富生动的课堂，思想活跃的青年学生是科研中十分重要的生力军，也是创新思想的重要源泉。

从2001年开始，刘永坦着力进行梯队建设，将接力棒传递到年轻人手中。正如原国防科工委副主任聂力将军所赞誉的"刘永坦是个难得的帅才"那样，他带出了一支作风过硬、能攻克国际前沿课题的科技队伍。

面向国家未来远海战略需求，自"十五"开始，刘永坦带领团队规划实施了对海远程探测体系化研究，逐步开展了分布式、小型化等前瞻技术的自主创新，为构建由近海到深远海的多层次探测网、实现广袤海域探测提供有效的技术手段。

在一穷二白、一无所有之时，很多人都可以为了梦想去战斗、去拼搏。可是，当有了一定积累、功成名就之时，还有多少人能够心甘情愿为了伟大的事业艰苦奋斗，为了最初的梦想继续前行？真正考验一个人的不仅是逆境，还有顺境。国家科技进步奖一等奖得两次了，"双院士"的头衔也早早拿到了，中国的新体制雷达已经是世界领先，刘永坦却从来没有"因为走得太远而忘记为什么出发"。

"雄关漫道真如铁，而今迈步从头越。"投身教育科研事业60周年的刘永坦始终有一种强烈的紧迫感和使命感。他始终不忘初心，一直践行着身为知识分子的强国梦想和爱国情怀，凝聚了一支专注海防科技创新的"雷达铁军"，培养了包括两院院士在内的一批科技英才，耄耋之年仍奔波在教学、科研一线，继续为我国筑起"海防长城"贡献力量。

*与哈工大的 61 年深情
——记张乃通院士

吉 星

2017 年 4 月 21 日 10 时，春光黯淡，天地同哀。中国共产党优秀党员、中国工程院院士、我国通信与信息系统领域著名专家、哈尔滨工业大学航天学院和电子与信息工程学院奠基人、教授、博士生导师张乃通同志在哈尔滨逝世，享年 83 岁。大家无不痛惜失去了一位忠于党、忠于祖国、将全部心血奉献给我国通信与信息系统领域、为我国的教育科研和人才培养事业做出卓越贡献的哈工大人。

"云山苍苍，江水泱泱，先生之风，山高水长！"张乃通院士一生艰苦奋斗、无私奉献。他的不幸逝世，使我们失去了一位著名的科学家、教育家，是哈尔滨工业大学的巨大损失，也是我国学术界、教育界的重大损失。让我们一起沉痛哀悼、深切缅怀"通先生"，一起来回顾他与哈工大的 61 年深情。

一、筹办无线电系，一切为了国家需要

1956 年 9 月，刚刚从南京工学院毕业的张乃通积极响应"党的需要就是我的志愿，党让到哪儿就到哪儿"的号召，服从组织分配，来到哈尔滨工业大学任教。虽然对哈尔滨的第一反应是"远、冷"，但接到分配通知的张乃通 9 月 5 日办完离校手续，当晚便背上行囊上路了——这一来就是 61 年。

许多年之后，张乃通曾数次提起 1956 年 10 月 2 日哈尔滨的那场突如其

---

* 原载于《哈工大人》2017 年第一期。

来的大雪。从温婉湿润的江南水乡来到秋风萧瑟的北国冰城，张乃通对哈尔滨的第一印象就是："真冷！"好在没过多久，张乃通就克服了对哈尔滨生活的不适应，对工作全身心的投入更是让他体验到了作为一名教育和科研工作者的乐趣。从此，年轻的张乃通带着满腔热情和干出一番事业来的宏愿开始了他的从教生涯。

1956年1月14—20日，中共中央召开关于知识分子问题的会议，号召全党努力学习科学知识，同党外知识分子团结一致，为迅速赶上世界科学先进水平而奋斗。会后，全国开始出现"向科学进军"的新气象。当时的哈工大还没有无线电系，张乃通报到在精密仪器系，共青团组织关系落在电机系工业电子学教研室。鉴于国家的需要，学校对筹建无线电系很重视，这个重任就落到了张乃通等人的肩上。为筹建无线电系，1956年10月，时任见习助教的张乃通和另外4位教师及其他专业抽调来的6名学生一起被送往清华大学无线电系进修和随班听课。

1958年10月上旬，张乃通和蒋延龄、戴逸松、王金荣陆续返回哈工大。为了向国庆10周年献礼，他们决定在筹建无线电系的同时，研制出发射功率大于当时哈尔滨电视台的哈工大电视台。作为主要研制人员，张乃通他们带领着当时还是大二、大三的学生，不分昼夜地攻关研究，终于研制成功。1959年3月，白手起家的哈工大无线电系正式成立。当晚，学校在电机、土木、机械三大楼用他们自研的电视台，全程播放了系里同学们自编、自演的节目，以资庆祝。

无线电系成立后，张乃通先后担任教研室副主任、主任，与为数不多的几位教师一起自力更生、艰苦奋斗，筚路蓝缕走上创办之路。1962年初，当时正在石家庄研究海军课题的张乃通得到校内通知，根据"调整、巩固、充实、提高"八字方针，前两年曾作为通用学科专业下马的通信专业，将在遥测、遥控专业这类尖端专业的基础上重建，而他将接手通信专业的重建任务。1962年以后，由于条件因素以及专业调整，当年一起进修的几位教师中只有张乃通一人留在了哈工大。时任校长李昌语重心长地对他说，新专业要想办起来主要是"党和国家的需要加主观努力"。自此，张乃通专心投入专业建设，他认为实验既是科研的生长点,又是必不可少的教学环节,所以他鼓励年轻教师多做科学实验,提出"实验室起家"的观点。而且,张乃通每年还会送学生去研究所做毕业设计,合作完成科研课题任务。

1966年后,张乃通到工厂劳动锻炼,他对专业的执着追求依然矢志不渝。在工厂劳动期间,他看到由于缺乏安全保障设施,操作冲床的师傅们手指多有伤残。这事对张乃通触动很大,他根据所学的知识,利用晶体三极管试行研制了一个自动感应装置,只要人手在,冲头就不会冲下来,从而保障了人身安全。张乃通也因此得到了工人师傅们的信赖和称赞。

"哈尔滨,哈尔滨,我是沈阳,请讲话……"这是20世纪70年代初第四机械工业部在哈尔滨召开的一个技术交流会上,张乃通主持研制的"沈阳—哈尔滨""沈阳—齐齐哈尔—哈尔滨"的半导体无线电台现场通话实验演示的场景。1969年中苏边境发生军事冲突,张乃通被调到当时黑龙江省成立的"战备科研领导小组"。在科研小组中,他由一般成员提升为"晶体管单边带战术电台"研制的技术负责人。他带领几名年轻教师与大三学生来到工厂,研制出了当时在国内领先的具有数字频率合成器、功率合成器的晶体管单边带战术电台,顺利通过了这次通话实验,为学校赢得了荣誉。随后,他又从省内调回到学校。

二、筹办航天学院,培养国家航天人才

1977年,张乃通重新被任命为通信教研室主任。在全国通信专业教材会议上,张乃通他们争取到编写《通信系统》全国统编教材的任务,由张乃通、贾世楼、刘士生、徐世昌合写,张乃通任主编。该书于1980年由国防工业出版社出版,1982年再版,并获航天优秀教材奖。

1978年,黑龙江省开始评副教授、教授职称,张乃通被评上副教授,1979年被任命为无线电系副主任。1980年,在党支部、系党总支的支持下,经过22年的考验(1958年他递交了第一份入党申请书),支部大会批准他成为中共预备党员,1981年转正,实现了他加入中国共产党的愿望。

随着改革开放在全国各行各业轰轰烈烈地开展起来,作为代表高科技精

髓的航天事业也取得了突飞猛进的发展,中国的国力以及国际地位也因此显著提高。哈工大是当时隶属航天部的唯一一所高等院校,航天部也迫切需要新生力量,以解决当时人才青黄不接的问题。为适应中国航天事业发展的需求,哈工大决定要办直接对口的航天学院。这时候,筹办航天学院的任务就落到张乃通肩上。

1985年上半年,学校成立工作组,以时任校长杨士勤及前任校长黄文虎为首,以时任副校长王魁业为工作组组长,张乃通为副组长主抓实际工作,筹建航天学院。此时无线电系在他的带领下已经发展得有声有色,很难让他割舍。"党和国家的需要永远都是我的志愿",根植于张乃通心中的信念再一次让他迎难而上,舍小家顾大家。在大家共同努力调研、组织的基础上,1987年初航天学院搭建了以与航天相关的三个系(力学、自控、无线电)和一个研究室(航天)为基础的机构框架,并制订了初步的办院设想。

航天部、教育部听取了汇报之后同意在哈工大建立航天学院。张乃通被任命为副院长,全力协助院长及院党委书记开展工作。从1987年航天学院正式成立一直到1996年,张乃通历任副院长、院长。这期间航天学院也不断壮大,不仅成为哈工大的标志性学院,也成为国际宇航大学的一个永久性分校。

值得一提的是,张乃通在创建航天学院的同时还成立了通信技术研究所。这样,无线电系除了已成立并已取得成果的电子工程研究所外,又多了一个通信所,确保该系的科研成果取得更有利的技术支持和组织保障,从而为无线电系更好地发展打下了坚实的基础。

学术水平的提高,交流最重要。早在20世纪90年代中期,作为航天学院院长的张乃通,就努力做到"走出去,请进来",加强国际交流与合作。为了创造条件,学院派遣年轻的学术骨干出国学习交流,与俄罗斯、美国、韩国、日本等国的大学或企业建立了多种友好合作关系。这些国家的学者也经常来哈工大讲学。对于自己的学生,张乃通更是鼓励他们出国深造。为此,他认真严谨、实事求是地为学生们向世界一流大学写推荐信。每次学生前来跟他告别,他都会说:"希望你们学成之后一定回来,为我们的国家和人民服务。"对于自己的两个儿子,张乃通更是严格要求,他们学成之后,也的确放弃了国外的优厚待遇,回到祖国。

三、"院士"称号是责任,是担当,是新起点

"我不认为仅仅发表几篇 SCI、EI 文章就是创新的全部。理论创新固然重要,但归根结底还是要理论联系实际,将创新成果应用到工程实践中去,服务社会,造福人民。"20 世纪 80 年代初期,步入人生与事业黄金期的张乃通先后将科研的触角延伸至国防及民用信息化多个领域,并积极进行科技成果转化。作为我国军事通信、卫星通信、专用集群通信领域的著名专家,他曾主持研制了指控数据链通信系统、海军超视距数据链、第一代国际标准专用集群通信系统等,成果均转化为实用装备及产品,达到国际先进水平。先后获得国家级科技成果奖 4 项、省部级科技成果奖 12 项。

当自己的成果能够打破国外市场的垄断、造福祖国和人民的时候,张乃通从科学研究中收获了许多常人难以体会到的快乐与满足。在谈到集群移动通信系统研究问世时,张乃通曾说:"20 世纪 90 年代初,在我们的成果还没出来时,外资公司集群手机的价格是 4 000 多美金一台。听说我们的成果准备投产了,价格降到了 3 200 美金。后来到我们的成品出来后价格降到了 400 美金,并撤销了这个产品在中国的事业部,再到最后,技术竞争转化成了单纯的资本竞争。"

张乃通卓有成效的工作也得到国家的重视和支持。他为之奋斗的通信与信息系统学科首批进入国家"211"重点学科,首批成为长江学者特聘教授设点单位,是哈工大 18 个重点学科之一,2001 年在教育部对该二级学科评估中名列第五……在这些辉煌成绩的背后,有着太多我们看不到的艰辛,太多不可计量的心血与时间、智慧与精力。这些付出以它们独有的分量,在时间与世事的荡涤下,沉淀为一枚勋章——院士,国家以这种形式对张乃通以及这个科研集体给予了最高级别的承认。

2001 年 12 月初,张乃通当选为中国工程院院士。经历几十年的磨砺,终于荣获国家工程技术的最高殊荣,但他淡然视之:"成为院士只是对我前

一段工作的认可，当选院士前后的张乃通是一样的，业务、为人都没有突变。当选院士后感到肩上的担子更重了，更要不懈地研发具有自主知识产权的科技成果；更要甘为人梯，为年轻的同事们创造发挥才能、向上的平台。我也要反思在位期间研究的不足、工作的偏颇，尽力弥补。"

2004年，仍然坚持学习和工作在第一线的张乃通运用渊博的知识和敏锐的洞察力，发现了脉冲超宽带无线技术是具有发展前途与应用价值的课题。在他的主持下，学院成功申报并获准国家自然科学基金重点项目。

随着航天技术、通信技术、电子技术的长足发展，人类对太空的探索进入发展期，月球仅是起始点，不久将向更远距离的太阳系星球进军，因此解决"深空通信"问题迫在眉睫！由于传输环境的特殊（大尺度、长时延、大损耗、上/下行不对称……），地面及静止轨道所应用的理论及关键技术受到了挑战。张乃通经过一段时间的研究写了一篇题为《深空探测通信技术发展趋势及思考》的文章发表在2007年《宇航学报》上。

"陆地信息系统已无法满足信息化社会及国防信息化广域覆盖与多类信息融合共享的需求，建立空间信息基础设施是未来信息网络的发展需求。"近年来，张乃通对我国建设天、空、地一体化信息网络进行了深入思考，在2015年、2016年都有相关研究论文发表。

四、教书育人，"辩"出真理

一甲子的教学、科研生涯，张乃通早已桃李满天下。"通先生"是学生和同事对他的尊称，大家都为曾经在他身边工作学习而感到自豪。张乃通认为指导学生和参与课题研究应亲力亲为，不当"甩手掌柜"，如果只是"把把关"，提一些不疼不痒的意见，那只能被学生和其他教师牵着鼻子走，怎么配得上"指导"？

"做学问事小，做人事大。做学问前学会做人，否则难成大器。"这是张乃通对学生的殷切期望。张乃通严谨务实、精益求精的治学态度和诚恳率直的为人处世方式影响着身边的每一个人。无论做科研还是写论文都没有人敢掉以轻心，因为大家知道"通先生"一定会亲自上手，从技术、逻辑推导到文辞都一一过目。在这种严谨的学术环境中，许多年轻教师也心甘情愿留下来，成为研究所的中坚力量。

"作为一名博士生导师，不仅仅要给学生论文写作方面的指导，也不仅仅是给学生把关、送学生毕业，更重要的是要参与到学生研究的问题中，做到心里有数，明白什么地方可能存在问题，只有把这些问题都弄清楚了，才能算是一名称职的导师。"张乃通是这么说的，也是这么做的。每天到"通先生"办公室来的学生和年轻教师都络绎不绝。作为导师，他要指导学生做科研，听他们定期的学习汇报，与他们探讨学术问题，逐字阅读并修改他们提交的论文。

对待科学研究，张乃通秉承实事求是的原则，一就是一，二就是二。对于科研中的技术问题，他的意见从不含糊。身边的人都知道他脾气耿直，说话急，嗓门大，就连走路都急匆匆的，铿锵有力。张乃通不喜欢最后一个发言，他与同事和学生们讨论学术问题的时候总是特别兴奋，声如洪钟，整个楼道里都能听到，常因一个问题而激烈争辩，互不相让，有时甚至让人以为他们在吵架。

"一个人的头脑、精力有限，须集思广益才行。所以，一定要抱着虚心学习的态度参与到学生以及相关教师的课题讨论中，辩论就是一个互相学习的过程。"张乃通喜欢和大家自由而热烈地争辩，在争论中迸发的思维的火花可以加深对问题的理解。只有经过辩论得出的结果才有一定的可信度——这就是"教学相长"的过程。每次和学生讨论问题之前，张乃通都要求学生预先交一份简要报告，注明最近阅读的文献、观点的来源，然后自己再进行仔细研究，最后才是有针对性的探讨。在张乃通和弟子们每一次交流争论的背后都有他深夜苦读的身影。

年龄越来越大，"通先生"忙碌依旧，科研耕耘、教书育人给他带来无穷的乐趣依旧。作为院士，他要时时关注科研组的工作进程，要和一线的科研人员探讨技术问题，要协调处理好项目申请、资金调度，还要常常外出参加各种会议、学术交流、评审等活动，奔波于京、哈等地为研究所争取立项……老骥虽伏枥，其志在千里。在张乃通心中，人生的旅途没有终点，只有为了党和国家的需要去不停地奋斗求索，才能真正诠释生命的意义。

"新开古稀华，光耀长庚星；为国图强计，辛勤沐耘耕；奋斗四十八，霜雪两鬓生；功高众人颂，德才人人称；更觉性宽和，清清两袖风；常忆谆谆语，铭记恩师情；愿进万年艚，北国不老松！"这是张乃通70寿辰时学生发来的贺电，也是他的真实写照。2013年6月，在学生们给他制作的80寿辰纪念画册里，张乃通写了一篇题为《献了青春献终身》的自述文章。文章结尾写道："流光容易把人抛。57年的时间弹指一挥间。57年间，我的工作有成有过。'成'的一页已翻过成为历史，'过'需记在心头尽力补之。唉，时间不多了！在以后的日子里。我会尽自己所能，在院系统一步调下，为专业出现杰青、长江学者，为申请'973'重大课题竭尽全力吧！"

第一次国家项目的完成

雷达专业课题组 曹志道

雷达专业自 1959 年建立到 1965 年主要抓了教学建设，到 1965 年已基本稳定。想通过科研项目来提高教师联系实际的能力。当时我国的援越抗美活动正积极开展，国产的仿苏高炮炮瞄雷达已批量生产，使越南的防空能力有很大提高。美国研发了百舌鸟反辐射导弹，能从我方发射的电磁波信号中提取出制导百舌鸟导弹需要的信息，使它命中我方的雷达，从而保护美国的空中优势。从原理上看我方必须改变炮瞄雷达获取敌方目标位置信息的方法。单脉冲雷达体制就是较好的一种体制。

国内雷达研制单位首先开展了单脉冲雷达的研制，遇到了不少技术难点。1965 年我校刘永坦老师参加了雷达研制会议，承接了难点较多的单脉冲雷达接收机的研制任务。它的难点主要是要做出三个放大量可在大范围控制，但仍能保持放大量和相位特性一致的放大器，用来放大三路同时到达而脉宽不太宽的信号。

放大器的放大量控制在一般范围的研制已较好地完成，但对相位特性的认识还不够深入，当时可用来测量相位特性的仪器也只有价值 20 多万元的进口仪器（我们的月薪才 50 ~ 60 元）。以当时的条件对放大器的相位特性很难掌控。

刘老师提出的方案是采用延迟线把同时来的信号在时间上错开，叠加后，用同一个放大器放大，之后再用延迟线把三个信号恢复成原有的时间关系。故这项任务称为延迟式单脉冲雷达接收机的研制。研制单位将所获得的知识和经验都无私地提供出来。

课题开展不久,学校收到国防科委来电:学校承担的项目中有七项必须按期完成,雷达项目列为首项,学校对项目给了超常支持。

不料此时关键人物刘老师已下乡插队,只得由其他人担起了这一任务。在这个非常时期,虽然刘老师已充分介绍了研制单位的经验,工作中遇到的技术难点依然成堆。参加者都能坦诚地讨论解决问题的方法,一些难点的解决都无法说清是谁提出的办法,大多是在大家讨论中合作产生的。

主要解决的难点和取得的成绩有下列几点:

(1)高频电路的晶体管化。大家在学习时和以前工作中主要是用真空电子管,改用晶体管有很多地方需要摸索。

(2)晶体管前选通电路。在与研制单位的技术交流中,发现了晶体管具有的优势,使研制单位采纳这一选择。

(3)相位的测试和定度。我们创新研制出移相信号源,可以简单方便地测出放大器的相位特性且容易定度,在国内雷达界产生重大影响。后移交学校工厂生产过近百台,产值近百万元。为了尽量不影响放大器的相位特性,不采用电子管时代常用的改变放大器件工作状态的增益控制方法,改用可控二极管衰减器,并使其控制特性接近理想,后来这个方法几乎成了标准方案。两个放大器在增益控制过程中的相位跟踪调整法;对延迟线延迟时间的精确测量方法;发现商品延迟电缆的延迟时间随电缆位置的变化而变且数值较大,设计并制作延迟时间环境稳定性高的延迟元件;较好地全面完成了本任务,并按国防科委安排移交给了生产厂家,协助多个厂家工作一年多;介绍了我们的成果并协助测试了生产样机的总体性能,扩大了我校的影响;参加了后来召开的单脉冲雷达技术交流会,进一步扩大了我校的影响。带到会上的移相信号源被空一所看中,经去机场试用后空一所批量定货(可能80台左右)用于他们的定型产品中。

1978年全国科学大会时,延迟式单脉冲雷达接收机和移相信号源同时获得奖励!

我 们 俩
——献给哈工大百年校庆

孟宪德

一、前言

我的爱人张赫湘和我都是哈尔滨工业大学毕业生，又都留校当老师几十年直到退休。她是1956年考入哈工大的，我比她晚一年入校。哈工大的发展，无线电系的建立和发展，我们都是亲身经历者。

2005年3月张赫湘离开了人世，如今我也是八十有余。我们对哈工大充满了爱，她是我们亲手浇灌的花朵。每逢回到哈工大，我都会到校门前的长廊认真浏览有关她的所有文章，了解她的变化，关注涌现出的优秀教师和各专业的科研成果……她正在迈向世界一流大学的行列。

回想五十年前的哈工大，只有三个教学楼：电机楼、机械楼、土木楼。电机楼门前是条下坡的石头路，现在的步行街两旁，原来左侧是铁路的住宅，右侧是一片日式平房，用作学生食堂和学生宿舍。站在大直街往西看，一片荒凉的景象。

二、哈工大的发展

哈工大的发展离不开国家的需要，在此基础上，还要有一支认真、严格的教师队伍。我记得给我们上高等数学的是王泽汉教授，化学是周定老师，物理是欧发老师，理论力学是黄文虎老师，电工基础是俞大光教授。"规格严格，功夫到家"就是我们的座右铭，哈工大培养了一批批后续的接班人。"八百壮士"筑建了哈工大的基石，其中，刘永坦、曹志道就是其中的杰出代表，我和张赫湘仅仅是后来的普普通通的砖瓦。

在改革开放的九十年代,哈工大的领导抓住时机,发展壮大了很多一级学科,把喇叭厂和纺织厂兼并了,改造了步行街两侧,电机楼门前修了过街地道,使哈工大面貌一新。在哈工大七十年校庆时,老校长李昌看后,大加赞赏。今天的哈工大,有了自己的体育运动场、科学园区,已经是一个赫赫有名的全国重点大学了。

三、我和张赫湘的点滴

1. 忠于党的教育事业的张赫湘

张赫湘留校后,不久就被派到北京工业学院进修。在北工学习期间,她积极参加班里的活动,被评为北京市优秀学生。她可以留在北京在北工工作,但她拒绝了,她认为,哈工大派她去进修,是为了将来为哈工大服务的。学习结束后,她立即回到哈工大投入了这里的工作。

1960年张赫湘从北京工业学院回到哈工大,当了一名"小教师"。她参加教研室的科研工作,制作了一台自动装置。那时我还是学生,认识了她。后来她为我们开设了雷达装置课。她工作认真,对人和蔼可亲。她热爱党,不久就加入了中国共产党。

随着国家的发展,大学的思想教育工作需要加强,1964年学校调一批青年教师做学生的思想工作(从政)。我们上大学都是想学技术,没有几个人愿意搞政工,但她一个心眼儿,只要党需要,干啥都行。学生工作很繁重,她做三个班的学生指导员,在各班发展党员,建立党支部,和班级里的同学们一起参加各种活动,和学生打成一片。和学生谈心排满了她的工作日程。

她实事求是,坚持真理,曾被送到工厂参加劳动,直到1971年回到教研室当老师。1973年工农兵上大学,她当了73级工农兵学员的班主任。后来,学校恢复了正常的管理,她被调任无线电系党总支副书记,后来任党总支书记。1990年,由于工作需要,学校把张赫湘调到自动控制系任党总支书记。

后来,哈工大把无线电系、自控系等几个单位合并成立了航天学院,张赫湘调任航天学院党委副书记。她在任职期间,积极为教师做思想工作,帮助解决生活问题。在职称问题上,她从不与别人相争,直到退休时还是副教授。

2. 和雷达专业一起发展的孟宪德

20世纪70年代后期，哈工大南迁到重庆，大部分人员都走了，设备也多数运走了，留下了一个空旷的哈工大大楼，归黑龙江省领导。一向归部级领导的哈工大人茫然了，留下来的人人心惶惶、不知所措，就像没娘的孩子。刘永坦这时正在乡下插队落户，曹志道也在留下之列。

我们的路在何方？我们找到学校的领导李家宝同志，让他到北京找部里领导，争取把哈工大留在部里，这样雷达专业才能发展。李家宝去找部领导沟通而我们也不能等待，应该主动找活干。于是我和张万杰、程行义到西安，找到206所，继续寻找科研项目。206所要搞一部新型雷达，全国协作，剩下的项目是声表器件的研制，这对我们来说是陌生的领域。接不接？不接没活干，一咬牙，接下来吧！回校后，我们先找化学教研室，商谈声表器件的原料——铌酸锂单晶的提炼，给他们立一个拉单晶的子项目。

随着政策的落实，插队的干部可以分期返回学校，我主动向系里请示，因科研需要应首先把刘永坦老师接回。系里同意了，于是我专程去五常把刘永坦接了回来。

留下来的人员，由雷达教研室和基础课教研室两部分人员组成，整合一下，分成了蒸镀组、制版组、光刻组、测试组。基础课的人员搞测试，雷达专业的人员搞工艺。

曹志道在蒸镀组，他成了专家，不但蒸镀做得好，而且还到有关工厂学习铌酸锂单晶切片工艺，解决了切片问题。

刘永坦、邵树永是光刻组的成员，他们把主楼六楼一侧的厕所改造成了一个光刻室，墙壁、地板重新刷漆，用白毛巾擦地，以保证半导体器件生产的清洁度。

刘永坦和曹志道虽然在工艺组，但他们在业余时间对晶体的机理和电波传播、接口的线路都进行了研究，颇有心得。后来刘永坦用计算机仿真线性调频信号的设计，曹志道老师对芯片的接口电路、测试方法都有独到之处。因此，在全国声表器件讨论会上，哈工大占有一席之地。刘永坦和曹志道的组合，真是雷达专业的幸运！改革开放后，刘永坦去英国进行访问，回国后，接受了高频地波雷达的研制任务。这是一项难度大、工程艰巨的任务，我校从来没有人干过。接与不接，全系讨论，大家都同意上。只有我一个人提出异议。我说："我们连一个雷达分机都没搞过，现在要搞一部雷达谈何容易？"在刘永坦的坚持下，全系协作，终于完成了国家急需的项目。2018年刘永坦荣获了国家最高科学技术奖。刘永坦作为专家指导了逆合成孔径雷达的研制，后来被评为国家科技进步奖二等奖。我参加了部分高频地波雷达和逆合成孔径雷达的研制工作，后来被评为教授和博士生导师。

1990年我卸下了教研室主任的职务，全身心投入科研和教学，有时间坐在计算机旁用FOR77开始做我想做的事情，仿真出了线性调频信号通过接收机的相位失真，推导出了线性调频信号的雷达回波经过两维付氏变换即为目标位置和速度的数学表达式。作为雷达科技人员必须能用计算机对要设计的雷达进行一次全面的仿真，这就相当于一次全面的试验。

四、我们俩

张赫湘是我的老伴儿，我们1966年结婚，在哈工大共同度过四十多年，虽然工作性质不同，但我们一直相互支持。

在恢复招生之后，我是75级工农兵学员包车组的组长，要带学生去上海实习，过年回不来。我主动承担这个工作，张赫湘支持我，带着两个孩子，还有一个有病的婆婆，可想而知，那年的春节是怎么度过的。

回顾我们的一生，我们没有虚度时光。国家的强盛、学院的发展壮大有我们每一个人的奉献。我们心里充实淡定，无怨无悔！

2020.2.26

哈工大 我一生的挚爱

501教研室退休教师 冯健华

我1936年出生，幼年父亲病逝，母亲小学文化，没有正式工作，一个人含辛茹苦把我养大。1956年我从辽宁省重点铁岭高中考入哈工大，从此与哈工大结下不解之缘。

一、求学哈工大立志报效祖国

我入学时是电机系电力专业56级2班，当时我们班有34位同学，大部分来自贫困家庭，如果是在新中国成立前，我班只有两名同学有条件能读得起大学。是共产党给了我们这些穷苦孩子读大学的机会，因为共产党的初衷就是让广大劳苦大众得解放，过上自由幸福的生活，子女能受教育。那时正值新中国成立初期，国家百废待兴，经济还很困难。虽然如此，学校不仅不收学费，还给家庭贫困学生发放助学金。我被评为一等助学金，每月是21.5元，伙食费、书费都够了，当时大学毕业生的工资是56元。

是党和国家培养我上大学，从迈进哈工大校门的那一天起我就立志努力学习，将来为祖国的发展建设做贡献。

1958年9月15日，时任中共中央总书记、国务院副总理邓小平等党和国家领导人视察哈工大，受到全校师生的热烈欢迎，记得电机楼一楼窗台上站满了欢呼雀跃的同学。邓小平同志说："大厂大校要关心国家命运，高等学校要成为突破科学技术的基点之一。"学校为贯彻党中央要为国家培养更多的尖端技术人才的指示，决定成立无线电工程系。我和张家余等同学从电机系电力 56 班被调到无线电系无线 56 班。本着边学习边实践的精神，我们班同学参加了电视广播台的研制工作，当时我被分到焦治平老师领导的电视发射机研制组。师生们热情高涨，苦战三个月终于完成了设计、安装、调试任务。在 1959 年 3 月 1 日无线电系成立大会上成功播放了电视节目，当时我们的心情都无比激动！

为了加强理论和实际相结合，1960 年系里又派我们去西安 786 厂（雷达制造厂）实习。1960 年 10 月，我和部分同学于毕业前被提前调出，任无线电系教师。

二、留校任教为培养高质量科技人才而努力

任教后，我被分配到 44（雷达）专业无线电接收设备课程组，曹志道老师任课程组长，助教有邵树永、张义方和我，实验员是汪庆仁老师。

无线电接收设备课程是无线电系各个专业本科生、夜大生必修的技术基础课，任务重，工作量大。这门课程主要是研究高频电子线路参数和质量指标的关系，因此每个电路都需要研制相应的实验装置，让学生通过实验改变电路参数测量电路质量指标的变化，从而加深对于课程内容的理解。记得那是 1963 年，在哈工大二部（中山路）曹老师带领我们研制实验装置，大家都非常积极努力，几乎每天下班后都去实验室工作。当时我女儿只有几个月大，还离不开我，我就晚上带她去实验室，把她放在椅子上，让她拿玩具自己玩，玩困了就睡。我们一忙起来就忘记了时间，经常工作到深夜，直到保卫人员来清楼才离开实验室。此时，院里的大铁门已经上了锁，得张义方老师帮我抱着女儿跳过铁门才能离开学校回家。

为了提高教学质量，曹老师要求首先从教师做起，对我们严格要求：课前要熟练掌握课程内容，先在课程组内试讲，大家提出改进意见，并要拟定教学大纲，填报教学日历（写明每节课讲授内容）；课后组织学生答疑，认真批改学生作业及实验报告。记得当时已经可以用计算尺，但为了计算更加准确，曹老师要求我们用对数表算出每道习题的标准答案，再给学生批改作业。

1975 年工作需要长期出差，当时我已有三个孩子，大的 12 岁，小的 4 岁。我克服家庭生活中的困难，把孩子交由母亲和爱人照顾，和黄翠凝、邵树永等老师带学生去上海无线电四厂实习一年，协助研制雷达工作。

为加强基础课教育，1978年无线电系成立了501教研室，我仍在无线电接收设备课程组，张义方老师任组长。由张义方主编、我们共同编写的《高频电子线路》一书由哈工大出版社出版，作为本科生及夜大学生教材。

我还先后参加了单脉冲延迟式雷达接收机研制，以及与52专业邵树永、张新潮老师合作的"智能式自由呼吸阻抗血流图仪"等项目的科研工作，其中"智能式自由呼吸阻抗血流图仪"项目获美国专利。

在几十年的教学和科研工作中，我们有意识地通过教学、实验、课程设计、毕业设计等教学环节去培养学生独立思考、自主工作的习惯，让他们将理论和实践有机结合，在实际的科研工作中不断提高分析问题、解决问题的能力。他们当中有很多人非常优秀，毕业后也留在无线电系任教，成为教学和科研的骨干力量。

三、心系母校　展望未来

1996年我退休了，虽然离开了熟悉的工作岗位，但我的心始终没有离开过哈工大，时刻关注着她的发展变化。

伴随着国家的40年改革开放，无线电系也在不断发展壮大，在原基础上2003年成立了电信学院。在此期间课程建设、教学质量不断提高，科研方面更是硕果累累，最具代表性的是刘永坦院士及其团队经过40年不懈的努力，成功研制出我国唯一具备全天时、全天候、海空兼容对海探测能力的装备，使我国对海远程预警水平步入国际前列。刘永坦院士2019年1月8日获2018年度国家最高科学技术奖。为此我感到欢欣鼓舞！

无线电系和电信学院能够不断发展，取得今天的成绩，是几十年来一代代师生们秉承"规格严格，功夫到家"校训，辛勤付出、无私奉献的结果。我为他们感到骄傲，并祝愿电信学院师生继续努力，为创建国际双一流大学再创辉煌！

我在哈工大学习、工作40年，每当我走进校园看到朝气蓬勃的青年学生，想到他们会成为国家各行各业的建设者，就会感到由衷的欣慰和幸福。我热爱哈工大，热爱我一生从事的教育事业！

2020.2.13

哈工大通信工程教研室纪事

吴石林

今年 6 月 7 日，哈工大迎来了百年校庆。作为曾经在哈工大学习和工作过的一员，时时为母校的发展壮大感到自豪。虽然离开哈工大已有 34 年，但在哈工大学习和工作的情景至今仍历历在目。

我是 1980 年 9 月考入哈工大无线电工程系通信工程专业 8051 班的。能进哈工大读书是我高中时的梦想。1970 年我读小学时，大学已停止招生，学校的文化课学习也不受重视。那时我把很多时间都花在了运动场上，并加入了学校篮球队，还经常去外地参加地区及省里的比赛。1976 年上初中后开始进入少年业余体校篮球队。我当时的偶像就是师兄匡鲁彬，希望像他一样能打入专业队。

1977 年恢复高考，燃起了我考大学的热望，开始减少在体校的系统训练，改为专心致志学习准备高考了。在高考的前一年，哈电工学院（现在的哈理工）老师来到我所在的呼兰一中招体育特长生，希望我能签约报考哈电工，可以提前录取。当年高考本科录取率很低，不到 5%，若能稳妥地进入哈电工读大学也是一个很好的选择。但考虑再三，我还是婉拒了哈电工老师的好意，坚持自己的理想，义无反顾地投入学习，终于如愿以偿地考入了哈工大。

1977 年恢复高考，到我们入学时大学招生已基本恢复正常，录取的学生绝大部分是应届毕业生，很少有老三届的学生。我入学那一年五系共招收 3 个班，每班 25 人，共计 75 人。全校共 10 个系，招收约 650 名学生。

我入学的第一天，天下着大雨，送我的大巴一进入校园我就看到打着伞冒雨在一宿舍门前迎接我们的段云老师，他是我们80级的辅导员。那一年从呼兰一中考入哈工大的有两个人，我和同班同学周斌都进了8051班。他是那一年呼兰的高考状元，分数超过了清华在黑龙江的录取线，但很遗憾，他在入学3个月后因病退学了。

8051班同学与通信教研室老师合影

进入哈工大后，由于有在业余体校的基础，我先后进入了哈工大篮球队和田径队（主攻110米高栏和400米中栏）。又由于学习刻苦，我在大三时被评为"校三好学生标兵"。那是当年学生的最高荣誉，全校只有10名学生入选。

一晃四年大学毕业，我被留在了通信工程51教研室任助教。当时五系

五系学生会同学与老师合影

的系主任是张乃通老师，51教研室的主任是贾世楼老师，副主任是周廷显老师。老师大多是中年以上，像李正廉老师、王恒山老师、王慕坤老师、吴中一老师、刘文贵老师、陈功富老师等。年轻的老师有张中兆、夏鲁白、白哲、胡亦平和我，另外还有徐玉滨、刘宁庆、蒙力群等。到1985年，顾学迈老师、郭庆老师也加入了教研室。

上班的第一天，教研室里有一个简单的欢迎会，通先生（我们对张乃通的尊称）、贾老师、周老师等都参加了。在通先生讲话后，贾老师也做了热情的发言，鼓励我努力工作，为教研室的发展及科研教学做贡献。会上贾老师很亲切地问道："小吴，你刚刚加入教研室，现在教研室主要有两个课题组，你看你想加入到哪个课题组？"我回答道："我刚刚留到教研室，工作安排服从教研室的工作需要。"后来我就被安排到贾老师领导的课题组工作。

通信教研室在主楼的八楼，有教研室、实验室和实验库房。在最顶层还有一间实验室，但很少用到。在主楼八楼的教研室里，有两台APPLE Ⅱ电脑，用来教学和同学做实验。教研室的老师不坐班，只有参加课题组的老师才会每天到教研室。

当时教研室承担了航天部的"某通信指挥系统（改）"的研发任务，通先生带领一部分老师负责数据通信部分，贾老师带领一部分老师负责话路部分。

一天，我们外部合作的单位带电台到了学校。为了测试电台的性能，我们从学校借了一辆轿车，由贾老师和王恒山老师用主机在主楼13楼值守，我带着分机跟随司机驾车在市内不同的地方行进，并同时与主机保持联络。电台标定的距离是5 km，我们先开车沿着大直街由西向东行走，到了秋林通话没有问题，到了船舶学院达到5 km没有问题，我们又开车到松花江桥已远远超出5 km，依然没有问题。我们索性驾车开过松花江，一直到呼兰河畔，通信距离已接近30 km，从听筒里听到贾老师的声音依然清晰，测试圆满成功。

80年代中期，无线通信技术与现在不可同日而语。有一次教研室开学习会，胡亦平和白哲老师带来一本介绍"蜂窝移动通信原理"的书，当时蜂窝移动还只是个概念，我们就与夏鲁白、张中兆、李正廉等老师讨论起来。当时以为蜂窝移动的实现还很遥远，可不久就成为现实，到现在已经与我们形影不离，5G通信马上也要普及了。

这一年夏天,某院研发的型号设备做现场试验,为了测试我们研发的通信指挥系统的抗干扰性能,决定将我们的系统也同时进行测试。试验之前我们全体课题组成员来到了测试基地。基地在海边,风景秀丽,几座小楼坐落其中。

基地里有篮球场,也有篮球,我们谁都没有带篮球鞋。我就去附近的小商店里去买,但那里只有布鞋,没办法,只能用布鞋当球鞋了。我们临时组队与研究院比赛,一场没打下来鞋底就掉了。这成了我们几位年轻老师——张中兆、顾学迈、郭庆和我以后的笑谈。

吃过晚饭,来自研究院的人教我们去海边钓螃蟹。方法很简单,在小商店买一根10多米长的细鱼线和一个水抄子。在线中间每隔一米左右系上吃剩的鸡或鱼的骨头,两人各拿线的一头,走到海里齐腰深的地方,将线没入水底。这里的海底没有沙滩,只有礁石。这时一个人手里拿着抄子,顺着线走,并将线从水底一点一点地提出,快到水面时就会看到紧紧咬住食物的螃蟹,这时将抄子放到水里螃蟹下面,螃蟹一被提出水面就会松口掉进抄子里。我们几个年轻的老师钓得不亦乐乎,一会儿就钓满了一脸盆。拿回驻地,又从小商店买来红酒,我们课题组全体人员

课题组成员

好好地美餐了一顿,那天通先生和贾老师也是异常开心。

试验前一天晚上,通先生发火了,不是对我们课题组的人,而是对研究院的人。项目总指挥不同意我们的设备做抗干扰试验。通先生说:"我们这么多人、这么多设备从哈尔滨过来,说好的做抗干扰试验,现在不让我们做试验,我如何向大家交代?"但对方说什么也不让步,最后项目负责人强硬地说:"我说过了,哈工大的设备不能此时进行抗干扰测试。谁同意测试,就由谁负责。"事已至此,

我们只好准备打道回府了。

吵归吵，会后项目总指挥还是向我们进行了解释，此次试验对他们非常重要，是成败的关键，同时还说，虽然我们不能测试设备，但可以参观。我们还是第二天一早就返回哈尔滨了。虽然这次试验没有进行，但这个项目最后还是成功了，并获得航天部科技进步奖二等奖。

当年我们五系留校任教和考上研究生的同学有10多人，都住在二宿舍。虽然每天很忙，但生活也丰富多彩、充满乐趣。为了改善生活，我买了一个煤气炉用来改善生活。一次我从家里带回冻饺子，在走廊里用煤油炉煮，其间我进房间内看书。看书时间长了一些，待我再出来看时，煤油炉已熄灭，炉子上的锅和饺子都不见了。我有些诧异，正在这时从远处的房间里传出了笑声，我顺着笑声来到走廊转弯处的另一个房间，里面的同学看着我兴高采烈地大笑，桌上的锅里只剩下饺子汤了。具体有谁在屋里面已记不清了，但应该有刘兴钊、王钢、于长军、张庆祥，而一向活泼的任勇和学习刻苦的彭喜元、贾玉林应不在其中。那时的生活虽然有些艰苦，但我们总能苦中取乐。

留校期间，我配合贾世楼老师带了8151班、8251班两届学生的毕业设计，同时还当了8351班一年的班主任。留校两年后，因女朋友家在北京，为能工作在一起，我报考了冶金部自动化研究院的委培研究生，于1986年9月离开了哈工大。

课题组里的年轻人

在哈工大学习四年，工作两年，与哈工大同学和老师结下的深厚情谊终生难忘，哈工大"规格严格，功夫到家"的校训一直陪伴着我。

2020年是母校百年校庆之年,遗憾的是我们通信工程教研室的两位创始人,敬爱的张乃通老师和贾世楼老师先后离开了我们,不能与我们共庆母校百年华诞。恩师难忘,我会永远怀念他们。

值此哈工大百年校庆之际,衷心祝福母校的老师和同学!祝福哈工大,早日走向世界一流大学的前列!

有控制的混乱是创造力的表现
——忆导师张乃通院士

李英涛

张乃通院士在我们这些学生眼里一直是睿智、和蔼、慈祥的导师,大家一般都尊称他为通先生。

我们读书时的实验室在哈工大逸夫楼六楼走廊的中间位置,走廊起点是电梯厅,然后依次是通先生办公室、教师办公室和各个实验室。实验室是我们这些博士生、硕士生的大本营,也是大家在一起的欢乐海洋。每天晚饭后,我们这些学生基本上都会在实验室里流连忘返,有事的时候做实验,没事的时候侃大山。

通先生晚上来办公室加班,有时候就来我们实验室转转,跟我们聊聊进展,关注一下学生们的心声,如果当时太晚了,就会督促我们早点回去。有一次通先生晚上来到实验室,看到我们摆放凌乱的桌面,各种元器件、电路板、收发信机、综合测试仪、计算机、示波器、电源、电烙铁、连接线、手册、参考书混乱不堪地堆满了桌面,更有甚者,计算机键盘只有 A、S、D、F、J、K、L 和 Enter 几个键是白颜色的,其余键都惨不忍睹了。通先生当时笑着指着我们的桌面说:"哦,看看!"目光扫过键盘,微笑一声"可以种稻草了"。汗颜,我们狡辩:有控制的混乱是创造力的表现啊!通先生也不批评我们,但我们能从他和蔼的目光里,感受到他对我们的殷殷期望。工程没有坦途,科学没有捷径,严谨踏实的作风要一点点养成,我们太不好意思了。工欲善其事,必先利其器,我们大干一场,彻底清扫了我们的实验室。我记忆中我们这个房间从此再也没有出现过没有控制的混乱。

因为大家的研究方向各不相同，学术背景知识各有差异，很多研究创新就是晚饭后在实验室侃大山侃出来的。年轻的时候真好，啥都敢想，百无禁忌。有时候晚上在实验室聊得兴奋，有了好想法，碰巧通先生又来到实验室，那我们绝对会围着通先生说个不停，好像通先生是跟我们一样的年轻人。这时候通先生总是会认真倾听我们的遐想，对于有些想法通先生还会鼓励我们尝试。比如研究网络的说网络模型和七层协议都要改，研究信道的说调制方式不合理，或者说网络和信道要不要通通气。通先生既不会压制我们的讨论，也不会打击我们的积极性和瞎想，还鼓励我们进一步探讨场景或者协同条件，瞎想和创造力也许本就是同义词呢！后来想想，我们当时没有什么工程经验，都是纸上得来的东西，有些东西在实际系统里面，通先生一定早就知道了可行还是不可行，但通先生还是允许甚至鼓励我们去尝试，一定是想让我们从尝试中理解未知，从失败中窥探真理。这个过程不走一遍，还真是没有掌握独立思考的真谛。这就像围棋老师替学生下棋一样，那是老师在下棋，不是学生在下棋。如果一味打击学生的想法，学生必然变得束手束脚。没有独立思考，哪里谈得上创新？授人以鱼不如授人以渔，只教会知识，那叫老师；引我入此门，那才叫导师。

在实验室那几年经常去通先生家吃饭，不是别人通常说的那种蹭饭，我们每次去吃饭都是通先生和师母陈老师主动要求我们必须去的。有一次我们去吃饭，看见是通先生围着围裙在做饭炒菜，通先生很高兴地说："今天尝尝我做的菜，我可是受过系统的科学训练的。"这顿饭吃的是什么，我早已经忘记了，只有"系统的科学训练"这句话我一直记得。当天吃饭时我就一直惦记着这句话，系统的科学训练和做饭有关系吗？这不都是说学术吗？不知道通先生当时是否有意跟我说这句话，还是无意提到，我看这系统科学训练还真是神奇。我理解系统的科学训练，既要包括掌握必备的知识，又要包括掌握学习新东西的方法论。回想刚刚进实验室，我对光通信、卫星通信、移动通信都有兴趣，也都有涉猎。但是我和通先生讨论课题时，还是感觉通先生的话太超越我的知识范畴了，我懂的东西不仅仅是浅，还不够系统，从书本到书本，更是完全没有实践的反馈和认知。认识到此问题，我就下功夫重新全面地学习了通信工程课程，大量阅读了当时的通信技术前沿动态和文献，系统地重构和刷新了通信知识体系。刚刚觉得可以向通先生报告报告研究进展,可以讨论讨论问题了,有一天就听通先生说博士生不能只研究理论,一定要有实际的系统,要理论联系实际,要有实践认知。看来我理论有点进展,所以要求又提高了。我博士答辩的时候,试验系统里的一台自研的设备,当着答辩委员会的面,竟然出现异常,非常尴尬。好在试验系统设计中已经考虑到这是实用系统的必然遭遇到的场景,因此提前做过实践测试,答辩时恰好得了到验证。通先生讲这是小概率事件,必然发生。从选题到答辩,从研究到实践,从突破到展望,从懵懂到坚定,走完读博全过程,才真正体会到通先生对我们的培养是润物无声。

前几年参加工信部科技委的会议,晚上到通先生房间去聊天,通先生谈起当年给我们几个博士生在研究任务上做分工,谁研究信道,谁研究网络。当时,恍惚间我仿佛又回到了逸夫楼实验室,在给通先生汇报研究进展。当时坐在宾馆房间我就想,要是能回到从前就好了,还能继续跟随通先生做研究,还能继续做通先生的学生,还能继续和那群师兄弟天马行空,梦想着不负先生厚望、不负青春年华。遗憾的是当时没有把这些话当面告诉通先生,后来再去通先生家里看望他的时候,通先生身体状况已经不太好了,当时只想着关心老师的身体,还是没有来得及说一句:真想再回逸夫楼实验室,再跟随通先生做研究,再当一次通先生的博士生。

毕业20多年了,可以告慰通先生的是,回忆过往,虽不敢说只争朝夕,但学生们不曾虚度年华;我们通过了您的系统的科学训练,我们也学会并践行了带年轻人时的鼓励和宽容。

通先生的音容笑貌永远留在我们心中,通先生的殷殷期望永远激励我们前行!

回忆一段在逸夫楼的青春与岁月

谭 晖

接到来自学校老师的要求写一段在校工作期间的回忆与记录的时候，我的眼睛不禁湿润起来。丁香花下，冰雪旁边，逸夫楼中，那一幕一幕，那点点滴滴，那段曾经与同伴们共同拼搏奋斗的岁月，像电影回放一样，逐渐浮现眼前……

我是1992年跨专业毕业留校在哈工大通信技术研究所的，当时的哈工大通信技术研究所就位于逸夫楼的六楼，这也成为我一生中度过最难忘时光的地方。我在到通信技术研究所之前，就知道这是一个英雄辈出的光荣集体，这里有较高的研究水平，有宽松的学术环境，有志同道合的研究团队，有坚实的基础研究和重大前沿科研项目。记得我刚进到所里的时候，还是一个毛头小伙，很多方面都没有实际经验，因此很担心会不会辜负大家的信任，会不会拖了团队的后腿，内心还是很忐忑的。但事实很快证明我的担心是没有必要的，谭学治、徐玉滨等老师给予了我这样的年轻人极大的关心和帮助。在他们的悉心指导下，我很快就进入项目组参与到项目科研工作中，这要得益于通信技术研究所宽松和谐的学术氛围，敢于给年轻人平台，为他们的成长创造环境和条件。在这种环境下，当时作为年轻人，我也有了强烈的使命感和责任感，非常想为集体尽一份自己的力量，这样很快就融入到通信所这个光荣的团队。

张乃通院士是通信技术研究所的主要奠基人，为学科发展、人才培养和队伍建设都做出了极其重要的贡献。得益于张乃通院士、贾世楼教授、张中兆教授等领头人奠定的基础，也是在他们的带领下，通信技术研究所承接了专用无线通信系统等重大科研项目。20世纪90年代正是通信技术发展日新月异的时候，掀起了通信建设的高潮，为了解决军用的数字化专用移动通信的需求，避免受国外产品卡脖子，也为了确保国家信息的安全，实现专用无线通信系统的国产化，以哈工大通信技术研究所为技术主体，并联合多方实施专用数字移动通信系统的联合技术攻关。

  当时的我们是一支年轻的团队，张乃通院士、谭学治教授、徐玉滨教授等老师鼓励我们大胆尝试，细心求证。在项目中我承担了交换机核心部分的工作，要完成硬件和软件的设计，在当时可参考借鉴资料不多的情况下，最开始确实感到压力和困难都较大，但是一张白纸也有好处就是可以在上面描绘新的画面，在与团队伙伴的热烈讨论中，形成了思路，提出了一个个方案，也推倒重来了无数个方案，终于形成了可行的技术路线，并在后面的实践中得到了较好的验证。那时在研究所实验室通宵达旦攻关的日子，也是最快乐的日子。我们项目组是一个非常有创造力和战斗力的团队，牛人多多，每个人都有自己非常突出和鲜明的特点，从他们身上我受益良多。沙学军博士是一个很严谨睿智的人，面对难题，总是能够严谨分析，然后淡定自若地提出让人眼前一亮的解决方案，在无线信道编码方面实现了最优化。而郝川博士是一个风趣幽默的人，善于把复杂的东西简明扼要讲清楚，率先在中控系统中实现了高性能的嵌入化设计，并为系统开发出专用编译器工具，大大提高了开发效率。还有赵刚、刘伟等小伙伴，在系统的各个部分迸发出年轻人的创造火花。就这样大家在工作中默契配合，相辅相成，一同打造专用移动通信系统的原型实验系统。大家经常会奋战到深夜踏着雪回到宿舍，稍作休息或找到灵感第二天继续奋战，那场景至今还历历在目，为了赶进度和节省时间，用餐也常常就在实验室解决，红门楼的外卖也成为我们难忘的回忆，那是一段我们所拥有的闪亮的日子。

  还记得项目进行到重要阶段，我们在外场进行现场系统联调的关键时刻，遇到疑难问题，张乃通院士亲自坐镇现场，以丰富的经验及魄力，指导我们锁定关键环节，使得系统的测试得以快速推进，并取得预期的效果。

  在项目开发阶段完成之后，为了实现产学研相结合，及科研成果的有效转化，我们作为通信技术研究所的代表被外派到企业，进一步完善系统并实现产品化，这期间的工作经历使我们深刻理解产品的概念，并实现了从科研成果到产品到市场的完整转化过程，这个项目也是学校较早实现科研成果成功转化的项目之一，同时也为学校创造了较好的经济效益。这套具有完全自主知识产权的专用无线通信系统在之后的测试中不断完善并成功装备部队，而后也进一步发展成为我国警用专用无线通信系统，打破了我国专用无线通信系统市场被国外产品所垄断的局面，并使得国外同类系统从此退出中国市场，为国家和企业创造了很好的社会效益和经济效益，为我国专用无线通信系统的发展做出了应有的贡献。

纵观在通信所的日子，敢为人先、勇于开拓是通信所的精神，实干、能打仗、愿奉献也是这个光荣的团队的特质。

在这里我特别追忆我们通信技术研究所老所长张乃通院士，他是一位忠于党，忠于祖国，将全部心血奉献给我国通信与信息系统领域，为我国的教育科研和人才培养事业做出卓越贡献的哈工大人，培养了一批又一批通信人，他们已经成为我国航天、通信技术等各行业发展的中坚力量。对于我而言没有他的关心和支持，也就没有我在通信所的成长和发展。受之的点点滴滴，让我永远心存感恩，也催我不断奋进。

现在的我虽然已经离开哈工大通信技术研究所，投身于经济建设的主战场，从事物联网应用方面的工作，也先后出版了六本技术方面的专著，将在通信及物联网领域的知识与经验总结下来，为更多的人所参考使用。在这期间，哈工大校训和通信所的精神始终指引着我。在哈工大学习、工作、奋斗了十多年所打下的深深烙印，时刻不能忘记。无论到哪里，都是终身受用的财富。

每一代人都有每一代人的使命和任务，"规格严格，功夫到家"的校训精神在哈工大通信技术研究所的教学和科研实践中体现得淋漓尽致。既然做了就一定要做到最好，踏实肯干、严于律己，通信所的精神就是这样一代代传承下来的。相信在新一代所领导的带领下，通信所每位同仁都会秉承校训，弘扬通信所精神，为学校的建设和学科的进一步发展，继续添砖加瓦，努力奋进。

回忆工大　祝福母校
——庆祝哈工大百岁生日

985303班　许传忠

在我国的"两个一百年"奋斗目标的历史交汇期，"全面建成小康社会、实现第一个百年奋斗目标"的关键年，哈工大迎来了的第一个百年。从1920年跨到2020年，哈工大的百年历经艰苦创业、风雨兼程，涌现了以"八百壮士"为代表的一批卓越的哈工大人。他们在艰苦环境下严格要求自己、刻苦努力，奉献祖国科研，为哈工大的大发展奠定了基础，也形成了哈工大最具特色的核心价值文化——"规格严格，功夫到家"的经典校训；自新时期以来，大批哈工大人献身祖国科研和国防科技事业，正是这一批批一往无前且坚信"刻苦努力才有发展"为硬道理的哈工大人，造就了百年哈工大的辉煌。

作为跨世纪来学习的一代人，经历了难忘的"九八"大洪水、澳门回归、美国轰炸中国驻南联盟大使馆、新中国成立五十周年、中国申奥成功和加入WTO等大事件以及哈工大建校八十周年的大欢庆；也难以忘却入学时，我们这些经历过水灾的南方学生得到学校给予的热切关怀和老师们、同学们的关心照顾。哈工大，这所知名学府，入学前虽未谋面，但心已向往之；而今梦想成现实，四年学习和生活至今难忘。

这四年里哈工大的独特环境和大东北的冷浇铸了我，使我更加坚毅和刚强。哈工大地处北方名城哈尔滨，这里有着漂亮的苏联式建筑，她的主楼就是非常经典的印证，在这里聚集了多个学院的办公场地、教学、科学研究室，以及报告厅、电影院等，印入我脑海里的是它的大，似乎学校所有重大事情都与这个地方有关联；还有她的第一学生公寓，是我四年来生活的地方，号称"亚洲最大的学生公寓"，可以同住五千人；还有她的食堂，可以满足来自东西南北不同地方人的饮食习惯，印象最深的是教工食堂，外表看似破旧，这里却是最物美价廉的地方。

哈工大的不一样，还有这里的大雪和冷，但她更像梅花，甘于寂寞、淡泊名利，默默无闻地哺育了我们。因为有冰雪，滑冰成为学校体育的必修课，记得入学没过多长时间，在公寓里有些即将毕业的师兄就会推销他们的滑冰工具——冰鞋，也是像我一样缺钱的同学们可获取的最佳"二手工具"。在这里似乎再低的温度，也阻挡不了我们去努力地学习，从学生公寓奔赴教室上课、自习和进行其他各种学校、班集体活动，再去图书馆徜徉，看些喜爱的书籍。

这四年里最难忘的是敬爱的老师和亲爱的同学，让我拥有一辈子的友情和精神食粮，一直延续到工作以后，甚至到下一代。哈工大的老师们非常敬业，也非常热情，都让我深受感动。忘不了教授我们基础知识的"大班"老师，教授的学生虽然多，仍孜孜不倦地为所有学生答疑；忘不了教授我们专业知识的张老师、彭老师、付老师等恩师，不辞辛苦、竭尽全力地授予我们专业技能，期待我们一代比一代强、青出于蓝而胜于蓝。这里不但传播了知识，还磨炼了我们的毅力，使我们成为这个摇篮的工程师；这里还可以收获情和爱，师生情、同学情甚至爱情和纯洁的友情，深情致远，这些都要归功于哈工大的包容。

哈工大是以工科见长的著名学府，她不但注重学生的理论素养，更注重培养技术能力和积累经验。哈工大培养出来的工程师被大量输送至航天、航空、电子、核能、船舶等国防军工科研单位，有些已经成为我国重要的国家领导人和行业精英、专业技术领头人。令我刻印最深且至今还深受洗涤的是她的实用性培养，刻印的是脚踏实地，洗涤的是天马行空。在学习测控技术及仪器专业过程中，先学习了技术理论，然后进入实操项目。因为测控专业涵盖的领域宽广，涉猎到的专业技能也很多，有硬件电路和软件工程，有低频电路和高频电路，有模拟通信和数字通信，有精密测量技术和自动化控制技术，等等。学术的相通性，技能的触类旁通，这些深入浅出的学习，使我毕业后在工作岗位上更加得心应手，也为我自主创新创业奠定了坚实基础。

现今的我继续着科技创新的事业，深入研究高精密测试测量技术，为实现我国具有自主知识产权的高性能测量产品和引领世界测量技术的目标而贡献一分力量。在哈工大百年的历史时刻，我无法忘记母校的栽培；母校在我成长过程中，给予了无法衡量的价值，无论是专业知识，还是品德和行为，都使我在学习期间得到了不断提升，受到了潜移默化的影响。虽然在我创业的大潮里，风雨交加、风险与成功同在，但是有了母校教给我的自信，让我信任自己、坚持努力，战胜一切困难，愿为伟大的母校交出一份优异的成绩而持续奋斗。

哈工大百岁，相比哈佛、MIT、牛津们，还非常年轻，在百年的风雨兼程、饱经沧桑后，仍砥砺前行，不忘初心，永远追求，团结奋进，不断创新，祝愿哈工大的明天更加美好、更加辉煌！

回忆工大往事　共叙工大情谊

刘　亮

我叫刘亮，是哈工大 2010 届一名普通的毕业生，现就职于沈阳飞机设计研究所，担任电气控制室主任，是国防科技战线的一名员工。2020 年是哈工大建校一百周年，在此献上一篇短文，回忆工大往事，共叙工大情谊，感恩母校多年来的培育之恩。

2004 年，我从辽宁西部的一个小县城考取了哈尔滨工业大学，内心夹杂着一丝不安，来到了哈尔滨这个完全陌生的城市。看到主楼的那一刻，我被深深地震撼了。巍峨，透着一股子英气，而哈工大的基因就是在这不经意间铭刻，在这个校园度过的六年青春时光，也完全影响了我后面的人生轨迹。

大一、二校区的一年，宁静而充实，在这里感受到的是名师大家的风范，也得益于哈工大厚基础的培养。时隔十六年，我还能够清晰地记得当年上课的情景。讲授工科数学分析的刘锐老师，上课只带几支粉笔，全程板书，思路清晰，一气呵成。讲授线性代数的郑保东老师，风范儒雅，思维严谨。讲授工程制图的刘忠良老师，将每个线条都看成艺术，娓娓道来。还有讲授英语的美女栾老师，记得借教师节的由头，每人给美女老师一个拥抱。每天，在宿舍、阳光大厅、教室、专教间穿梭，经常站在主楼廊桥，透过玻璃幕墙，眺望开发区的繁华灯光，真的是岁月静好！

大二、大三，换了环境，换了辅导员，一校区整日熙熙攘攘，电机楼、大教室楼、红楼、学士楼、学苑楼，到处人头攒动。包革军老师讲授的复变函数，柴凤老师讲授的电路理论，刘旺老师讲授的信号与系统，彭宇老师讲授的数字信号处理，被称为"四大天书"，还有高频电子线路、物理光学，让无数同学望而生畏、苦不堪言。还记得，大家在参加毕业典礼时，班里的杨沛还在为准备工科数学分析的补考抓紧备考。也许，这就是哈工大教书育人的缩影，没有妥协、没有缩水，有的只是规格严格，功夫到家。这两年里，自己过得很充实，也收获很多，金工实习做的第一件作品——月球车、参加的数学建模竞赛——人口预测、参加的电子竞赛——DDS 信号发生器，在学校搭建的平台里，自己的知识和能力得到了快速成长。

大四是收获爱情的一年，确定保研后，我每天都是看着考研同学的忙碌身影默默祝福。这一年，我跟女朋友玩遍了哈尔滨，将回忆留在了大街小巷，当然，女朋友也变成了现在的爱人。这一年的毕业设计，为戴呼和师兄的检测设备插上了蓝牙的翅膀，也让我获得了黑龙江省优秀毕业生称号。

科技园 2A 栋、南苑食堂，成为我研究生生涯新的阵地。我很幸运地加入姜老师团队，也结识了我们十三人的兄弟姐妹，林老师、孙老师、魏老师、许老师，所有人都朝气蓬勃，给我家一样的温暖。这里给我留下了深深的烙印，现在工作中的技能、做事的方法，以至风格，都是在这里打下的基础。毕业时，王树国校长颁发的毕业证书、接过周玉副校长颁发的优秀毕业生奖牌，我的大学时光落下了帷幕，但心中多了份对母校的思念和牵挂。

走上工作岗位以后，也遇到了许许多多哈工大人，他们都秉承着"规格严格，功夫到家"的校训，为祖国的国防事业努力工作、拼搏奋斗，收到了各方面的广泛赞誉。

一转眼，毕业已十载，这里留下了我最美好的青春记忆，哈工大的生活感觉就在昨天，历历在目，也永生难忘！

2019 年 6 月携全家返母校参加院庆活动

工 大 情

陆哲明

1991 级哈工大电磁测量专业本科，现为浙江大学航空航天系主任

江南书生逆父意，千里保送哈工大。
马路大学无虚名，一道将校隔两边。
主楼巍峨入云端，丁香满园争相艳。
公厨满目皆美食，自此发福不停歇。
规格严格劳师生，功夫到家举世闻。
百年华诞临近日，重温工大若昨事。
孤身来哈八月尾，甫熟即始苦学季。
数理英文无捷径，唯有课余经久习。
时时背包匆匆走，室灯不熄学不休。
倦归腹空馋虫勾，鸡汤热面香菜就。
周末闲将老乡熟，遍访省城各学府。
叽喳吐槽冰城特，屋外冰冻屋里舒。
常常难解东北话，时时迎头一米八。
中央大街小巴黎，太阳岛上松鼠抓。
冬寒换得冰灯俏，操场覆冰速滑忙。
暑迎哈夏音乐会，全城哈啤歌声扬。
四年本科苦学路，转瞬迎来保研时。
有幸师从陈希有，初探算理竟迷痴。

不忘初心 再铸辉煌

神经网络何以惧，编程月余万千行。
机打论文方兴起，码字撰文天天忙。
可恨读书无用论，四处散播扰心房。
数日学成交际舞，追女屡败心迷茫。
求职华为拒门外，所学理论何处香？
黯然神伤重审视，痛定考博再辉煌。
考中又逢机缘巧，孙圣和把严师当。
阅尽洋文百十篇，始定研学新方向。
朝七晚十勤探究，家务琐事托妻娘。
学长师弟情义真，学业遇困共来帮。
九八洪水虐松花，幸来官兵把水挡。
灾后喜得天眷顾，再拜副师潘正祥。
从此牛犊不畏虎，初撰论文中洋刊。
广交学者共合作，国际会议宣文章。
苦尽甘来获百博，破格教授最年轻。
一朝出名全校扬，迅立青协为后星。
论文渐多众人羡，满堂千人来取经。
后院失火苦难言，渐生去意憧新憬。
悔别工大实无奈，洪堡学者为虚名。
弗莱堡访两载毕，深研院续工大情。
深圳一载无骄绩，中大两年当孤英。
游魂零九终回浙，十年磨剑渐开明。
弹指工大十五载，心绪久久不得平。
若无母校昔苦育，焉得今朝展宏绩。
深躬难忘工大情，不觉泪涌两鬓湿。
誓为母校付绵力，若有未来相报期。

激情唯美　励志一生
——致哈工大百年校庆

刘 瀛

那是一段激情燃烧的澎湃岁月，
燃烧的火种烧蚀下坚韧的性格，
培养我不断追逐梦想的信心和勇气。
那是一段唯美真实的青春年华，
唯美的校园回荡着青春的记忆，
让崇尚善与爱的习惯陪伴我一生。
那是一段励志奋斗的学子时光，
逸夫楼的灯火淬炼出壮志雄心，
规格严格功夫到家再铸航天报国。
感谢您，陪伴我共同成长的同窗挚友。
感谢您，激励我奋发图强的良师益友。
感谢您，鞭策我砥砺前行的哈工大精神。

附 录

*电子与信息工程学院各时期教职工名录

1979年前曾在无线电工程系工作后调离的领导及教职工名单
（排名不分先后）

田学辉	韩瑞金	孟昭文	杨振华	赵　熙	刘栋锡	王振敏	靖伯文
姜再维	胡恒章	薛景瑄	周长源	周贝隆	郭　明	李家宝	马朝德
黄铁梅	肖凌云	贾福安	刘　润	刘忠信	张家余	邹沐昌	马士贵
郑德刚	张文山	韦翠芳	常德山	孟永炎	崔汝豫	彭康强	蒋延龄
郭传锟	季敬川	宋国瑞	戴桂森	董生彬	宋素文	武　华	李香云
张德志	李平福	于梦怀	于春凤	白忆南	杨遇春	杨火岳	戴逸松
顾琴珍	宋寿山	赫　羽	王容善	邓燕平	钱荣芬	周兆经	喻江东
林士群	白广臣	雷孝群	李希贤	刘壁城	郭焕滨	徐泽雨	朱家宝
李茂林	肖　捷	朱　明	朱玉岳	王永振	何顺喜	王超龙	刘　濂
刘仁谦	李书坤	杨魁斌	尹松泉	孟宪荣	张金荣	李慧珍	王联正
汪传钦	张福志	李朝建	于哲文	于荣贵	马铁华	张启国	

1980—1986年无线电工程系期间教职员工名单
51专业教研室：

张乃通	贾世楼	周廷显	李正廉	王恒山	吴中一	刘士生	刘文贵
王云奇	王慕坤	陈功富	杨喜堂	王显宽	徐玉滨	刘宁庆	蒙力群
王淑清	姚燕宁	李淑玉	李庭菊	马文清	徐世昌	赵永仁	张金荣

＊本书附录中教职工名录及毕业生名录为编者根据学校档案资料及部分历史文献整理，由于文献资料不完整，可能存在错误和遗漏。

白　哲　　胡亦平　　夏鲁白　　张中兆　　顾学迈　　郭　庆　　吴石林　　贺菊芳
谭学治

52 专业教研室：

刘永坦　　曹志道　　高　远　　郑玉祥　　孟宪德　　陈世耕　　段凤增　　董绍平
杨永盛　　李芝荣　　王　洋　　邵树永　　李金宗　　张　儒　　袁业术　　乔晓林
许荣庆　　赵淑清　　张　宁　　韩忠芳　　宗成阁　　刘玉梅　　杨晓君　　孙松岩
权太范　　李绍滨　　张秀琴　　梁国武　　禹胜来　　孟庆岫　　王淑芝　　刘兴钊
王国林　　于长军　　秦　岭　　高兴斌　　邓维波　　张庆祥　　张新潮　　赵铁军

53 专业教研室：

孙圣和　　王金荣　　吴金玉　　张联锋　　张忠亭　　刘明亮　　林茂六　　张秀兰
童继山　　王中元　　林荫华　　王志成　　徐　颖　　施正豪　　张毅刚　　李成文
庄荣新　　马共立　　于春凤　　赵树茂　　尹宝智　　刘清法　　孙少中　　李晓文
高　桦　　马景龙　　杜惠平　　王立亚　　叶　青　　李春华　　李晶超　　金永镐
刘云秀

501 教研室：

钱国蕙　　焦治平　　赵国田　　王玉民　　赵会文　　张赫湘　　徐炳星　　张万杰
李士伯　　张义方　　徐　明　　曹玉琢　　张森梅　　冯健华　　黄翠凝　　刁式华
李孚勤　　王宝祥　　钮培澍　　姜维孝　　李家泰　　武镇英　　汪庆仁　　尹国强
孟宪荣　　孟庆国　　曹若欣　　吴杰清　　周永芬　　魏书刚　　李春明　　吴芝路
谭　斌　　贾晓光　　张　晔　　任广辉　　李延泽　　王喜斌　　张石华　　靖　涛
赵凤英　　李北光　　张　健　　陈文义　　黄锦阳　　侯立坤　　黄秀明　　岳育林

502 教研室：

邓绍范　　胡承一　　鲁庆仁　　张庆徽　　单秋山　　王玉仑　　吴殿恺　　孙道礼
郭文彦　　马汉炎　　罗德堃　　赵贺明　　吴　群　　王　新　　林志安　　任长在
邱景辉　　张铁韧　　方志为　　李博星　　刘荣兰　　方佳音

系办公室：

金广贵　　孙　竞　　胡俊新　　程行义　　程　杰　　张兆启　　卢崇京　　王素芹
高桂春　　李桂生　　刘凤举　　董松生　　孟庆岫　　张献民　　郑守坤　　段　云
王长志　　李　军　　冯国英　　钟　娟　　李　敏　　于　兰　　戴泽涛　　席晓波

1987—1997年航天学院无线电工程系期间教职工名单

51专业及通信所：

张乃通　贾世楼　周廷显　李正廉　王恒山　吴中一　刘士生　王慕坤
陈功富　杨喜堂　王显宽　蒙力群　刘宁庆　顾学迈　王　钢　郭　庆
王学东　赵先明　章　静　刘春刚　赵洪林　白　哲　胡亦平　贺菊芳
张中兆　徐玉滨　刘文贵　谭学治　田日才　王北松　杨铁军　沙学军
陈　萍　刘　忠　刘书菊　刘　伟　郝　川　谭　辉　孟维晓　赵　刚
胡永庆　王　斌　梁学东　张钦宇　强　蔚　冯　浩　曹立新　孙鹏飞
徐志伟

52专业及电子所：

刘永坦　段凤增　孟宪德　董绍平　王金荣　王　洋　单秋山　胡承一
陈世耕　邵树永　权太范　张　宁　杨永盛　李芝荣　王淑芝　袁业术
乔晓林　许荣庆　赵淑清　沈一鹰　郑　薇　杨晓君　顾建政　张庆祥
刘　梅　王　新　宗成阁　李延泽　张秀琴　刘兴钊　任　勇　王国林
于长军　秦　岭　高兴斌　邓维波　姜义成　赵　彬　王　威　曹鹏志
解本钊　贾立鼎　张新潮　赵铁军　林　力

53专业及测控所：

孙圣和　吴金玉　张忠亭　张联锋　林茂六　王中元　张毅刚　徐　颖
彭喜元　牛夏牧　谭晓昀　付　平　施正豪　申　元　高晓明　王　智
李春明　林荫华　庄荣新　赵树茂　姜守达　修林成　尹宝智　胡振江
叶　青　马共立　刘清法　孙少中　郑福春　刘兆庆　马云彤　彭　宇
李晶超　金永镐　刘云秀

54专业：

邓绍范　孙道礼　吴殿恺　郭文彦　马汉炎　张庆徽　鲁庆仁　王玉仑
吴　群　邱景辉　张铁韧　刘维坤　梁忠宏　张红军　宋朝晖　梅海涛
白　锐　王　欣　赵贺明　秦月梅　蒋红宇　李大斌　傅佳辉

55专业：

赵会文　徐　明　黄翠凝　张义方　钮培澍　李孚勤　冯健华　张万杰

王玉民	张赫湘	武镇英	曹玉琢	张淼梅	李家泰	吴芝路	李燕蒂
李玉萍	赵　华	谭立军	张立志	任广辉	许洪光	汪庆仁	尹国强
侯立坤	靖　涛	王喜斌	赵凤英	岳育林			

56 专业：

钱国蕙	曹志道	赵国田	王宝祥	贾晓光	吴中一	李绍滨	张　晔
黄秀明	李玉萍	徐国栋	尹宝智	宿富林	陈　静	胡　航	李洪滨
蒋　明	李　辉	周　爽					

系办公室：

| 张兆启 | 张献民 | 程　杰 | 段　云 | 王素芹 | 王立亚 | 李　敏 | 钟　娟 |
| 谷光琳 | 王桂兰 | 汪瑞军 | 谢　勇 | 薛　玲 | 丰　旭 | | |

1998—2002 年航天学院电子与通信工程系期间教职工名单

51 专业及通信所：

张乃通	贾世楼	周廷显	陈功富	刘文贵	王显宽	蒙力群	张中兆
徐玉滨	谭学治	顾学迈	王　钢	郭　庆	田日才	王学东	赵先明
赵洪林	刘春刚	刘宁庆	王北松	陈　萍	杨铁军	沙学军	胡永庆
梁学东	赵　刚	孟维晓	刘　伟	谭　辉	张钦宇	段少华	马永奎
苏雁泳	刘晓峰	刘会杰	张岩峰	王　彬	王　孝	孙鹏飞	郭世增
魏守明	迟永钢	张成文	徐志伟	强　蔚	段双滨	冯　浩	

52 专业及电子所：

刘永坦	孟宪德	单秋山	许荣庆	刘兴钊	刘　梅	郑　薇	王　新
宗成阁	张庆祥	权太范	张　宁	杨永盛	王金荣	赵淑清	于长军
王国林	高兴斌	邓维波	姜义成	袁业术	沈一鹰	秦　岭	林　力
李　枫	曹鹏志	赵　彬	贾立鼎	杨　强	董华春	谢俊好	马子龙
冀振元	张新潮	位寅生	董英凝	李高鹏			

54 专业：

| 马汉炎 | 邱景辉 | 吴　群 | 李在清 | 梁忠宏 | 张　静 | 宋朝晖 | 梅海涛 |
| 张红军 | 王　欣 | 王汝征 | 傅佳辉 | 王　宏 | 秦月梅 | | |

55 专业：

李孚勤　武镇英　吴芝路　任广辉　关宇东　林茂六　李燕蒂　赵　华
许洪光　王喜斌　李延泽　靖　涛　张　博　岳育林

56 专业：

钱国蕙　曹志道　王宝祥　李绍滨　张　晔　徐国栋　宿富林　邹　斌
张钧萍　金　铭　周毅刚　陈　静　谷延锋　胡　航　曹立新　周　爽
蒋　明

直属研究所：

沈一鹰　李金宗　韩忠芳　魏祥泉　李宏博　李冬冬

系办公室：

张献民　王立亚　李　敏　钟　娟　谷光琳　谢　勇　丰　旭　李明江

2003—2011年电子与信息技术研究院期间教职工名单

通信工程系及通信所：

张乃通　贾世楼　周廷显　张中兆　徐玉滨　谭学治　顾学迈　王　钢
郭　庆　田日才　王学东　沙学军　刘宁庆　赵洪林　刘春刚　孟维晓
刘晓峰　蒙力群　陈　萍　梁学东　谭　辉　苏雁泳　刘会杰　王永建
王　彬　王　孝　孙鹏飞　张岩峰　郭世增　魏守明　迟永钢　张成文
马永奎　吴少川　李卓明　张文彬　王振永　杨文超　高玉龙　张佳岩
石　硕　吴宣利　白　旭　徐志伟　强　蔚　冯　浩　段双滨　马　琳
贾　敏　杨明川　叶　亮　于启月　韩　帅　吴　玮　何晨光　倪　洁

电子工程系及电子所：

刘永坦　许荣庆　张　宁　权太范　孟宪德　邓维波　宗成阁　袁业术
王　新　姜义成　张庆祥　刘　梅　郑　薇　谢俊好　赵　彬　张新潮
李　枫　冀振元　林　力　杨　强　董华春　位寅生　董英凝　李高鹏
于长军　马子龙　周共健　王　勇　席　堃　李　杨　张　云

微波工程系：

邱景辉　吴　群　王　宏　宋朝晖　王汝征　张红军　傅佳辉　秦月梅

杨彩田　林　澍　李红梅　孟繁义　陈立甲　杨国辉　李　伟　张　狂
宗　华

信息工程系：

曹志道　张　晔　李绍滨　林茂六　吴芝路　任广辉　武镇英　宿富林
陈　静　邹　斌　胡　航　周毅刚　金　铭　张钧萍　关宇东　许洪光
张　博　谷延锋　李金宗　沈一鹰　赵雅琴　张　喆　陈　浩　黄建明
尹振东　侯煜冠　侯成宇　魏祥泉　韩忠芳　李冬冬　李宏博　李延泽
靖　涛　周　爽　蒋　明　曹立新　王喜斌　刘丕刚　岳育林　陈　迪
高建军　张腊梅　陈雨时

院办公室：

张爱红　曲成刚　王立亚　李　敏　钟　娟　谷光琳　马　跃　张献民
宋　新　张琦琦　张　添　张俐丽　刘金龙　张春雷　李　蕾

2012—2019年电子与信息工程学院期间教职工名单

通信工程系及通信所：

张乃通　陈晓华　张中兆　徐玉滨　谭学治　顾学迈　沙学军　郭　庆
王　钢　赵洪林　孟维晓　田日才　刘晓锋　王学东　赵先明　刘宁庆
王　彬　王　孝　孙鹏飞　刘春刚　迟永钢　马永奎　吴少川　郭士增
魏守明　苏雁泳　张成文　王振永　杨文超　陈　萍　张文彬　高玉龙
张佳岩　石　硕　吴宣利　李卓明　郑黎明　白　旭　马　琳　叶　亮
杨明川　贾　敏　于启月　吴　玮　何晨光　韩　帅　梅　林　史　军
李德志　强　蔚　徐志伟　倪　洁　段双滨　房宵杰

电子工程系及电子所：

刘永坦　许荣庆　张　宁　权太范　邓维波　袁业术　姜义成　刘　梅
谢俊好　位寅生　宗成阁　张庆祥　毛兴鹏　郑　薇　赵　彬　冀振元
杨　强　董英凝　李高鹏　张新潮　李　枫　林　力　周共健　王　勇
席　堃　张　云　李　杨　郭汝江　索　莹　于　雷　田文龙　吴小川
李鸿志　耿　钧　童　鹏　王鹏飞　张　鑫

信息工程系：

林茂六	张 晔	吴芝路	李绍滨	邹 斌	张钧萍	谷延锋	沈一鹰
宿富林	任广辉	关宇东	胡 航	赵雅琴	周毅刚	陈 静	李宏博
陈 浩	尹振东	陈雨时	侯煜冠	侯成宇	刘丕刚	周 爽	李冬冬
刘金龙	岳育林	曹立新	陈 迪	张腊梅	高建军	胡 悦	陈 曦
杨柱天	卢 鑫	何胜阳	朱 兵	高国明	刘天竹		

微波工程系：

吴 群	邱景辉	亚历山大·杰尼索夫		宋朝晖	张红军	傅佳辉	李红梅
陈立甲	杨彩田	林 澍	王 宏	孟繁义	秦月梅	杨国辉	李 伟
祁嘉然	张 狂	宗 华	王楠楠	兰盛昌	刘北佳	丁旭旻	王 琮

测控工程系：

彭喜元	付 平	姜守达	彭 宇	乔立岩	李君宝	崔秀海	凤 雷
付 宁	梁 军	林连雷	刘大同	刘 旺	刘晓东	刘兆庆	马云彤
孟升卫	乔家庆	孙 震	魏长安	杨京礼	杨智明	俞 洋	张京超
赵光权	邹昕光	刘 冰	刘连胜	孙 超	王少军	魏德宝	吴 艳
许永辉	尹洪涛	俞龙江	郑文斌	刘 娜			

院办公室：

张爱红	尹立一	张献民	李 敏	谷光琳	钟 娟	马 跃	宋 新
张琦琦	张 添	张俐丽	张春雷	王维思	巴 璐	周 晶	李 蕾
李际鹏	袁斯洋	刘 莹	王远航	刘婷婷	付碧宸		

2020年1月电子与信息工程学院教职工名单

通信工程系及通信所：

谭学治	顾学迈	沙学军	王 钢	郭 庆	王学东	孟维晓	赵洪林
刘晓锋	吴少川	马永奎	赵先明	王 彬	王 孝	苏雁泳	孙鹏飞
魏守明	郭士增	迟永钢	张成文	李卓明	高玉龙	王振永	吴宣利
张文彬	石 硕	郑黎明	张佳岩	马 琳	白 旭	于启月	贾 敏
史 军	杨明川	韩 帅	杨文超	叶 亮	吴 玮	何晨光	梅 林

李德志　强　蔚　徐志伟　倪　洁　段双滨　房宵杰

电子工程系及电子所：

张　宁　许荣庆　邓维波　姜义成　刘　梅　谢俊好　张庆祥　毛兴鹏
位寅生　赵　彬　杨　强　王　勇　郑　薇　董英凝　张新潮　冀振元
李高鹏　周共健　张　云　于　雷　李　杨　耿　钧　索　莹　田文龙
吴小川　席　堃　李鸿志　童　鹏　张　鑫

信息工程系：

张　晔　吴芝路　任广辉　沈一鹰　邹　斌　张钧萍　宿富林　谷延锋
赵雅琴　周毅刚　关宇东　胡　航　陈　静　陈　浩　尹振东　侯煜冠
胡　悦　陈雨时　朱　兵　侯成宇　张腊梅　陈　迪　曹立新　高建军
杨柱天　李冬冬　刘丕刚　刘金龙　何胜阳　高国明　刘天竹

微波工程系：

吴　群　邱景辉　亚历山大·杰尼索夫　傅佳辉　孟繁义　杨彩田　张红军
陈立甲　李红梅　林　澍　祁嘉然　杨国辉　张　狂　王　宏　宗　华
李　伟　王楠楠　兰盛昌　刘北佳　丁旭旻　王　琮

测控工程系：

彭喜元　付　平　姜守达　彭　宇　乔立岩　李君宝　崔秀海　凤　雷
付　宁　梁　军　林连雷　刘大同　刘　旺　刘晓东　刘兆庆　马云彤
孟升卫　乔家庆　孙　震　魏长安　杨京礼　杨智明　俞　洋　张京超
赵光权　邹昕光　刘　冰　刘连胜　孙　超　魏德宝　吴　艳　许永辉
尹洪涛　俞龙江　郑文斌　刘　娜

院办公室：

尹立一　谷光琳　张俐丽　宋　新　张琦琦　张春雷　周　晶　李　蕾
刘　莹　王远航　刘婷婷　付碧宸

电信学院历届毕业生名录（本科毕业生）

1960 届本科毕业生（4 人）
无线电工程系 55 班：

曹玉琢　李正廉　孔临琨　张森梅

1961 届本科毕业生（58 人）
无线电系 56 班：

崔　毅	张实云	李芝荣	董绍平	段凤增	张义方	冯健华	王蓉善
李慧珍	喻江东	王开广	崔清正	马铁华	苗德家	冯庆仁	赵立人
杨德胜	张家余	张万杰	张赫湘	于贵荣	周兆经	尤炳淦	张肃学
李士伯	顾建业	袁克兴	贾世楼	单秋山	王联正	葛缘樵	邓燕平
孙福庆	李泽普	沈谷裕	张秉武	张纯武	沈瑞祥	郭允晟	王玉民
林士群	赫　羽	王圣宣	杜　方	丰文超	钱荣芬	宋寿山	白玉贤
徐殿一	闫庆长	王堃一	付家庆	郑绳楦	叶振平	孙圣和	余德良
郜明仁	李忠复						

1962 届本科毕业生（77 人）
5744–1 班（雷达）：

黄祥鹭　刘延年　刘鸿运　金万福　张石僧　孙承显　李朝柱　曹　玲

刘振江	冷华胜	张正益	王显厚	向国春	马长荣	王云奇	关汉贤
范垂芳	沈 骞	赵友志	谈维夏	宋元恒	单竹如	梁若新	朱 晋
赵小琴	刘继刚						

5744-2 班（雷达）：

梁福生	李国华	张福润	赵志堃	李 栋	王凤高	刘海波	高殿华
夏家宝	孟宪德	程树枫	于长海	白永贵	侯兴民	金鑑民	余自安
周国安	张云采	沈岳林	包养浩	韩金滕	贲 德	曹慧芳	揭瑞谣
刘爱卿							

5745-1 班（无线遥测遥控）：

张凤才	华成年	姜德生	魏锡田	陶 兴	赵国起	金俊默	陈圣哲
唐朝玉	李明达	郭福田	邬连成	慕淑珍	刘全菊	王锡兆	白忆南
吴克钗	张禹田	曾绍贤	睦德成	李玉辉	蔡 岷	周廷显	李桂林
刘志强	王相一						

1963 届本科毕业生（127 人）

5844 班（雷达）：

刘庆忠	刘定国	谢 格	杨恩福	王嘉新	宋仁骏	郭兴德	刘玉琦
程根才	杨锡太	罗思成	谭秀华	刘长清	张道滨	贺霞葵	甘长新
张广侠	孔德人	徐希才	徐安生	李秀芬	许 芳	刘鸿超	林哲生
宋全祥	王明可	徐元卿	孙克敏	张熙良	王振奎	欧阳琏	荣若兴
杜玉震	于凤池	李建阳	马宏久	雷 侃	张宝晨	杨德昌	马忠盛
陈 良	李国庆	黄松浦	戴世昌	舒尊义	梁世杰	彭扩田	王本谦
谢世兴	曹玉兴	李志朴	侯宝珍	黄凤旭	杨延长	杨永盛	都世民
刘淑敏	梁双城	陈永甫	郭世伟	王连仲	柳玉芳	乔秀珍	李昌海
林乃光	朱全勤	宗启深	肖 捷	王庆君	张长仁	丁延才	赵锡纯
王治中	潘照庆	吴学良	刘兴华				

5845 班（无线电通讯）：

高益增	李伝忠	徐厅元	程学忠	杨贵杰	陈德震	高春山	吕志新
徐德顺	李百顺	施万钧	王海洲	张力余	董启礼	施国樟	郭秀兰
宋文涛	严朝阳	沈贵林	王春秀	洪绍候	尹春富	陈一新	王阁臣
吴忠宝	高 飞	王成信	佟福元	冯汝明	江德福	韩德庆	孙海林
吴荣坤	沙日升	潘玉兰	王淑范	欧阳利	董德兴	欧发志	张崇儒
王保元	王国昌	赵满根	李守成	周瑞珍	褚振安	赵继安	孙元德
孙凤阁	贺益吾	任守勤					

1964 届本科毕业生（138 人）

5944-1 班（雷达）：

生好伟	蒋 苹	权桂南	李正琴	赵桂莲	贾德昌	古 风	陈春林
刘克旋	李家松	叶筑生	苏新才	辛贵有	韩自顺	刘长春	魏 智
张廷华	马汉炎	周洞庭	柴东义	刘凤才	孙运章	海艺馨	张庆余
俞圣黎	张秀太	毕德才	杨景春	王基本	彭春芹	周绍良	

5944-2 班（雷达）：

杨凤珍	周乃冲	耿文兰	高炳义	侯煜明	张彩云	陈炳初	周江民
李洪全	贺 刚	武光耀	韩景晨	杜兆发	吕雁滨	孟高前	战 捷
赵玉文	太振星	孟繁成	马仁祥	齐兰田	顾世林	贺长义	赵仁宇
骆秀兰	刘淑叶	贺瑞生	吕秀立	钮培澍	王宝祥		

5944-3 班（雷达）：

夏文茹	何晓松	沈翠羽	施秀芳	刘兴隆	房叙生	苏继成	陆裕科
曹金贵	刘焕文	李兰庄	袁及人	范海湧	李金宗	侯志昆	韩滇生
屈云升	陈浩太	郭亚勋	刘永昇	邱庆双	李文杰	黄关荣	王振福
梁维杰	杨明江	吴以恒					

5945-1 班（无线电通讯）：

余斯嵩	范伝宪	张世增	王焕宾	郑华芳	李永华	杨玉珍	段妙兰

啓　富	刘文贵	周庆余	田大有	李言祝	孙念贵	张宪惠	张志海
程春德	陈忠和	张竞潮	樊振国	刘泽文	于德隆		

5945-2 班（电子测量）：

陈梅弟	陈金玲	汪丽丽	张敏新	甄　真	周树仁	陈龙宪	陆品祥
冯树芝	蒋福元	万定宽	朱鸿森	潘德明	单明喜	喻伟和	孟庆厚
那振春	张泽荣	高宝英	刘书鹤	李志强	陈培雄	张继舜	李西元
傅延鑫	白虎德	辛殿枢	张秉武				

1965 届本科毕业生（163 人）

6044-1 班（雷达）：

李传经	赵淑兰	王培祖	张　敏	魏振海	周翔先	栗玉钢	张殿甲
李岳峰	张仲才	邹季春	姚亚男	陶启荣	周其炳	刘泉春	林宝玺
陈云美	陈学林	张盛家	姜言久	胡述方	朱玉官	王雅斌	张万清
张日苏	田永渝	贾长友	秦福申	吴盛岩	王成祥	祝兴忠	陶其黄

6044-2 班（雷达）：

柯文华	唐洪美	黄永赋	黄纪蓉	雷顺端	丁　瑛	唐建久	王锦华
韩克忠	石孝慧	朱宏德	朱吉昌	李建国	王　洋	李应璋	刘传祥
刘永本	卜恩德	张忠陆	张鸿玉	杨清莲	宣钟业	赵荣久	马熙焕
王　儒	李恩全	冯学新	杨发智	沈鸿仁	金振水	曹景滨	宋淑淳

6044-3 班（雷达）：

段国桢	付志刚	李贵奇	曾凡臣	张锡泰	张久良	刘长永	李津祯
李永昌	高庆武	杨树林	杨永青	谭和谟	杜文一	张宝娣	富焕璋
徐顺成	杨若岩	胡在岗	姜延东	韩开功	钱孝濂	李富财	吴复尊
方伦伟	陈祖恒	刘滋厚	吕振东	霍淑兰	张雪梅	张积东	陈怀文
孙树生							

6045-1 班（无线电通讯）：

杜文宝	江河清	刘瑞岐	贾玉昆	王士魁	范朝友	潘玉昇	李国铭

于伯健　胡文印　蒲玉琴　李振国　张学仁　林伯勋　赵光仁　洪连海
郭全宝　王　琦　梁学诚　刘素珍　张兴堂　赵洪发　于景惠　陆吉琴
颜文清　陈知义　卢盛溪　于爱淑　谢定义　高　冀　商玉坤　景治业
李德政　侯长嵩　高仁兆　李诚良

6045-2 班（无线电测量）：

张洪恩　毕桂兰　季万和　张志云　高宗鼎　任铁英　崔　富　张筱田
蔡熙荣　方树奎　李俊杰　杨素贞　李凤学　廖汉元　冯　彪　李　玲
董绍国　唐树才　王诚斌　陈秋芳　崔雅洁　王新国　李曰聚　孙文志
王云祥　刘宠朴　石东贵　马　林　刘定宇　王占岑

1966 届本科毕业生（71 人）

6144 班（雷达）：

于洪均　付仲速　朱同高　刘懿义　刘久林　金伟良　宗文斌　吕敬元
吕俊宁　洪福顺　姜兆文　亲耀东　张阿根　张洪绪　张穆娴　张玉书
徐良辅　冯玉英　杨同瑜　康国桢　谭泊生　孙文涛　王清琴　陈怀文
李国桢　傅振苓　仇凤英　杨树春　孙树生　李景义　蒋逢星

6145 班（无线电通讯）：

董凤山　程秀良　吴顺发　张志渊　柴吉庆　王忠善　许士明　杨富坤
孙宝库　张秀荣　张乃珍　陈石名　肖瑞景　王益莹　朱学均　翁翠华
王耕成　范淑琴　戚贵松　于洪江　勾铃玉　副鸣锦　王宝诚　高春成
向　鹰　王建国　刘国臣　苏诚廉　刘丕兴　杨远华　仉锡忠　陈华廉
徐连生　孙德国　修秀荣　常迎春　鲁淑珍　刘云江　战振庆　谷秀山

1967 届本科毕业生（59 人）

6344 班（雷达）：

刘仁仲　尹德长　于加力　何文业　黄永年　孙元才　刘继忠　李克明
穆宝树　刘正维　黄镜英　王蕴华　吕庆春　史宝和　睦衍铭　孙传友

张寄行　冯春福

6345-1 班（无线电通讯）：

杨宝苒　修生田　高　鹤　李国元　印振杰　李东范　孙凤文　程树森
佟少英　吕　凤　李洪胜　郭永平　杨莘元　董家宪　董金芳　刘子荣
叶长岳　陈洪祥　孙民生　肇家骥　王梦石　王英才　陈文涛

6345-2 班（电子测量）：

孟正兆　王吉贤　王再汇　善铁军　赵之仁　商画琪　魏明均　李美环
马瑞贞　郑金国　孙伝森　程乐年　李盛春　于洪顺　曾宪顺　于宝顺
冯　昌　何利民

1968 届本科毕业生（46 人）

6444 班（雷达）：

王恩来　陈庆存　谭　秀　罗景文　王明琴　孙家平　马卓新　谢炳煌
蒋贵明　王振乾　梁德虎　熊福生　宋德益　郑大扩　惠宗善　姚杭兴
付金海　郑树松　徐安德　王　忠　白云集　金振球　李光益

6445 班（无线电通讯）：

夏煜琪　奚正银　孙秀秋　王　晶　王跃庭　杨晓巍　刘明新　陈志达
国　是　过再喜　张　幕　李克照　袁聿诚　武殿行　王春生　达明瑜
谢斗奕　陈逢田　袁知财　尚三久　侯玉杰　叶成龙　赵家才

1969 届本科毕业生（71 人）

6544 班（雷达）：

牛双义　毕英兰　曾光亮　屠用励　牛建康　李宗委　沈建民　韩景元
仇介之　秋国辉　王绪光　梅兴宫　钟灿柱　陈万明　李宝珍　徐仁德
徐洪斌　田永山　闫星华　卢国胜　王志奇　刘恩普　朱　云

6545-1 班（无线电通讯）：

吴振刚　史秀河　韩淑云　丁玉轩　张　涛　段福六　王化敏　刘文开
葛桂生　吴玉民　杨德春　娄向明　董岐元　汪良炎　任暄堂　宋福选

蒋　凯　　陈广采　　韩国瑞　　殷瑞宗　　何懋权　　耿龙海　　张学实　　曲　瀛
辛返静　　魏洪明　　缪西彦　　汤华杰　　郭重喜

6545-2班（电子测量）：
王瑞德　　王素娥　　潘天林　　刘维勇　　马书元　　孔祥山　　徐进军　　卢翰矶
郁忠甲　　刘尧刚　　宋乃君　　冯建平　　匙聘杰　　范景芳　　张屯屯　　郑永寰
李芳毅　　王志超　　康作彬

1976届本科毕业生（59人）

7344班（雷达）：
梁季宁　　陈宏陆　　高振发　　梁根龙　　陈国勤　　霍　山　　毛　丽　　李　谦
李素婉　　徐德田　　任益三　　魏忠海　　吴德银　　崔永胜　　段波海　　苗铁诚
房育民　　高柏秀　　张明亮　　李爱军　　于在洋　　袁可山　　杨福庆　　宣　民
张其振　　黄大钦　　柯哲为　　石发动　　沈厚国　　刘笑陵

7345-1班（无线电通讯）：
封志华　　赵铁良　　姜　波　　肖云炎　　白金才　　刘绍华　　胡乐鱼　　王国庆
张新华　　张家明　　蒋运峰　　姜卫平　　吴珂秋　　李　薇　　周　宁

7345-2班（电子测量）：
张华生　　隋　东　　季旭东　　孙长荣　　谭庆国　　陈连起　　索兴义　　许永康
王永福　　乔晓林　　窦小三　　张继红　　周瑞英　　汪宝林

1977届本科毕业生（61人）

7451班（无线电通讯）：
曹玉珍　　徐永缔　　贺继荣　　赵景全　　赵　军　　范素琴　　金命昌　　杨振云
王　锐　　王淑清　　尹仲琪　　陈彦华　　刘仲元　　刘俐纯　　张景芳　　李宪法
李　革　　李铁铮　　齐翠萍　　马丽霞　　郭顺义

7452班（雷达）：
蒋诗元　　袁业术　　贾永炎　　胡永忠　　宗成阁　　严国平　　邹宝林　　谢留清
王福生　　王景会　　王　弘　　王承忠　　刘宪军　　刘素艳　　史续生　　李保安

关殿山　曲　杰　巩玉荣　孙富友

7453 班（电子仪器与测量技术）：

荻　沙　夏白云　段秀芹　姜　河　周玉琴　吕秋兰　邹家茂　吴绪芳
吴　群　王　新　王树芳　邓凤英　刘旭英　丛卫东　张　勤　张新爱
张颖书　张周孟　闫海路　安云富

1978 届本科毕业生（102 人）

7551 班（无线电通讯）：

崔燕青　许松子　田仙珍　周　彦　解志红　王兴凤　边鲁兮　戴　宁
武　平　富欣荣　曹福莉　郑庆武　刘凯峰　刘国建　李晓峰　王军成
虞德亮　敫　强　金石柱　刘永斌　罗万和　张晓光　李本有　彭举岭
谢连发　李延泽　张德忠　彭友谊　吴炳贵　杨培根　丁红宝　肖永贵
雷丛生　薛立平　朱安娣

7552 班（雷达）：

张瑞阳　尹利群　熊应峰　葛荣福　李广耀　王凤书　徐永红　常宝莉
钟跃芳　彭冰清　张玉伟　王云升　唐英国　高传江　周经纶　金龙强
唐绪贵　刘荣春　胡贵端　李亚铨　单智成　史振东　陈旭东　陶忠民
艾福平　迟桂生　曹中清　陈孝华　杨文环　张滨荣

7553 班（电子仪器与测量技术）：

周宝祥　彭玉水　韩文龙　沈德雨　王文杰　明向阳　徐　伟　陈　燕
马翠玲　李长琴　胡菊梅　张玉莲　闫宇华　王晓梅　李　艳　孟敏青
马荣君　王丽军　陈丽娟　龚建农　张桂珍　藏学英　孟传良　姚春华
徐　飞　谭传定　牛铁丁　高顺东　李北光　李有元　陈富民　韩贵春
陈文义　覃承刚　孔令茂　康亚平　沈晓莹

1980 届本科毕业生（74 人）

7651 班（无线电通讯）：

尹凤起　孙悦新　王安宁　范文运　左晨光　侯晓峰　王晓光　张荣琴

刘洪祥　胡亦平　高云波　白松竹　姜淑英　付兆栋　赵金生　白　哲

7652 班（雷达）：
赵惠芝　梁力强　刘　力　黄宏伟　辛　显　石美英　马继增　李珍秀
严建华　薛全有　李法成　黄天成　李平畴　李红宇　孙淑珍　詹爱明
许德顺　贾宝云　段　云　解　红　赵振国　李凤祥　刘　凯　任奉文
粟　明　徐延锦　高志凤　王建斌　方国祥　蒋金春

7653 班（电子仪器与测量技术）：
赵福臣　杨　禹　胡广斌　郭　莉　王国华　冯金桂　吴伟新　王全敏
刘全章　王起勤　武国林　王存佩　王丽娟　丁　媛　高洪令　王忠义
鲁治国　常　英　陈修芬　师　力　李建新　白海滨　邵永才　宫淑清
孙　彦　陈志玉　宋汉夫　吴志奇

1981 届本科毕业生（55 人）*

7752 班（信息工程）：
吴建华　左卉丁　向瑞红　杨运安　尹显富　韩忠芳　许荣庆　李振广
冯文林　任　征　赵淑清　王　晓　张　宁　李祥林　高火山　刘　波
周正彪　汪映欣　施心洁　马晓明　王大培　沈一鹰　江　山　王醒凡
韩　晶　章沙雁　鄢建平

7753 班（无线电技术）：
刘惠清　刘红彦　刘　芳　刘　杰　刘公望　马忠卿　陆亿泷　张宪桥
贾晓光　苏科峰　施正豪　王志成　董继成　边晓燕　徐　颖　魏建池
任长在　张毅刚　杨晓君　王云景　曹若欣　陈宏图　朱建社　郭位光
李之聪　方　明　郭贵荣　辛维壮

1982 届本科毕业生（123 人）

7850 班（无线电工程技术师资班）：
吕晓民　徐国栋　马利炜　宋宝宁　赵　彤　熊　焰　赫荣刚　高铉锡
谭学治　魏书刚　刘尔琦　练　滨　吕　平　何　新　纪国武　于立民
文光中　安　康　任守刚　李　微　关　丽　李绍滨　张铁韧　邱景辉

---

* 1981 届本科毕业生实际为 1982 年初毕业。

安光一　张国庆　贾长岭　张　英　孙　旭

7851 班（通信系统工程）：

唐爱陶　刘万福　刘丕刚　顾学迈　黄　明　杜　颖　赵　强　张　晔
刘旭东　程洪贵　赵志刚　高连吉　杜　军　沈　军　李海育　赵　辉
郑建庆　杨建民　张中亚　刘志嘉　李　瑛　汪晨光　胡庆梅　张　跃
陈绮文　郑三良　岳　展　徐继蓓　于　涛　王培康

7852 班（信息工程）：

王传彩　张　禄　王　枫　田胜金　董贵滨　傅亚成　孙　磊　童晶静
季树典　辛向东　张书云　魏晓明　苏　苇　曹　伟　孙鹏举　孙汝革
刘卫平　李　燕　朱　嵘　李建三　杨学维　郝义兵　胡　滨　娄　可
于永生　夏　俊　张　竹　吴　布　石茜蓉　毛巨川　林　跃

7853 班（无线电技术）：

马天纵　冯海滨　晏才宏　陈丕力　金禹丰　孟建国　王爱学　高　飞
孙礼明　许振忠　王　杰　姜　明　牛夏牧　刘晓燕　张　杰　孟　璐
纪光喜　李居庸　马淑英　吴小波　郭争鸣　齐　欣　王小华　周飞彪
张程明　张世兴　曾涟漪　刘希平　聂泽云　杨雪英　祝龙双　吴　双
易　木

1983 届本科毕业生（56 人）

7951 班（通信系统工程）：

李景滨　李丹珠　柳金生　于　珏　李征宇　王　彦　刘文光　王少军
赵金义　路明甫　陈文强　贺菊芳　钱存林　赖　健　丁南平　薛理银

7952 班（信息工程）：

张振伍　宋立辉　宁长明　王元钦　冯乐英　王喜宏　邓长军　王长志
周　琦　王　勇　徐　飞　吴　军　周英华　徐　青　曾　林　陈建华
朱维奇　罗宣高　张　明　陈　琢　卞俊虎　蔡航华　欧阳征标

7953 班（无线电技术）：

杨贺中　王乐天　黄成文　吴芝路　谭　斌　颜庆华　王　海　郭庆增

陶启俊　吴伯臣　庄家其　胡新辉　王伯顺　柯松柳　曲　彤　张序平
李兴凡

1984 届本科毕业生（81 人）

8051 班（通信系统工程）：

王　钢　王　毅　王治博　王锐峰　少团团　孙金洪　关　钊　刘　宏
李　俊　任　勇　吴石林　邱继红　陈方予　范卫东　罗树成　张玉春
张启良　郭树晓　赵宇红　唐宏安　贾玉林　徐晓慧　殷长玉　周砺平
朱　江　孙云峰　兰　涛　刘有源

8052 班（信息工程）：

于长军　于守山　马一兵　卞绍罡　王国林　刘兴钊　刘树彬　李　翔
李志宇　杨彩田　吴一明　季　平　单　涛　张庆祥　张振国　张鹏飞
赵中伟　赵希斌　谢曙斌　潜红宇　王立伟　王向东　娄立群　孙　健
郑柏秋

8053 班（无线电技术）：

王　甦　王　照　卢仲石　李　强　李丰国　吕　汉　任广辉　巫晓薇
杨本进　肖志东　陈卫均　陈振中　张伟滨　周贵新　周晓阳　姜守达
赵洪志　侯秀峰　秦　英　秦立燕　彭喜元　董鹏举　薄晓红　潘琢金
俞　洁　孙乐民　刘会平　马共立

1985 届本科毕业生（73 人）

8151 班（通信系统）：

包远东　王学东　权淑媛　吕其凡　刘　伟　匡　勇　李兴海　李宝民
李艳志　李颖斌　杨美刚　吴　荻　沈丽艳　周景坤　张柏良　徐洋冰
桑春刚　焦庆中　童　箭　曾灵菊　潘锡军　谭立军　韩兴传

8152 班（信息工程）：

于洪喜　王伟东　王恩强　仇立军　文道裕　孔松泉　潘晓军　刘　屏
杜菊华　李　伟　李文德　李宝清　吴茹娟　何守杰　宋爱军　郁湘海

周颖丽　秦　刚　隋　新　黄　澎　董立海　程宏伟　谢维波　王　颖
伍志海

8153班（无线电技术）：

马兴成　叶　青　冯玉明　回书明　刘　震　许洪光　孙智云　李　立
李　峰　吴汉羽　陈　哲　武英举　周万新　郑福春　张显满　张贵德
胡可刚　贺　国　袁　宏　袁健全　唐计猷　章　祺　黄　丽　董　亮
董　浩

1986届本科毕业生（81人）

8251班（通信工程）：

王　静　毛振敏　平战国　孙　毅　匡载华　李有军　李旭杰　李国良
李爱军　李　湘　吴　凯　冷碧晶　范冬梅　施长春　张今一　张　利
钱文进　曹　军　郭　勇　曾　云　戴　柠　汤世璟　靳桓玮　曹瑞琨
庄　伟

8252班（电子工程）：

才　虹　于印忠　王同桓　王俊毅　马开龙　古一鸣　邓　钢　时晓军
肖敦鹤　杨小宇　杨　青　胡大勇　张纯学　张　睛　赵秀英　赵　蕾
郑　兵　宿富林　符志民　崔世海　郭　建　靳宗泽　惠师胜　蔡作荣
王　汀　黄　斌

8253班（电子仪器及测量技术）：

万广亚　方　英　马喜斌　王　红　王志有　曲　翕　刘　锋　刘建华
冯　琨　何跃华　邢晓磊　吴孟飞　李　季　李绪辉　宋普江　陈国兴
陈艳萍　陈书亚　陈　岚　陈玉涛　邹有舜　金永镐　金郁君　胡振江
张国亮　张　凯　徐　强　高连山　曹英杰　阚秋杭

1987届本科毕业生（78人）

8351班（通信工程）：

王向东　邓长灯　邓立新　叶海波　代兰波　曲　毅　任贵清　刘　军

刘　忠　刘晓红　刘培军　孙启祥　李文元　李玉萍　宋　军　杨文庆
罗　鸣　金爱顺　周一川　郑继房　胡景峰　彭和平　黄　勇　廖祖君
熊丽红

8352班（电子工程）：
王华茂　王晓红　师英伟　刘少春　刘建华　刘荣先　刘艳明　孙　迪
孙云龙　何先涵　陈蒲阳　杨　伟　杨　亮　周　平　金桂庆　张子刘
南恒立　姜义成　宫峰勋　郭劲松　翁健梁　康真起　廖向东　谭维斌

8353班（电子仪器及测量技术）：
马艳芳　马继红　王　德　王克文　王贵海　方现银　田玉忠　刘　飞
刘　勇　刘爱凤　李　东　李亚林　李葆嘉　何　薇　何子英　余岳龙
宋刚艳　陈金龙　范成武　林学明　郑立强　柳　军　赵庭荣　徐新立
陶振宇　曹树荣　黄枝荣　鲁志军　薛巨峰

1988届本科毕业生（92人）

8451班（通信工程）：
王传武　薛瑞深　潘年茂　谢以民　蒋立立　程　远　凌　波　赵　愚
梁伟安　赵先明　郭金福　杨秀芝　郟汝华　和天军　张南平　张建栋
张继芬　何　洁　任宇新　纪效鹏　朴　燕　闫国梁　宁宪富　刘惠明
刘佳涛　刘宇航　孙　勇　于利君　王德强　章　静　朱维龙

8452班（电子工程）：
赵玉国　宿成海　潘爱武　潘立兴　龚良国　梁　岩　曾　捷　郭晨光
凌智勇　荆保建　骆廷兵　洪明春　罗初览　杨清波　郑　薇　张永海
张　杰　何兵哲　吴导成　刘　燊　吕　刚　吕学军　叶伟斌　冯　为
尹凤春　王翠英　尹向阳　许　建　杨亚聪　达娃娜姆　皇甫西文

8453班（电子仪器及测量技术）：
薛允民　栾红卫　高晓明　杨　飞　杨灿美　陈建军　吴援明　赵学丽
刁永恒　张道山　李永豪　赵秋雁　熊小兵　程根法　萧长虹　高宏峰
郑建英　赵春颖　张仪凤　林　凯　邵明双　吴京波　陈　军　阮盛隆
刘会仁　刘荣增　王伟斌　王　宏　王　中　巴　毅

1989 届本科毕业生（87 人）

8551 班（通信工程）：

李兰生	徐 军	万 力	余红军	彭辉文	叶 新	李在清	周松明
刘咸汉	魏 旭	唐润乾	周 理	张玲芳	李建军	祁劲松	张 浩
傅占宇	罗文魁	刘 宇	马彩霞	尹晓华	贺红波	李 洁	韩 瑛
刘广武	沙学军	单福娟	王晓光	胡永红			

8552 班（电子工程）：

刘玉华	房玉华	陈明波	汤向阳	毕世龙	刘 健	宋志燕	郭 斌
马 明	黄 尧	刘星慧	陈 健	刘 春	王建立	吕明操	汤洪涛
黄记辉	王 新	王 稷	陈 政	邹 涛	丁 辫	刘 芳	申金红
杨效军	李 健	李光林	李林林				

8553 班（电子仪器及测量技术）：

田 明	胡文军	武乃是	蔡宏程	李树民	马天晖	刘 轶	毛京红
王 英	刘立广	田宏文	徐向阳	林大兵	程红丽	孙利平	李 君
冯文强	张立志	王瑞兰	董 筠	马文宏	沈 红	阎 馨	刘喜泉
常小军	薛志刚	齐乐仪	杨 勇	韩童珉	魏凯明		

1990 届本科毕业生（129 人）

8651 班（通信工程）：

廖荣忠	窦玉民	程红霞	董明良	唐广明	耿全德	贾立宁	赵汝熙
胡 忠	陆翀屹	周绍运	邵学德	陈汉清	陈 岗	吴惠杰	吴红伟
孙志辉	刘卫华	刘 畅	刘 忠	刘 永	吕妍红	邢少娱	冯小礼
仝文俊	王斌宏	王岳定	王 波	杨 光	侯银燕		

86521 班（电子工程）：

王文丽	王继良	王殿强	朱东亮	刘 爽	刘卫华	刘维伦	许玉明
孙 兵	李慧镝	沈建军	陈隽永	张 华	孟庆利	柯有森	夏有莲
徐昇平	钱恭斌	殷宏伟	王 民	王 辉	韩 琪	苏保吉	刘海峰
曲永成							

86522 班（电子工程）：

王 放　王 威　王志强　丛海波　杨桂英　毕树友　邹 斌　邵一峰
罗海波　张红军　张凤媛　张敬东　赵海军　侯俊才　徐 攀　郭拥军
黄瑞岳　潘春雄　卓尚清　王 拙　贾继辉　刘国顺　李宗兵

86531 班（电子仪器及测量技术）：

郑志强　张文胜　张建华　赵海防　俞新芸　郭文明　黄沈滨　潘 彦
薛 山　张建东　王灿义　王德斌　冯 鑫　冯继清　刘文俊　刘建良
李 翔　杨红军　杨文彦　杨晓莺　沈东明　何洪涛　迟长燕　陈 林
罗 瑜　金 铭　李旭宏

86532 班（电子仪器及测量技术）：

胡立滨　于滨海　马俊峰　王 杉　王金乙　刘 洪　刘 新　刘国良
刘哲欣　安晓伟　杜金峰　李 青　李涌晖　杨 斌　吴明星　吴颖虎
沙 菲　陈邦稳　张 勇　孟维晓　谭秀韵　叶志刚　高振武　骆云峰

1991 届本科毕业生（168 人）

87511 班（通信工程）：

于恒春　王永生　石 华　朱 华　刘 健　权晓岚　孙鹏飞　李红卫
陈 阳　张立定　赵洪林　杨郁林　胡 忠　胡永庆　姜 周　郑文胜
钟铭庆　唐 俊　高文斌　梅 冬　蔡 成　臧贻鹏　薛志刚　马旭东

87512 班（通信工程）：

丁 勇　王嘉文　王子立　王恩东　兰明光　代晓斌　丛满坡　刘 兵
刘志勇　朱平章　李沁伟　陆 群　张正荣　张惠兴　罗茂才　邬齐辉
胡 嵘　胡永红　胡诗强　祖卓炬　郑振勃　姚 东　韩 岩　钱 斌
徐曙清　赫 洋

87521 班（电子工程）：

王 宁　王建新　韦 承　刘兴钢　刘英杰　刘国红　曲敬铠　何 钢
芦江宜　张 伟　张 纯　张 忠　杨 桦　杨 静　林从新　金卫东
胡 航　俞梅金　高 伟　殷亚平　崔 旭　康晓军　于钦庆　陈为民

林　海

87522 班（电子工程）：

潘智胜　蔡　翔　蒋红宇　董英凝　曹慧聪　曹鹏志　曹宏杰　徐东晖
梁永忠　倪鸿斌　胡祖群　金成伟　赵志军　赵洪启　杨春光　杨　琨
陈兴宇　李新安　李春刚　李宝延　李　振　向　阳　刘　涛　刘　洪
王　进　魏东兴　高亚萍

87531 班（电子仪器及测量技术）：

于嘉茹　于　曼　王慈保　王雪松　刘　炜　刘　斌　刘宝辉　刘　军
白　雪　朱　江　毕远强　陈昭胜　陈叶青　张久林　张　巍　张光军
张旭虹　张宝忠　张颖祎　吴玉华　周　斌　范振华　罗魏熙　顾佳宁
梅　伟　唐福建　黄　斐　雷晓蓉　谭忠泽　曹北平　张文雷　郑云辉
王英亮

87532 班（电子仪器及测量技术）：

丁　岚　丁　兵　王凤春　王雄伟　王迎春　宁安太　刘贵强　田　兵
李晓非　李　斌　李江涛　李　军　朱智劲　毕　力　江田益　宋志民
宋　虹　陈文斌　张　晶　张丹华　肖樟树　吴　波　郑胜光　郑　玉
胡序忠　高洪伟　徐　奇　黄　红　黄炜杰　戴耀华　韦文权　辛德亮
裴来友

1992 届本科毕业生（173 人）

88511 班（通信工程）：

白　钰　王　煜　郑　焱　杨伟焕　许晓玲　刘春刚　房成镇　胡兴畅
肖立民　罗晓锋　马　波　曹旭虹　王晓旭　詹　嵩　王　刚　于　哲
张大文　蔡松伟　王克兵　刘雅娟　张庆宏　来　辉　赵海波　李　成
邓广勇　刘劲峰　朱　雷

88512 班（通信工程）：

梁洪屹　吕共欣　邓卫国　杨　强　吕　杰　陆志宏　仇建宏　许光海
陆建军　张二伟　沈德胜　徐家力　崔明辉　马　淼　张　方　龙　飞

王 蓉　杜春玲　杨明极　梁 兵　李 艳　陈 庆　王 军　李 悦
张立军　滕薇丽　戴俊文　藏庆珊　甘 军　陈 悦　王培雄

88521 班（电子工程）：

于克岩　庞永星　杜成文　张 静　沙立滨　李 岱　陈卓卓　江永波
黄平岱　何剑森　杜国勇　张朝霞　梅海涛　王 谦　杨春明　罗 军
彭 胜　孙永军　姚昌思　董明磊　周雪岭　沈艳萍　王 燕　吴 平
玉光勋　何 涛　解本钊　王立欣　刘岳鹏　宋朝晖　王焱辉

88522 班（电子工程）：

缪 坤　陈宝民　周 斌　昝劲文　吴其林　李建宇　赵 彬　李 东
杨建桥　刘臣龙　李 淀　郑利明　张劲林　王韵良　马 战　胡阜东
陈亚林　张 劲　金彦亭　张 军　秦 松　宋国利　贾立鼎　王景峰
于红梅　张桂娟

88531 班（电子仪器及测量技术）：

邹 明　刘智昊　李晓东　白 锐　苏雁泳　李 研　李河川　魏广泉
陈兆宇　孙宇航　方 晶　于敦海　赵胜宇　罗敏轩　臧 伟　石瑞英
罗 健　李健巍　张 强　李国男　邵 琼　夏维权　葛仁明　王朝滨
舒冬梅　陈永平　袁旦阳　韩先丽　李玉平　林 军

88532 班（电子仪器及测量技术）：

瞿生昆　刘云策　王慧中　崔祐涛　李 琳　邓超平　吕家麟　张 军
赵 波　岳 涛　田恒春　邢荣刚　张秦梅　凌子松　任现雨　王景红
蔡 良　余 波　林睦葆　刘 粹　李维宇　马 泽　章文彪　王 顶
王本龙　郭 立　汪明舒　杨云松

1993 届本科毕业生（83 人）

8951 班（通信工程）：

贺东梅　林妙南　郭伟明　贺立俊　毛 军　杨 芳　林威汉　刘 波
李若祥　邢海燕　沈 玮　顾 涛　马丽娜　曲 雷　张继光　邱 斌
林尚平　赵 民　张 哲　袁晓杰　王 通　孙敏英　张 璐　黄 薇

周　涌　　周志华　　王立东　　张　弩　　陆永明　　刘永东　　李发良

8952 班（电子工程）：

黄必力　　吴奕东　　任泽亮　　张朝柱　　王　亮　　孙宏志　　李春松　　王家英
周建锋　　张玉良　　王雪芳　　廖卫宏　　胡仕友　　贺云飞　　屈晓光　　李　宁
胡　拓　　张　洁　　马效泉　　关咏梅　　马　锐　　方　程　　徐　峥　　全黎明

8953 班（电子仪器及测量技术）：

李　健　　魏子忠　　金　鑫　　詹秋运　　谢红兵　　张　诚　　马赫君　　林　静
刘寿君　　申　玮　　龙江群　　韩　旭　　万良安　　杨久渝　　代光建　　张　扬
马月光　　张大路　　于　莉　　何　欧　　姜卫芳　　张　莹　　李　昕　　王星来
王延庆　　陈　勇　　杨碧卫　　周　毅

1994 届本科毕业生（87 人）

9051 班（通信工程）：

金　明　　张劲辉　　柏　杨　　魏　武　　叶　茵　　吕湘琴　　王金华　　李泽宪
陈　凯　　赵巨纳　　李朝晖　　吕　偶　　邓学军　　杨良华　　张宇晨　　巩　伟
郑亚平　　黄云诚　　张　娜　　赵文军　　骆　恺　　郭文耀　　陈骁兵　　张钦宇
孙　力　　梁学东　　肖立武

9052 班（电子工程）：

周朝阳　　张海朋　　吕良发　　张　华　　张　军　　王　倩　　陈宝春　　苏士明
胡戈锋　　林　刚　　冀振元　　张　澎　　顿守臣　　李　芃　　陈志群　　刘黎明
吴　懿　　梅光宗　　罗圣美　　曾宪军　　谭　永　　栾建华　　董华春　　谢　勇
吕　凡　　郑海鸥　　王美远　　胡维国　　陈少辉　　曾　祎　　邓润红

9053 班（电子仪器及测量技术）：

冯仲坚　　祝海燕　　王艳玲　　曹文国　　朱　鹏　　周　涛　　仲济伟　　张国庆
徐　晨　　刘慧峰　　杨庭军　　夏耀宁　　王　琦　　李智勇　　刘建堃　　陈红林
夏庆德　　黄汉萍　　李云涛　　张春光　　杨雄峰　　王振田　　仲法文　　张　晞
陈军民　　曹　勇　　朴青花　　贾慧东　　施贵宁

1995 届本科毕业生（130 人）

91511 班（通信工程）：
杨 光　崔 越　吴 琼　王 斌　杜 青　李海强　李良楹　吴建华
赵岗耀　黎坚雄　姜 标　王书松　陈卫民　王文清　王嘉兴　杨太平
李志宏　陈 冬　张庭钢　张炜华　刘敬民　黄 蕾　李 玲　刘 艺
孟 晶　于广妍　单淑伟　吕 智　李茂春　符方若　汪 涛　卜宏宇
侯永健

91512 班（通信工程）：
徐榕滨　苏新光　王立宇　周 京　毕诗捷　郭鸿飞　毛朝阳　何旭涛
戚朝晖　王 峰　金 鑫　李 枫　魏贵阳　吕新宇　张明杰　邹进兴
刘钢亮　宋力韬　田 其　陈楚祥　叶丽艳　王 峥　胡爱兰　吴 昊
国 辉　蓝先春　宋英魁　宫 宁　佟 冬

9152 班（电子工程）：
傅佳辉　王 虎　刘立勋　李立扬　张国峰　徐贵今　汪 鹏　李 杰
郭军伟　侯海军　杨 峰　苟春茂　孟爱国　王心慧　赵志浩　王维琨
谭 强　刘 奇　聂振敏　王雪峰　向 前　李邦敏　范益文　孙希彬
朱颜镇　邓小林　覃小林　许小林　李 艳　庞怡杰　林 英　运海红
王子玉　杨信利　仲艳松　陈秀清

9153 班（电子仪器及测量技术）：
丰 旭　高晓军　周 俊　崔东明　吴建强　张 强　李 晶　刘启鸿
刘启罡　蒋 蕤　赵建荣　李晓东　邱晓昉　陈继东　杜建铭　许 志
杜吉伶　薛长斌　王明毅　王仁生　丁 侃　刘向阳　王金锁　李燕梅
周宏琼　丁 宇　张会莉　王江嵋　赵英秋　刘淑章　徐造林　崔 海

1996 届本科毕业生（129 人）

920511 班（通信工程）：
徐洪江　贺国祥　白利斌　马雨出　张成文　毕 鑫　李俊文　黎 昕
陈效俭　周 山　黄玉划　周雪涛　刘 伟　陶立南　梁洪峙　高 屹

曹国山　贺新民　李玉民　周　明　李亚丁　陈　燕　陈　玮　赵　渌
刘江澜　张　莺　杨　洁　贺立新　李荣钢　姜　巍　刘文博

920512班（通信工程）：
宋剑波　张慧刚　腾学旺　高　杰　祝　越　陈文杰　周宏伟　杨永强
周志权　于　涛　王　刚　熊兴桢　丘俊辉　刘俊勇　罗喜明　陈兴华
王晗阳　朱应剑　张战朝　关　群　朱明森　赵永闯　刘德喜　孙大媛
于丹茹　程倩红　龚　文　曾　毅　徐美波　李亚秋　冯伟东　李美玲
肖荣江

920521班（电子工程）：
钱满义　王庆文　李志强　辛海华　于学海　董亚楠　王吉滨　詹红军
吴和玮　林　奕　杜贵忠　刘清新　赵黎明　王长鑫　张敏姿　李春滨
刘　炬　孙庆伟　于乾轶　穆　刚　梁宗闯　李长青　周科理　刘明哲
徐　朋　吴　强　张爱兵　蔡　刚　俞　蓉　周学峻　黄　欣　肖　渺
陈　涛

920522班（电子工程）：
苗原平　戴毓丰　尹思远　吴效云　杨春辉　张　怡　曹　雷　付　浩
沈志铭　薛　锐　李明海　王昱清　姜　岩　王铭义　刘　璐　张　宇
蒋立志　贾国巨　姚春海　张华超　石　涌　赵　海　王中宇　周斯来
连桂珍　王　勐　李善纯　谭　靖　曹　慧　李智玉　刘　琪　王　珂

1997届本科毕业生（177人）

930501班（电子与通信工程）：
谷芳球　黄　刚　孔德军　李节利　李天义　李卫波　刘大勇　刘　静
刘　轶　吕俊萍　马　迪　齐伟斌　孙　环　孙伟滨　孙晓娟　王殿珣
王海涛　王振军　谢　彬　闫　锦　杨立才　杨　玥　叶长林　于　雷
张承军　张海燕　张　晖　张　祎

930502班（电子与通信工程）：
曾元峰　陈浔濛　冯淑兰　付玉建　龚晓春　亢冬平　李　涛　李继旺

鲁 巍　路广印　庞 凯　王 松　王 津　王海滨　王云峰　夏晓江
鄢 力　郁发新　袁立权　岳 岩　战勇刚　张 恒　张 凯　张光辉
张令天

930503 班（电子与通信工程）：

陈毕贤　陈国荣　陈晓东　陈玉霞　董鸿志　董新民　高 翔　谷延军
海 洋　江志峰　姜启成　李斌鹏　李昌文　李英新　李振宇　刘 浩
田润涛　王 刚　王立明　王 敏　翁丽锋　杨海雷　张建东　张 岣
周朝霞　诸 光　邹昕光　杨锡凤　冯万梅

930504 班（电子与通信工程）：

毕文勇　车 刚　陈 光　冯柏林　龚连阳　韩 刚　侯国庆　胡 勇
纪肖华　金 锐　梁 栋　林振华　刘福生　刘惠琴　刘 强　谭冠中
王江海　王鲁学　武亚君　许京春　姚 冬　叶 龙　翟俊辉　张 凯
张 力　赵贤宇

930505 班（电子与通信工程）：

党洪亮　韩春梅　汉吉仙　洪劲松　蒋智勇　梁 凯　李海涛　刘建宇
刘希刚　刘岩松　刘 钊　鲁 瑞　马永昌　年 丰　汪 军　王 淼
王 鹏　吴业强　许劭庆　许 微　姚洪智　叶晓虎　张剑锋　赵俊辉
周和秘　朱海安

930506 班（电子与通信工程）：

单 薇　华晓杰　侯力勇　姜丽华　李春雷　李 莉　李 宁　李 颖
孙 勇　王明池　王长风　辛德楷　徐锟鹏　徐跃志　闫虎新　杨小明
张秋影　张 宇　周文鹏　朱海林

930507 班（电子与通信工程）：

包洪波　邓建伟　董长城　高庆华　何茂平　介 玮　李维超　刘 第
刘维智　刘 钊　潘智慧　彭红菊　舒文江　孙士凯　谭培龙　田文章
王艳立　温 泉　谢 涛　余志林　张 泳　章永刚　郑铁民

1998 届本科毕业生（209 人）

94 实验学院班（电子与通信工程）：

王敬人	李高鹏	王 亮	朱 勇	冯孝斌	胡雪南	李 强	雷 勇
于高利	文 林	肖 吉	朱艳军	郭建宏	徐光峰	宋怀忠	徐勤荣
周 圣	姚义锋	胡纯勇	卫士钊	解鸿林	刘林涛	贾金良	郝清伟
张宝国	于海洋	于 波	王海波	邓世强	周学梅	陈 曦	赵彤宇
陶成华	吴 颖	须 江	李 琦	刘 兵	陈德林	李云岗	徐文超
刘 晖	梁 华	孟宪秋	任红梅	薛伶玲	袁晓峰

940501 班（电子与通信工程）：

谢永涛 于海斌 丁修坤 金光辉 李圣杰 王旭东 张永立 顾 杰
吴 强 崔 勇 殷腾蛟 张文凯 罗 涛 孙海涛 钱 球 刘维明
唐 勇 余为平 荣 欣 袁 楼 刘夏卿 田 野 姜 鸿 朱懋华
刘 鑫 曹丽莉 杨其国 张东坡 文中领 张新国 陈 冠

940502 班（电子与通信工程）：

许癸驹 樊志生 张传华 唐昌兴 李震宇 张 宁 李兴东 李欣宇
刘轶亮 赵广龙 谷庆国 修春旭 魏千脉 杨鑫磊 马继勇 郑世川
李 辉 王 强 李永翔 李 勉 沈延峰 刘德绵 苏志勇 高海霞
周 剑 武香杰

940503 班（电子与通信工程）：

潘升德 张志涛 王 健 栾世东 高孟栋 于 爽 高玉青 张 锐
杨 辉 王宝全 吕晨阳 孟祥固 韩大中 陈金春 陈国东 付海涛
林翼露 孟 斐 汪海明 尹中超 路 璐 王晋婧 张 娟 顾 工
王冠南

940504 班（电子与通信工程）：

赵云放 卫道诚 刘长龙 孙景斌 李晓川 董利新 江 山 王 毅
张云龙 张勇胜 徐春阳 燕雪松 乔 黔 李明江 荣伟丰 赵鹏辉
安龙杰 刘 君 王忠利 李 勇 张淑娟 范小婧 陈 婷 薛双燕
邱 巍 刘春学 郭晶宇 王晓辉 齐琳琳

940505班（电子与通信工程）：

梅坤尧　王小峰　王日明　张　斌　蒋　越　黄永强　张文来　王　伟
于春雷　李春波　卜庆滨　刘　冰　何　伟　勾广礼　周伟刚　杨安杰
彭晓云　张佳琦　张玉峰　赵雪山　李爱毅　任　妍　林　郁　黄秋田
何惠群　徐宏涛

940506班（电子与通信工程）：

赵雅琴　许　蕊　黄玉萍　王艳秋　翁妍屏　何利扬　杨　斌　欧　松
吴群山　荣　毅　甘　旭　徐田斌　谢家祥　张信伟　崔　征　杨哲林
佟传民　薛小刚　陈　锋　杜海龙　王利军　豆　强　王　亮　金　彧
孙德强　张　章

1999届本科毕业生（141人）

95实验学院班：

王治国　叶宏伟　曹　平　张　巍　罗嘉金　刘　伟　薛　萍　孙卫华
赵　勇　李　俊　蒋远明　刘恒辉　智恒琪　陈俊强　翁妍屏　梁耀昌
肖　扬　张　羽　关博谦　王珍异　马洪波　韩松岩　李　硕　范静伟
张晓峰　钱荣福　何　欣　唐有春　初海彬　陆伟峰　张　薇　郭汝江
刘治宇　高大明　辛运广

951201班（电子与通信工程）：

王汝征　王晓冰　穆志新　张　鹏　安　卓　金东镐　周　翔　王连瑞
孙乃一　焦德龙　陈腾腾　李本刚　于　淼　唐晨亮　郭　镇　钟　伟
王立兵　张　勋　李海龙　陈一在　戴　健　王广清　朴庆丹　高轶琳
何富娣　梅　波

951202班（电子与通信工程）：

时维奖　孙　健　钟　志　姜　涛　高风华　张智轶　张　勇　卢　琨
王永建　韦　凯　王春明　刘忆东　刘佳鹏　杨宏志　王　亮　王群仰
刘　源　陶成钢　张万峰　邓平科　赵　龙　万方道　白晓锋　王　建
刘　丽　许　剑

951203 班（电子与通信工程）：

刘松涛　李朝晖　张相斌　李东宇　王　鹏　李　东　武　明　杨　威
李全松　于安华　阳　军　尹继业　杨志远　虞平臻　周殿海　张英南
林　殳　刘　锋　张越博　谢晓川　吴　明　孙士勇　钱　强　张维华
宋　涛　梁利峰　富　饶　解雁春　韩冬梅

951204 班（电子与通信工程）：

郭乃超　金云龙　周启迎　白忠涛　谭　皓　田国强　梁　毅　陈　强
刘文广　李海清　陈　岩　宋立众　卜　雨　马国强　强永全　林震锋
杨　华　戈　勇　付怀东　朱祥鉴　李劲松　牟秀红　钟　钰　张凤萍
吕　鑫

2000 届本科毕业生（146 人）

96 实验学院班：

李桢燕　王国治　郭　恒　谢　冰　宋人强　唐　辉　黄志钢　陈学泉
李宏博　王俊义　邢志强　于珊珊　邵力坤　李　程　李　岩　李　纪

961201 班（电子与通信工程）：

成　萍　杨天宝　杜　鹏　胡　磊　孙翔宇　李　刚　郭虹涛　蔡志超
王宇峰　连　波　陈海涛　王旭斌　王　平　王爱举　黄　毅　王　扉
赵　兵　林　澍　姜海泉　刘　震　陈昌远　赵　昕　单琳娜　汪　蕾
赵春华　赵　扬　王　姗　张笑天

961202 班（电子与通信工程）：

全文磊　姚大川　孙　彤　于　锐　陈韶华　张绍娟　郑志军　于钊坤
陈　刚　王洪科　吴少川　李嘉睿　王继东　张朝俊　陈仁海　吴　翱
王　强　雷长春　李　壮　陈德岗　李惠民　王永龙　沈　刚　黄怀贵
金光先　峭　巍　李明媚　吕丽茹　马虹丹　许　丽　王季刚

961203 班（电子与通信工程）：

魏星平　李卓明　张　奇　李　杨　梁庆云　崔　洋　徐　晔　张　博
汪大鹏　李　昕　高大鲲　张红华　梁　航　朱文贵　崔庆万　杨　平
郑抒音　翟值爽　方　敏　安　卓　赵金凤　李昕欣

961204 班（电子与通信工程）：
代治国　周共健　袁　飞　刘　昵　倪书全　王晓明　金芝斌　王振永
李　晖　张　毅　李志成　陈仁学　侯煜冠　张海滨　彭云鹤　卢允龙
张红军　杨　挺　段志慧　陈　娟　姜春杰　张　颖　王　竞　李　娟

961205 班（电子与通信工程）：
孙吉辰　季海峰　郑培龙　刘利国　陈鹭兵　乔志光　葛洪涛　田勇志
陈笑峰　倪达峰　张进生　汪　凌　刘　旭　朱　勇　胡剑峰　郎咸道
白　磊　董　言　彭　涛　张　坤　邹长虹　张　云　陈心昕　路俊娟
富丽梅

2001 届本科毕业生（140人）

970902 实验学院班：
任　艳　王怀齐　戚培钧　赵　晔　那晓明　刘　东　刘明雷　曾　强
邢昊洋　吕国钢　冯　浩　单　娜　侯成宇　姚　宁　王　健　刘子文
张瑞祥　尹振东　王　磊　华广洲

971201 班（通信工程）：
萧智琦　范思亮　朴　睿　刘立超　王　鹏　戴　鹏　崔成勋　张公岭
尹歌峰　郭长山　茹　毅　李润圃　曾宏波　王剑飞　彭海露　张国炜
李　刚　高建平　张洪彦　牛　堃　黄昌宁　郭　淞　马　慧　李予嘉
康春梅　邵　莹　陈　培　胡　玮　王　翔　姜鸿亮

971202 班（通信工程）：
董学励　冯菲菲　黄卓云　李冰川　王　乐　魏勇梅　叶　虹　张　喆
赵　光　龚长保　曾利强　胡湘东　方　云　任文华　龚立东　张金刚
么智明　郑海潮　李　云　李　毅　王嘉祥　王宇亮　钟冬荣　李洪力
刘世丹　王少鹏　岳　丛　刘全胜　黄建周　张　栋　折鹏勇　蔡　磊

971203 班（电子信息工程）：
徐铁成　王孝福　刘萌国　陈　杰　张军辉　谭亚伟　林沛庆　唐福宽
吕志强　崔大伟　潘卓华　张　强　穆　强　罗好斌　张凡尘　余　海

张建伟　郭　磊　卜　天　韩　冰　肖　祎　郝男男　李慧娴　王　蕾
翟京卿　张　旭　刘若倩　吴剑宇　娄广宇　倪维华

971204 班（电子信息工程）：
陈　剑　林华峰　李德春　陈　刚　柳国新　孔庆雷　张晗靓　罗珏典
陈　烨　王卫东　向　维　陈叙超　胡玉林　柳　宁　李晓燕　李素敏
陈　浩　张　实　王　磊　王桂林　张志艳　夏　磊　吴仲谋　李相国
陈雨时　连振锋　张一文　王晓锋

2002 届本科毕业生（187 人）

98 实验学院班：
石　硕　颜靖华　原　猛　吴宣利　陈　波　吴　垠　李　雷　王　勇
郑　明

981201 班（通信工程）：
郑　博　田　松　马庆斌　王鲁宁　吴洋洋　曲成刚　石峰云　赫二会
王　楠　孟繁义　王辉宇　吴海波　田　涛　菅陆田　王铁军　刘喜平
李　鹏　鲁　智　赵宝军　廖　猛　姜　凡　梁　军　陈晓光　姜华阳
李小萍　范晓彦　王　芳　滕　宇　程泽坤　陈瑾瑾　李亦文　李　明
张皓若

981202 班（通信工程）：
栾可心　吕　红　史红光　蔡　磊　孟庆辉　李　洋　于　淼　柏竣城
杨胜猛　廖宏伟　何　川　肖智勇　李春林　王凤宇　刘毅鹏　田雪松
霍现荣　曹晓冬　邓　艾　曹庭松　季学明　闫高峰　尹居强　张　轩
童长海　金　姝　王艳丽　张廷廷　陈莉娜　翁惠焱

981203 班（通信工程及电子信息工程）：
张　义　王晓宏　李群峰　吴文祈　王岩海　李　萌　涂远江　云宝音
顾瑞和　王　岩　金　涛　赵大立　王玉林　高　勇　李　钢　韦　笑
王彦辉　刘德刚　林　鹰　梁　晟　张洪源　严玉泉　吕延辉　张碧琳
王　放　杨环环　闫璐璐　种冀婵娟

981204 班（电子信息工程）：

张　帆　王　健　岳卓弘　周　焯　熊卫明　倪观军　陈　迪　王爱杰
牟　平　张晓东　郑黎明　李江涛　金　洋　倪　亮　曹启冬　江皓天
刘　强　李伟楠　樊晓泉　张永鹏　马彦波　聂胜来　胡圣武　焦一笑
周　微　徐　贺　张　琳　武　悦　李金娜　施华娟　刘志惠

981205 班（电子信息工程）：

张胜利　陈　晏　秦朝晖　禄晓飞　徐时超　董鲜宏　张万里　丁　能
朱　斌　秦　刚　蒋生锋　罗学平　熊　成　王倍明　朱卫明　钟华正
范正兵　陈雨泽　李瑞萍　邹丽琪　张　妍　王雪霞　钟天崎　李　伟
刘宁远　张　一　李金鑫　纪　元　张天华

981206 班（电子信息工程）：

孙华东　王荣辉　秦　超　高　峰　宋　初　杨　春　张和飞　金　哲
耿玉强　刘佳成　张　颀　李　勇　皖　露　唐荣成　赵良波　安　爽
张德晓　徐　铭　郝晓峰　杨　亮　梁　冰　王爱丽　王春霞　李大芳
杨德琛　李宝升　徐　颖

2003 届本科毕业生（267 人）

99 实验学院班：

马　琳　赵见磊　吴绍华　王宏博　李　婷　于海波　王　力　孙永丽
赵海燕　贾长辉　孙　浩　程　敬　栾少华　张　坤　翟颖颖　孙德庆

9905101（通信工程）：

唐　琳　陈　愚　刘　丽　丁　楠　梅妍妮　叶小舟　童玲玲　单　琦
蒋丽伟　杨　帆　井庆丰　龚朝凯　佟金成　于　亮　石　磊　王　楠
付林罡　裴　林　石　鑫　李冠群　汪　沛　林培航　苏世彬　韦　锴
官振伟　赵金哲　马　楠　王　辉　罗小凯　艾　强　马宇来　魏　昊

9905102（通信工程）：

张元元　冯丽丽　程长征　荣慧芳　郑立楠　张佳莺　高晓林　程　阳
安雪莉　贺　佳　王媛媛　古　磊　谢晓宇　方　伟　钱伟强　王允强

张　晗　王占魁　杨立明　段　威　王金升　肖　冰　郭征兵　张　超
于　晗　张　硕　李　壮　王宇辉　王鹏飞　林　墨　崔　剑　曾中梁
占伟辉　齐之歆　孙　博

9905103 班（通信工程）：

周　立　钟玲玲　唐婷婷　梁丹丹　宋立嫒　田巧丽　姚俊梅　肖伟清
董康康　车勇刚　赵国光　刘家川　杨　佳　樊　奕　齐　兵　吴广州
黄　展　张　瑜　陈佳伟　李智斌　谭小敏　高志强　李　华　张霆廷
李　杰　宋金虎　王莱滨　李　陆　王　任　谭　斌

9905104 班（通信工程）：

于　琪　张欣宇　秦文奕　韩紫燕　苏明慧　刘明英　宗　华　张　慧
曾　飞　王　洋　金博识　金　钒　安昊一　王　江　李　彬　侯宝林
赵宏忠　范本安　张坤政　刘光远　陈　重　陈建军　董建光　杨国辉
秦海潮

9905201 班（电子信息工程）：

于秀川　任保健　刘洁慧　常　贺　李劲涛　盘丽娜　霍航宇　刘　欣
易　群　唐康淞　陈路路　高　骥　刘文旺　李一鹏　王晓栋　谢小刚
贾　翔　王伟春　石　锐　于志强　焦会营　田永生　吴凤伟　董　成
韩逸飞　韩　柏　曲广洲　张相文　曹喜军　贾晓波　南　滨

9905202 班（电子信息工程）：

朱　筠　刘伟玲　高芙蓉　李　希　赵　笛　王佳佳　孙晶晶　俞丽娜
梁　萌　王　伟　刘　冰　刘毅威　韩博奇　杜广洋　陈国乔　袁江友
孟尉玺　卢真财　谢实现　柴小波　李光明　黄志鹏　郑双喜　王　帅
沈昭睿　陈兴水　姚元鑫　王庆春．

9905203 班（电子信息工程）：

曲法义　刘文昌　耿　丹　刘　波　冯　芸　杨淳红　龙　泉　赵　刚
林耀立　李　昂　邢炎豪　张树楠　杨一鸣　耿东玉　黄本杰　张俊锋
步　奕　丁大鹏　姜　超　刘俊杰　刘　靖　于　辉　杨　霖　孟莉莉

9905204 班（电子信息工程）：
薛 莲　吴晓丹　王 欢　宋春晓　郝 琳　梁 玺　侯云峰　舒正伟
徐淳逾　鄢 健　方能强　林建优　胡德卿　杨碧波　王晓光　顾华德
董 齐　彭 坤　李 刚　师 伟　丁小舰

9905205 班（电子信息工程）：
曲 丽　崔晓黎　谢 冰　刘 新　林 毅　莫凌宇　付 鑫　陈 涛
包 兴　任 鹏　何昱霖　胡 飞　万云鹏　王海龙　迟继航　覃卫宁
龚 滨　陈斌杰　郝相林　骆 佳　西笑雨　程 科　汪海兵　冀永楠
尹 航

2004 届本科毕业生（252 人）

00 实验学院班：
林 威　吴 玮　梁 爽　李德志　佟 驰　叶 亮　白 浪　李金亮
贾友华　张轶男　张腊梅　张宝薇　梁 潇　姚天宾　时振宇　吴 蒙

0005101 班（通信工程）：
于冠男　周英军　王睿智　费青松　徐 阳　杨勇奎　孙笑奇　陈 剑
郭中敏　顾月峰　杨剑君　王 宁　韩振宇　那振宇　陈 强　冷 钢
王文瑞　康永鹏　薛洪尧　王荆宁　张明昭　张 伟　范子君　肖 杰
于启月　鲁 明　高晓艳　弥宪梅　韩 露　李 蕴　韩 旭　秦瑞伦
唐靖尧　应舜俊

0005102 班（通信工程）：
何晨光　王 宇　逄 博　郑 石　叶 准　魏海涛　赵 岩　王 玮
陈 一　韩 帅　邓伯祥　陈 武　陈雍君　李 勇　梁鹏飞　朱 洵
郑 理　王鹏飞　康安康　聂宜伟　彭勇勇　黎小红　张 璞　温容慧
吴 萌　杨 眉　周昇雯　陆丽华　张丹妹　于 波　张海洋

0005103 班（通信工程）：
王宝安　赵 凯　汪淑云　汪二峰　沙治平　冯建成　徐 犇　苗广田

李　楠　杨　宁　张　谅　刘易成　郭文博　张力哲　岑　熹　葛　佳
张　昀　尹建凯　黄立峰　蒙　静　孙　博　孙　晶　刘双莹　顾鹏鸣
王莉红　汪　学　齐　岩　李玉伟　郭大可　侯绪达

0005104 班（通信工程）：

张文铸　祁嘉然　孙　增　李国斌　曾　志　艾继栋　邓　昊　尤启迪
张德君　王　伟　贾志瑶　夏　宇　张少卿　孟　杨　黄瑜华　张　伟
王艳军　张大为　张聪玲　王　厅　王　蕾　肖　冰　宋　颖　王婷婷
谈晓晔　王效楠　金　放

0005201 班（电子信息工程）：

丁　鹏　戴丁樟　丁剑飞　廉　杰　张　琪　杨开丙　国　磊　刘建东
周述勇　李云鹏　秦玉浩　刘智伟　李　睿　李文远　王伟刚　王　超
张海涛　杨春景　吴嘉诚　黄　鑫　孙洪峰　赵　颖　李　琼　万　娜
刘　平　刘　霜　张　静　张智宇　宋金宏　耿士华　郝　时　高　益
邱智勇

0005202 班（电子信息工程）：

王　玮　侯颖辉　秦　昕　黄财享　张　翼　于学书　林　磊　姜　维
李宗睿　贺　旦　张　洋　任博涵　李佳林　王沁灰　魏　超　陈　婷
赵　青　宋甲元　高　颖　吴永明　孟祥玲　李瑞林　董雯雯　丁文丽

0005203 班（电子信息工程）：

陈　超　王　欢　孙铭芳　林路易　贾　海　白仲金　岳志勇　黄　飞
梁　猛　王　健　崔艳辉　关卓威　李兴华　邵贝鲁　徐　亮　刘晓雷
段慧鑫　李悦骞　郭　磊　孙　波　赵志明　韩　媞　张莎莎　李珊珊
董晓青　刘红杰　牟晓明　赵　娜　赵宏举　赵凤宾　张　栩

0005204 班（电子信息工程）：

黄　伟　杜先睿　陈　杰　季晓宇　向文豪　刘　雨　石天麒　李　躜
黄远军　韩　乐　孙德明　王　可　王业麒　栾宪锋　谭　浩　孔繁兴
赵小东　王　赟　艾　伦　王薇漪　陈　欣　叶　菁　韩国彬　王绍巍
张恒翀　鄢晨昊

2005 届本科毕业生（299 人）

01 实验学院班：

高梓贺　王文静　潘　宇　郑　聃　武明峰　孙亚楠　鲍　妍　李　峰
陈建树　黄　煌　刘　颖　李　鹏　徐清华　王　刚　王纯业　韩　峰
陈　平　王　忻

0105101 班（通信工程）：

杨见新　沈旻祺　马亦然　徐宝碧　王卓然　孙丽楠　高　玲　丁　哲
陈　平　王建飞　滕飞宇　罗　曦　梅　林　姜旭明　张　丞　王　静
毛韵楠　郑智舜　李贤国　侯银涛　郑志勇　余月华　王怡平　庄成波
袁　江　向　凯　张　旭

0105102 班（通信工程）：

吴　双　徐　伟　任荣耀　郑宇翔　任邦晔　李　欣　张　琦　佘昊元
张爽娜　王　智　宋　扬　廖慧兮　杨　晶　杨　飞　张　璞　庞　砣
朱永锋　高　鹰　张玉磊　林　昉　王文豪　张晓克　吴海涛　蒋益群
廖卓文　林　君　王　芳　熊朝廷　高　勇　韦　飞

0105103 班（通信工程）：

王宏亮　李宏民　李　月　许　宁　毕　莹　李　曦　唐　珣　韩　翀
李　夏　郭智炜　高　波　王天罡　刘　涛　叶嘉星　乔　良　严　婕
李效军　姜　蔚　罗红武　梁晓嘉　龚海涛　李　旭　黄　勇　景梓成
黄　静　陈　军　王　健　安军锋　强　华　刁兆昕

0105104 班（通信工程）：

张　杰　刘　磊　程跃飞　王伟东　刘心蕾　程　顿　王　峥　徐迪宇
丁志勇　梁斯文　王　旭　陈璐璐　朱卫涛　朱海涛　高嘉阳　胡　丹
邹常青　庞绍铭　胡　书　江　陶　史鹏科　周有林　崔　岩　张　猛

0105105 班（通信工程）：

马　杰　潘　玲　赵　波　杨艳秋　齐荔荔　何洪喜　白文静　田　堍
王　淼　杨　滨　张　竹　孟繁宇　邢晓航　史小梅　边家扬　陆凌晓

王默涵 索 莹 陈艳艳 王龙军 钟茂建 谢 鑫 吴 捷 朱 涛
聂 宇 朱 亮

0105201 班（电子信息工程）：

治欣慰 王 凤 李明春 刘 杰 边 威 吴 冰 孙永新 张 狂
崔文睿 彭 旭 王义峰 刘 涛 孙冬冬 于伟琳 张 硕 刘 阳
朱琦峰 杨仁国 黄成富 李 军 熊 莉 刘广义 梁孝钢 何 巍
邹雪成 曾 晖 刘 媛 苟小刚 莫寿农

0105202 班（电子信息工程）：

孙 韬 王卫忠 闫金凤 温晓君 马 潇 徐 博 李海昊 庞德彬
田文龙 王 磊 王彦宁 丁 元 葛 鑫 陈 曦 杨柱天 汪 淬
朱少杰 汪正东 刘世顺 汪金华 徐 晖 屈云昭 李振军 肖劲舟
杜 鑫 刘 勇 蒋先英 张立伟 尚德佳 王 冉

0105203 班（电子信息工程）：

王 也 王佳年 邢 君 朱治兵 张新宇 梁文斌 张春江 周振宇
赵大鹏 孙 宇 顾春颖 王丽丽 冉瀚超 姚超军 陈美杉 姜 伟
陈维磊 沈石坚 胡 骁 李谷芳 陈存辉 王亚松 姬勇力 朱震杰
夏 亚 范贤文 马治远 金 镭 罗 晔 张亚琨 张思中 关 勇

0105204 班（电子信息工程）：

穆嘉松 栗 亮 蔺静茹 赵 楠 刘 钢 孙洪剑 刘 驰 吴 畏
刘 英 隋世杰 王 博 刘月明 姜 靖 肇启明 张士峰 张 玮
叶德辉 李 标 张程添 戴 昊 谢建松 丁剑声 张前飞 吴 雷
李 夏 于 波

0105205 班（电子信息工程）：

张 旭 兰盛昌 高 跃 高 驰 王 攀 董立珉 孟 蕊 吴伟强
唐守贺 张 磊 顾 闻 孙德元 姜 岩 路 岩 孙佳琛 朱 青
邵 晟 邱文勋 林永宗 郑泽星 陈三楚 黄玉龙 王海涛 张 巍
安 好 赵凌云 韦 军

2006 届本科毕业生（282 人）

02 实验学院班：

张　艳　李含青　孙静博　朱　凯　孟　君　郝泳鑫　贾　璐　孙　威
张文杰　冯秋菊　冯阳凯　徐　啸　吴　昊　孙忆业　高　杰　赵　超
亓　辰　付延生　罗　璐　王　迪

0205101 班（通信工程）：

宫海江　程立群　李　丹　陈宝永　张　强　高洪锋　金桂保　于洪涛
倪彦泽　王　涛　武　超　刘美佳　高宏亮　王首浩　郭文双　吴昱明
贾　蕴　唐　瑁　于潇忱　胡绍波　蒋方林　李小刚　闫吉文　郭　昊

0205102 班（通信工程）：

孙昊婧　郭智恩　王云鹏　孙天成　陈　达　孙　伟　唐　恺　计　哲
田　宇　祁晔楠　解　峥　张　朋　赵　娜　段　镇　罗国荣　邬家旺
郜　蓓　李　毅　李　炜　莫义甫　叶晋名

0205103 班（通信工程）：

秘志峰　原志杰　刘　毅　邱维江　孙世杰　关　雷　尤雪娇　刘　鑫
李　硕　焦　健　于洪涛　徐　亮　马熠楠　俞鲁浩　吴燕鸣　俞　磊
俞志斌　王利利　马　宁　熊　娟　吴多年　王　艳　段刚刚　郑脊萌

0205104 班（通信工程）：

张瑞雨　胡振国　魏士森　王永超　曹贺秋　秦丹阳　孙祯祯　赵　伟
王冠石　李鸿斌　周锦源　张林刚　邓浩浩　官艳燕　魏显斌　冯丽娟
蔡　龙　黄　佳　印世平　黄　懿　王世伟　杨　钏　杨　瑞　张晓晨
何启明

0205105 班（通信工程）：

孙　桦　陆　凯　吴　琼　赵　欣　张　春　于运龙　赵沈轶　杨铁新
于　泽　于　锋　谢　飞　张乘风　任　春　武万里　向家璧　黄玉辉
李　波　邢兴红　鲁国林　潘　攀　闫　薇　李　鹏

0205201 班（电子信息工程）：

郭　镭　阴妍妍　宋迎东　侯　鹏　孙志刚　张珍奇　苏顺鹏　洪成福

韩　梅　李晓秋　王创创　李　伟　孙忠湖　冯英盈　吴淑娟　王春宇
于冬洋　陈海生　曾　璐　陈建成　邓　伟　左书庭　孙永进　王仑武
谭育旺　刘　伟　冯子睿　郭志波　马　林　哈　兵

0205202 班（电子信息工程）：

袁　子　任广伟　路雪莲　田　锐　刘雅菊　丁　铎　孙　振　马莹莹
聂沛程　胡海生　贾一凡　刘飞达　张昌贵　夏秋影　任　雷　徐振华
孙　涛　冯　伟　梁志国　费翔宇　聂　题　熊　科　贺　唯　赵泽雄
张　森　范建锋　侯小强　宋维瑞　叶振宇　庞华信

0205203 班（电子信息工程）：

霍　鹏　孔令辉　池淑贤　路　远　孙燕生　杨金星　鲁涤非　姜　辣
曹吉海　胡　金　宋　琳　王　强　庄　严　周　扬　刘　阳　周德明
孟　龙　赵　晨　俞建国　邓志安　赵书花　扈宗鑫　夏共仪　韦　星
杜小君　王盛鳌　马少君

0205204 班（电子信息工程）：

刘　巍　郝慧军　王艳良　韩　龙　王梅倩　李云鹤　张　锐　李　宝
李秀艳　曹　阳　王慧博　王刚毅　张天华　张洪臣　刘春艳　孙　博
许文超　黄鼎伟　王　斌　金炎胜　杨俊鸣　柯海英　于　杨　何胜阳
邢益涛　袁　波　万秀娟　王　涛　刘兆禹

0205205 班（电子信息工程）：

刘　健　林　涵　彭伟明　于志一　刘　涛　单　博　闫奕名　陈东来
郝继楠　石　磊　焦　健　李肖迪　郝志雅　吴凌慧　季玲玲　顾桂华
褚建飞　吴鸣鸣　徐晓村　柳碧澜　邓威奇　戴光宝　陆　振　丁　玲
姚　颖　刘　佳　王可铮　王奕霖　李晓林　严中华

2007 届本科毕业生（253 人）

03 实验学院班：

果　然　范戎飞　孙德庆　赵慧卓　韩培韬　林倩倩　吉　光　耿　钧
韩　超　孙嘉曈　曾　奋　范田田　董博宇　刘　星

0305101班（通信工程）：

张锦亮　熊宛鹏　张　旭　杜　超　夏朝磊　苗　权　邓万发　生盛义
郑旭东　周宏宇　梁　尧　毛庆勤　牛俊东　杜小兵　姜　平　张金怀
尹鹏志　文传斌　谢承志　陈雁峰　王迎雪　杨　松　倪　洁　邱　昕
林　迪　张若若　于　沛　原　铮　邵琼艳

0305102班（通信工程）：

蒋子天　魏　然　王　磊　王　斌　卢文涛　于迎新　董　博　李关龙
刘金龙　李　洋　张继良　李尔玉　舒鹏飞　曾　亮　庄文政　易友文
李小华　王　森　肖黎杰　雒玉玺　于　淼　汤　丽　邵　雪　王宇卓
王赛伟　杨　卡　温志杰

0305103班（通信工程）：

杨天扬　陈　松　刘佳欣　于　潞　李　卓　陆　扬　王　垚　傅海鹏
王佳维　由佳彬　司　军　陈　念　王山虎　李尚雨　李迎盼　徐小锦
彭　毅　陈　博　季海涵　岳　倩　董　琳　李　莹　王海燕　张　维
孙　铎

0305104班（通信工程）：

杨　嘉　张瑞东　王　威　刘　洋　王文亮　李兴旭　曹培勇　滕　亮
徐春光　张晓曦　胡英男　高先周　李　坡　庄　重　宫守伟　王　飞
崔　凯　袁　洪　吴　健　蒋思洪　张　刚　张龙斌　齐宝生　王　丹
吴　昊　黄　钊　刘　敏　刘赢红　田小路

0305201班（电子信息工程）：

许伟峰　薛　强　石广达　宫士彬　赵铁成　孟凡波　池宝泉　李　波
史卫峰　乔德礼　郑宝强　朱永辉　郑小金　李建林　李凌健　普　非
欧阳骞　关　健　王飞飞　葛　群　罗银萍　高　超　邢晶晶　王　瑞

0305202班（电子信息工程）：

苏　鑫　杜双怀　薛　刚　冷树亮　徐佳琛　刘　适　段加林　黄双宁
赵佳博　佟　飞　张旭东　叶李超　金剑桥　钟　昭　周汝志　涂　赟
张辛欣　林泓宇　田安航　卢　峰　满晓晶　薛佳音　刘晓霞　张　燕

黄　琪　徐　刚

0305203 班（电子信息工程）：

郑成伟　李祥宇　李宗浩　杜晓辉　崔仕嘉　韩忠凯　由　迪　于　洋
李晨雷　赵　迪　卢　洋　董士波　陈军伟　杨　涛　张　岳　张春雷
季　昀　李晓翊　陈立维　余　尧　罗诗杨　喻春曦　龚　勉　杨　曦
李晓妮　吴晨光

0305204 班（电子信息工程）：

张江春　白文则　张文志　李　澎　路瑞峰　王大中　闫　阳　战伟东
赵晟达　甄庆卓　寇科男　张晓宇　田大千　潘启飞　吴铭宪　修　峰
周　巍　陈凯威　张经纬　杨　杰　李　娟　翟川莹　王　洋　杨庆禹
李晓林

0305205 班（电子信息工程）：

李冠雄　冯　宁　吕先望　王　锴　周　阳　谷颜秋　黄　哲　冯　硕
王　拓　路　阳　魏　民　魏　涛　张鹏宇　徐庆阳　胡鹤舟　姚　科
孙　剑　赵艳飞　师昌喆　覃云维　戴睿彬　李　涛　曹　卉　郭兴杰
赵天婵　焦海斌　孙　蕊　李少伟

2008 届本科毕业生（237 人）

04 实验学院班：

郭志刚　蒋梦雄　王继军　陈　玲

0405101 班（通信工程）：

陈建功　莫家辉　施剑峰　马若飞　蒋万卓　何　震　付耀茹　李长江
万　青　姜道明　裴中威　陈伟峰　王金玉　陈　瑜　沈清华　秦大为
张　琴　何　韬　孙彦良　吴威葳　温厚明　武　博　何好山　芦　浩
王　鹏　丁　博　郭志刚

0405102 班（通信工程）：

秦　飞　王　婧　马志强　刘鸿儒　闫润浩　王建超　吴晓涛　孙延光
荣　艺　陈　博　朱朋志　马　琳　齐轶楠　邱　琛　马瑞鑫　陈　雷

蔡大伟　詹宗超　夏昌明　王　飞　刘继刚　董晓明　杨美琳

0405103 班（通信工程）：
王若楠　贾雪磊　陈佳美　孟　晨　公　博　王余涛　刘腾飞　刘星宇
张吉庆　王龙华　叶修竹　赵泉臻　王　涵　李　寅　徐市春　孙　颖
杨同智　陈一杰　张计娜　吴振国　孙　明　袁　本　赵汉飞　李树华
陈立明　冯建波　华玉琢　王　兵　吴小明　杨金丹

0405104 班（通信工程）：
赵　琦　梁　英　任　河　韩　雪　周宇达　张亦弛　李高飞　张　健
刘　鹏　刘　凯　胡　悦　吕延明　马原芳　宋兆明　田　垒　陆铭孝
胡　鑫　张伟香　陈建祥　吴有昌　肖文明　文　勇　肖　军　林世荣
张晓阳　靳炉魁　蒋梦雄　魏明明

0405201 班（电子信息工程）：
王维震　许　诺　赵瑞阳　陈　聪　高红红　胡延楠　纪　鹏　李　鑫
白　博　邹　峰　秦　洋　金凤秋　高学良　马宏伟　葛　佳　杨咏明
魏红江　任守财　赵　悦　郑二矿　马骥超　卢俊杰　张艳群　谭白阳
邓孚逊　王泽勋　唐　强　张文思　王　璐　王继军　姜文博

0405202 班（电子信息工程）：
丛　山　白　伟　董超科　白　宇　郑长帅　朱文亮　蔡　萌　赵文丹
李　波　王　昊　赵　悦　张　擎　宋　丹　刘　超　贾　浪　程文杰
翟学发　李　琦　张　超　田　明　吴坤卿　黎小平　苟开香　常　亮
陈　玲

0405203 班（电子信息工程）：
张一凡　宗　可　孙建鑫　鲍砚峰　李杰燕　李宏宇　尹松乔　谷宏博
隋　然　孙欣欣　毕　然　哈元旭　孔芳园　沈家祺　黄泽辉　王　刚
张　兵　石一帆　王振中　李志宾　杨晓晓　张　琦

0405204 班（电子信息工程）：
王国状　卢　磊　李自正　梁　军　唐　嘉　李　鹏　董　雪　孔祥龙
许哲峰　张博建　王梓瑞　陈　超　沙　路　周　一　付　晓　刘程贞
敬　勇　蒋俊伟　时　吕　张玉冰　于小姣　丁　楠　段凌杰

0405205 班（电子信息工程）：

孙　光　杜明亮　岳中强　王　海　郭琳琳　李玲慧　唐雪飞　赵　晨
范国臣　李利民　王荣斌　何　锋　杨春晓　朱惠清　张　晶　林　杰
邵　涛　刘晓光　王　建　何　川　王智玮　殷亨银　王　伟　王　松

2009 届本科毕业生（272 人）

05 实验学院班：

鲍晓月　崔　岩　陈　曦　丁同禹　林旭征　裴悦琨　衣建甲　雷　果
李　政　孙　浩　孙　文　孙婉婷　宋孝果　赵铁刚　唐　舒　王怀毅
王　瑾　王　然　吴玉龙　闫晓菲　张嘉铭　张　鑫　葛　虓　张宏婷
朱一雷

0505101 班（通信工程）：

张东奇　冯跃辉　黄思尧　郭志超　许　楠　毛晶晶　李殿为　王　吉
王巽冬　秦四海　张　娜　李有信　尚晓辉　邹德岳　梁　霄　温振澜
王皇龙　周　扬　李　璟　黄建峰　林师运　王付雄　李　肃　李立安
冯建业　郑福明　黄天耀　田　鹏

0505102 班（通信工程）：

史建军　赵晓刚　刘益铭　刘　博　李　牧　何　颖　崔永顺　兰　洋
李雄文　刘力力　张　南　顾作一　韩军义　江春丽　王汝军　徐　喆
王中宝　欧先诚　王亦农　李一尘　喻　鹏　李　涛　刘　洁　张　乐
宋　阳　丁丽琴　颜利平

0505103 班（通信工程）：

张　林　陈二虎　张　展　杨　威　任　重　房　磊　姜铁程　陈希元
郑　博　刘　雷　姜来为　王志东　孙超君　廖全瑞　朱宜帅　黄梅秋
谭淑芳　申　伟　罗　东　张富敏　岳思橙　蒋　毅　马永东　王　驭
刘　彤

0505104 班（通信工程）：

徐明召　刘　帅　王　哲　张鹏宇　夏　明　栾　珊　孙庆彬　李浩宇
李　西　汤　奇　武　斌　徐鹏程　王文宁　张建雄　张　科　徐　崇

李文军　黄鸿文佳　龙章勇　钱名剑　李书香　潘　威　崔芫铭
林思博

0505201 班（电子信息工程）：

李继超　祁　凯　曾　光　朱　猛　马瑞丰　李林楠　冯　凯　陈　超
王　宇　刘　岩　王　健　蒋柏峰　范　振　冯晓东　胡小开　汤　勇
石　凯　李　聪　郑　飞　林　超　谭　想　黄隽新　林昱兵　何　临
杨　倩　郝　松　贾丰泽

0505202 班（电子信息工程）：

李博为　张宝全　罗振超　周文来　祁英赫　高健哲　陈　曦　任雪飞
王　浩　佐冰冰　顾佶淳　陈锦海　刘　伟　蔡　啸　周英俊　袁小年
陈嘉鸿　任亚珍　袁林荣　向兆军　张声杰　管　毅　赵赛君　向　斌
王文超　卜　磊　张创业　韩圣洁　华　夏

0505203 班（电子信息工程）：

赵剑雄　郝庭基　邢庆八　刘春光　佟　瞳　刘冠男　刘　达　付天骄
李　桐　刘竞遥　王　冠　杜　鹃　王　鑫　郝忠文　葛　青　陈晓薇
张洪亮　邱志良　罗　浩　曾　伟　陈　文　颜华伟　朱旭波　刘　凡
杨思亮　廉　魁　廖　远　毛新宇　丁康泰

0505204 班（电子信息工程）：

侯雨生　王庆良　孟永强　王　鹏　林永智　桑大宇　郑慧峰　郭跃宇
祁国威　陈　淞　谷新禹　王五童　于海秋　唐　扬　匡运生　傅文斌
陈　力　许丹丽　万绵涛　潘海洋　范有喆　燕改伟　强　路祥明
邹鸿飞　李雪莹

0505205 班（电子信息工程）：

王　磊　王　晨　姚永超　程　磊　才　博　刘　锐　赵庚强　张　潇
刘保学　苏景冬　张丹萍　赵洪峰　唐　亮　张振宇　高大鹏　高华蕾
于雪晖　王宏洲　叶志宝　洪浩栋　王建凯　岳雨晴　张　锋　陈　亮
赵宏磊　于晓黎　张思维　郑　康　王凤枝　王立东　王　祥

2010 届本科毕业生（270 人）

06 实验学院班：

贾 冰　张 涛　崔浩巍　王 勇　方 睿　张岩嵩　周慧源　骆亚铭
孙思博　许恩玮　张 君　田 野　房宵杰　张浩源　杨俊磊　孙 瑨
檀庭梁　陈 鹏　陈 雷　李 琳　张 琪　宋德琦　高玄默　宋 洋
刘英男　孙向霞　闫文宁

0605101 班（通信工程）：

宋大伟　陈军杰　余方园　高忠超　张晓东　陈欣鹏　周海涛　李欣禹
杨春宇　杨玉龙　李梦思　鲁越英　胡心怡　李 达　李 涛　丁 阳
涂日玮　张 迪　黄妮娜　肖满湘　何燕春　李日欣　孙光昊　苏 鑫
邹 超　刘 超　王 军　刘小明　杨小龙　芦季盛

0605102 班（通信工程）：

许 昊　何 皓　赵木星　刘 毅　冯 佳　肖占军　李威蔚　张立博
张逸明　杨连祥　刘 超　胡尔重　李 琳　史雨薇　贾宝森　张 震
李 檀　陈 喆　顾承飞　陈志豪　王海龙　应 山　赖嘉华　吴应军
苟元潇　汪晓莲　王玲玲　胡 博　熊李娜　于 聪　曹霄鹏　周 冉

0605103 班（通信工程）：

吴 飞　胡俊文　徐舒凝　尹春凤　苏 杨　吴 迪　蒋 岩　郭企嘉
鲍 劼　吕雯文　刘振宁　朱文亮　许佳男　刘 杰　张进军　郑帆扬
郑大国　黄 讯　孙 斌　肖 强　何继光　邓春贵　曾 洋　贺 龙
李 响　王 坤　付 启

0605104 班（通信工程）：

王 驰　刘亘玮　曹 阳　刘 钏　张 涛　张 炀　李忻嫒　刘逸安
李成瀚　韩 阔　杜 恒　王文若　黄 帅　杨真一　丁旭旻　汤礼雅
陈 竝　邹 星　孙卫鑫　王则栋　于 浩　刘庆洋　罗 晓　周裕勇
王力卓　郭文彬　阿 克

0605201 班（电子信息工程）：

高 宁　刘 路　刘 哲　吕志丰　王宏伟　马 娇　刘青岩　崔 颖

赵志刚　刘珍珍　白海洋　贾明福　赵松峰　李永哲　满昊鑫　林　科
曾浩浩　潘　君　代明波　蒋先峰　刘　鑫　慕旭华　魏居一　侯海宁
王超阳　刘舒芬

0605202 班（电子信息工程）：
张伯炜　任宴冬　侯　利　丛丹阳　张　坤　张　妍　郭晓宇　王春煦
王　雷　董　众　刘　琳　赵　舒　廉　濛　孙纪尧　王凤来　支晨蛟
万　鹏　曾睿明　陈　伟　李　田　唐光旭　李　琪　王恩杰　张　路

0605203 班（电子信息工程）：
刘　帅　张福博　范广晨　徐志强　吕海岩　王　芳　潘宗序　曲　佳
谭玉磊　窦志超　韩俊龙　孙少雄　唐海虹　邓文斌　张　红　毛智能
周经越　向　文　何　波　周俊宇　强海涛　高　杰　张云翔　王禹扉

0605204 班（电子信息工程）：
巨　龙　卫杰生　王　岳　孙　林　佟　达　孙　毓　周　葳　于志成
王　旭　于　潇　宿　南　尹　朋　宗志远　汪　帆　杨明磊　梁加洋
庄树峰　薛筱娴　黄博闻　胡晓军　雷　威　黄敬棠　吴进会　武龙飞
张　超

0605205 班（电子信息工程）：
张　力　苏　耘　何　鹏　邓博文　王师哲　颜菲菲　王德伍　潘　瑞
王　超　吴家伟　李斯琼　陈万杰　张学文　梁　朔　柏　提　杨　威
戴文娟　曾庆东　李　姗　徐　迪　马建民　黄　凯　徐卓异　李　义
于　杰　张仙娣
钟　鑫（信息对抗技术专业）
李克来（遥感科学与技术专业）

2011 届本科毕业生（316 人）
07 实验学院班：
吴天航　肖世杰　王宏宇　陈　星　宋天宇　张铁江　高　玮　安　然
曹鑫宇　叶　勤　常　坚　陈　旋　周大卫　李秀华　李　夏　黄明和

林　桐　赵　琦　洪玉珑　于　健　王　然　王　潇　凌　龙　提纯利
吴桂华　谢云翔　陈玉玲　陈　勇　白天阳　王洛奇　何　钞

0705101 班（通信工程）：

曲天遥　孙　磊　马庆东　宋晓程　李晓洲　郭　磊　管修挚　宋丽伟
冯　博　郑　艺　王松泉　李国一　刘荣宽　李　慧　张梦然　姜新源
刘晓龙　李　婧　王建勋　陈　晚　聂祥龙　王伟超　华新群　吕文哲
库生玉　孙　咏　刘永辉　邓　清　宋昊阳　秦　娇　何　欢　李　锐
杨林超　高前超　陈　亮　叶　沛　李　跃　哈　娜　郭美秀　胡若菲
杨　堃

0705102 班（通信工程）：

王　矗　周　娇　张晓雪　张　敏　朴虎林　庄　浩　王　溯　王　宇
张　睿　闫东胜　张政川　赵阳洋　郝璐瑶　胡寅龙　褚宇宁　张智勇
王晓鲁　陈宁宇　严海洋　贾　飞　许溢天　叶高群　田宗奇　黄　斌
刘　博　刘筱洋　吴　迪　向亦宏　蒋雯喆　赵睿思　蒋梦颖　孙晓亚
梁天泽　王文婕　赵　莹　韩英峰　黄建文　石洪刚　刘爱华　赵世龙
郑文成　马　上　李　津　孙自良

0705103 班（通信工程）：

张弈轶　李　扬　张亚兴　关晓晨　韩　乐　赵万龙　李　明　吕　谷
崔晓秋　刘　明　杨　曦　崔　慧　王　昊　王继伟　王镜年　吴一鹏
丛士博　丰　上　戴辰铖　吴明航　范隆标　伍童辉　李明东　刘　涛
刘　洋　黄丰业　符传坚　陶　绪　廖浩凌　回　征　王　欢　杨国伟
赵　政　姜杨阳　杜　翔　杨泽坤　李　斌　罗明新　任大　哈一

0705104 班（通信工程（微波技术））：

孙海峰　高　巨　高健一　纪凤才　刘　浩　吴重达　王石龙　赵建北
李开明　刘圣英　张效衡　王　希　王继凯　闫传祥　赵　琳　姜　强
张雪莹　张　桐　李宛露　王宇碟　刘鹏飞　季　灵　许艳敏　袁　昱
毛万东　蔡润南　周　昊　李孟滦　李龙龙

0705201 班（电子信息工程）：

沈羿禹　刘　澄　向　睿　郑　浩　曹洪伟　吴　昊　段　宇　唐宏美

韩　雪　朱凯晖　周宇光　赵德华　吴康华　卢　文　牟德朗　黄云宁
那仁图雅　匡宏印　谢雨桥　邓凤星　常之谦　许　睿　杨　凯　杨海涛
黄　宇

0705202 班（电子信息工程）：

孙　磊　朱浩然　王　猛　张　晨　秦云杰　陈　蒙　吴安琪　刘少岩
潘继明　初　阳　芦　山　王阳阳　张作霖　朱永鹏　高寒松　李　亮
刘　星　冉德成　欧阳敏　赵思宇　杨力涛　王　伟　柴　源　蒋瑞祺

0705203 班（电子信息工程）：

孔龙时　丁玉叶　徐　磊　崔佳鹏　王洪欢　姜　浩　熊子涵　王海涛
张银佐　竺　鑫　金　飞　宫　维　范云锋　黄冠龙　刘金生　何　山
何　围　李炯卉　钱　彬　马英武　冯　凯　金黄平

0705204 班（电子信息工程）：

任　航　刘　凯　曹明阳　国　辰　邱巾超　黄丹缘　马鑫洋　杜晏居
黄祖镇　张海林　葛印超　程　兴　胡晓旭　刘梦奇　黄晓帅　罗金星
陈　渝　杨　益　陈　立　谭龙龙　方　睿　解　鹏

0705301 班（信息对抗技术）：

郝　奎　赵　健　张明阳　丰炳波　王之月　孙斯亮　郑纪元　崔兆宇
吴　昊　郝　昕　张云峰　刘治军　于洪文　缪　运　闫雪梅　孙峙岳
张宇航　周思洋　徐振东　国北辰　韩金池　朱绍泽　姜启文　王知畅
何明捷　杨坛平　饶　昀　李　浩　黎　蕾　谢佳君　刘良庆　王腾飞
杨宏博　陈必新　王海旭　徐　适　巴桑达来　孟德巴雅尔

2012 届本科毕业生（302 人）

08 英才学院班：

郝亮亮　李缙强　樊　春　任志宏　单元旭　陈纪亮　魏　栋　李珏然
黄昊骁　韩　放　王柏岩　郑秀明　康健民　吕　静　朱玲洁　罗德巴
盛　飞　彭　曦　胡瑞雪　侯天蕊　张龙家　毛新凯　许　辉　马　丁
樊家良　孙宏鑫　郭　峰　张　岩　刘子滔

0805101 班（通信工程）：

闫鑫阳　张碧仑　许天一　田　力　梁东宇　曹阳阳　王　萠　范文心
王春阳　王培适　张乾坤　孙文彬　陈志成　胡文斌　吴婷婷　付　岗
袁钟达　张秋实　杨　浩　邢晓芸　刘潺溪　吴佩城　李声勇　陈增泰
宋　浩　佟　兴　孔庆磊　劳玲玲　张明洋　田　硕

0805102 班（通信工程）：

杨　成　华　杰　董　超　张馨月　孙仁强　宋环宇　孙博雅　吴加堃
邹　贵　潘　凯　胡　朗　贾　丹　李　昂　焦　阳　杨树驿　陈泽柏
殷婉怡　周建人　张文彬　刘冠男　黄箫桐　许　可　张　晔　张兴起
孙　建

0805103 班（通信工程）：

李　昭　郎　哲　潘思迈　刘　亮　孙陆宽　李　博　刘馨宁　谢榕贵
周建永　滕　哲　黄云青　栾小飞　赵孝华　伊徐欣　刘　俊
罗　超　安　政　刘婧宇　魏宇明　张　硕　张　驰　姚志伟　鄢　磊
马承骐　龙文赫　韩子龙

0805104 班（通信工程）：

贾子庆　于瀚博　刘　诚　田昌宇　李卓霖　张　运　晏　超　罗冰妮
寇明国　张　阳　陆　航　徐玲玲　马睿聪　李　迪　吴　凡　潘兴亚
梁　立　任庭毅　赵一诗　尹骁阳　李文佳　李明烁　丛　剑　李　想
杨　磊　张吉翔　谭绍娜　张德有

0805105 班（通信工程（微波技术））：

孙冰冰　王二超　周长飞　马　爽　郭远明　汤恒河　林　博　王琳月
郭丰强　吕玥珑　房晓琪　刘睿智　尹心宇　纪中人　王立娜　王金悦
朱佳骏　胡　洋　王宜欢　金逸韵　车邦军　沃得良　李宗安

0805201 班（电子信息工程）：

于伟龙　王文华　吴　及　张世茂　许　沐　张婉莹　史正洋　李泽明
张文昌　袁　明　师飞龙　陈　俊　田　浩　白玉佳　周莉莎　刘　肖
王筱男　林驰名　孙洪森　张　强　赵仲元　蒙明毅　黄天雨　杨　洋

黎思齐

0805202 班（电子信息工程）：
周　驰　马　丁　张燕来　张　鹤　周建宇　潘佳乐　吕金芬　张大帅
袁　龙　杨　光　薛　仲　陈世洋　安　然　祁　祺　蔡文涵　周　琪
李兆国　郭　睿　蒋中建　杜志凌　李　洋　雷大力　张燕灵　刘淳熙

0805203 班（电子信息工程）：
樊婧琦　郭丽华　杨　易　罗　昊　李　晗　张　磊　赵岩松　郭晓江
管荣华　宋富强　王志贵　马文旭　褚天琦　邹思博　杨　莉　尚　超
谢翰威　金　戈　唐修东　曾文君　王　天　王　强　任　健　杨再新
洪佳新

0805204 班（电子信息工程）：
徐　涛　刘晓晖　鲍　慊　王烁行　谢光胜　陈凌峰　邓文林　蒋　旭
赵　斌　马文佳　高　博　孙蓦征　徐骁驰　郭婉莹　王佳怡　黄　浩
王　丹　傅泽思　张绍文　陈永佑　祝　毅　陈益波

0805301 班（信息对抗技术）：
徐　翀　吴龙文　余　昀　王佳斌　刘　宇　李　岩　杨建伟　刘　冰
李国栋　王方家　张禹男　孙锡星　赵宇强　李　彤　支矗鹏　李帼伟
王　喆　周宇峰　康　健　李　真　于海琰　王少博　陈　杰　张　军

0805401 班（遥感科学与技术）：
王　帅　王　宏　郑　贺　牛文龙　杨竞然　贾洪辰　张子布　李纯洋
米　良　曹鹤洋　吴　航　王宇洲　雷　鸣　曲昌博　夏仁杰　林洲汉
王　云　潘　鑫　杜　彤　张佛文

2013 届本科毕业生（282 人）
09 英才学院班：
陈文驰　张恒晨　张　蔚　郭腾虎　巩紫君　赵　震　杨　松　崔　晨
武　鹏　田纯阳　莫力烽　赵　峰　陈　烈　高书莹　胡少领　王泽蒙
张琳坚　王笑寒　姜铁男　张　焱　孙　博　周家奇　黄思雨　苗　淮

胡　斌　张亚彬　钟圣唯　马如宇

0905101 班（通信工程）：

李文达　刘梦芊　崔澜涛　杨芳芳　张士伟　王冠升　马　聪　曲美娜
马　丁　王云璐　姜晓琳　刘佳鑫　魏　鸣　沈庭钧　滕　通　张　宇
周志达　韦高崇　肖　靖　陈东东　吴伟明　陆　加　李　帅　代　岩
李　婷　卢阳云　于　泳　孙　楠　Etouni Luc（力克）

0905102 班（通信工程）：

陆　晨　于天歌　李　然　杨文龙　常　乐　刘利欢　李亚添　王泽仁
徐千慧　步　繁　吴　迪　郑　策　骆之皓　邵欣业　孔　方　刘思遥
唐力群　何沅庚　马靖博　巴　璐　程彦飞　武　健　李瑞青　韩　艺
张　莉　索龙飞　田　雨　李易人　平措措姆　Luis Manhinga Pa（罗士）

0905103 班（通信工程）：

张泽宇　廉　欢　梁　楠　栾　斌　童　源　王世奇　毕洁辉　戚佳桐
易天明　张润垚　周才发　龙维珍　李井亮　赵云飞　吴　涛　李　森
陈　晨　邓仲哲　张德坤　张　睿　王　勇　薛晓宇　丁晓萌　赵　耀
苏骁峰　Boe Nicholson（尼克）

0905104 班（通信工程）：

林怡琛　王　鹏　刘　曦　张润彬　王　成　赵婉君　王雪银　刘梦莎
田子枫　吴明阳　于克微　吕冬炜　蒋　达　张涛涛　林天瑜　彭正初
赵宗然　贺志颖　王玉鹏　寇韵涵　施　炜　陈舒怡　马欣茹　庄坦程
张欢欢　曾飞龙　杨冰杰

0905201 班（电子信息工程）：

王照法　郑红超　刘俊康　黄叶知　王悠琴　冯小军　冯泽双　杨　达
吕鹏辰　李发宗　周丘实　冯利平　曹国亮　徐　亮　刘智卿　孙志鹏
韦明川　赵春雷　高德奇　杨皓天　胡晓楠　程德帅　郁清亮

0905202 班（电子信息工程）：

陈　金　丁　甲　刘爱华　聂胜贤　李思明　田　彬　张　旭　仇国龙
沈予之　申化龙　胡　凯　赵凯恒　孟宏峰　李国航　张　畅　李博扬

于雨潇　康　健　张朕滔　王海松　叶　浩　许　咏

0905203 班（电子信息工程）：
陈　武　万良鹏　李　侠　成立涛　蔡永嘉　尹　程　魏建同　程义琼
辛　雨　杜志强　李晓明　刘宇萱　刘玉鑫　李晨光　邹承凡　姜在阳
邸雪娜　张弋阳　靳良玉　王冠伦　林超博　欧阳任耕

0905204 班（电子信息工程）：
钟志强　张　昕　管恩伟　刘琼霄　蓝　星　刘文茜　彭柏林　李华安
崔　凯　武雄飞　吴蓓芬　周娅京　李玉骢　贾大宇　张鹏宇　杜国铭
杨　昕　王智睿　金虹宇　吕　哲　戴翊轩　Sumanraj Aryal（苏门）

0905301 班（信息对抗技术）：
杨　杰　刘晓聪　白惠文　肖　楠　邓姝沛　关文瑞　张　越　许　琳
梅春宝　王　阳　刘士民　陈佳伟　李　猛　邱明劼　罗　灿　李　潇
柯　果　邹　浩　郑　真　刘冬华

0905401 班（遥感科学与技术）：
顾冰光　闫加明　王　琦　刘家宏　刘　东　曲　岩　周可心　齐亨达
姜　博　秦一凡　范雨龙　郝　悦　张同宇　丁　焱　于博良　郑小聪
梁海兴

0905501 班（电磁场与无线技术）：
洮尔根　刘晓昕　邢立鲲　荆丽雯　韩崇志　董佳鑫　付彦志　王　焱
施　荣　权纯鹤　徐名一　吴越航　张祖富　马磊强　徐　扬　孙　权

2014 届本科毕业生（304 人）

10 英才学院班：
阔　鑫　李梓伊　田　斯　王德民　薛　昊　安　迪　王欣玉　张轶丞
冯雨晴　刘　猛　朱师姐　王世龙　欧文祥　万　柯　蒋　凡　苏邵麟
关　凯　岳　晋　王弘洋　郭　赛　宋鹏飞　孙礼辰　王　也　赵向阳
王良军　郭　亮　杜玉晗　季云飞　朱庆鹏　郭　岩　邹志国　白　杨

1005101 班（通信工程）：
郭继韬　裴　力　马哲明　田占民　褚建光　宁宾冲　王　芳　赵延龙

张　全　陈　实　陈思云　丁　一　许　可　肖可鑫　刘日强　袁　泉
秦仕鹏　董唯一　王孟奇　刘井安　徐　泽　丛　慧　张晓慧　刘　通
卢　毅　李白宇　宋雨翔　李　原

1005102 班（通信工程）：

高昕宇　张允洁　徐　畅　李　昊　王　硕　徐　超　张　玥　王　博
杨修通　颜世博　良翰博　宁佳琪　陈佳音　邵　将　施仁哲　付恩来
张亦玲　吴　彪　杨　杰　李　翔　韩杏玲　杨宜蒙　曾　波　江　婧
潘斯琦　阳雨釜　朱　文　韩长立　陈　玮　刘智文　刘　珺

1005103 班（通信工程）：

刘忠强　李可毅　张欣宇　陈一硕　忻海云　张光宇　周希泉　李尔佳
程文昊　任　强　赵天宇　赵东旭　薛宇卓　李天洋　林飘飘　纪晓鹏
陈三斌　彭佳琪　徐　原　郭　翔　张　冀　哈　力　林郭萍　朱雨桐
邹　鹿　郭俊杰　常维国　张西泽　宁晓鹏　孔　昊

1005104 班（通信工程）：

李　京　郭永娜　邢　超　李英鑫　靳　淼　牛名一　赵东来　陈　晨
吴　疾　赵金洲　高　飞　林　旭　吴凤辉　米晓林　吕佳奕　楚云霏
王洪云　王　晔　杜　悦　张若愚　张　倩　刘　晗　吴　扬　刘林轩
王海彬　高　峰　曹丽琼　伍　勇　李佳骏　强　伟　原亚欣

1005201 班（电子信息工程）：

于　舜　李鲁靖　李雪鹭　王嘉雯　许　智　李　欢　徐伟恒　陈敏求
刘　磊　宿　愿　林　松　李吉成　王小博　王　翔　魏　迅　杨　帆
庄　灿　张　金　张军星　尚　进　郭　路　李　玉　朱　晔

1005202 班（电子信息工程）：

卢子琦　滑　艺　郑　伟　国　际　于　洋　王仁杰　朱晓辉　朱鹏凯
秦　周　黄永祥　王　蕾　高欣宁　王雨晨　冯博文　李国际　梁佳鑫
刘　畅　张明昊　许开文　万志华　戴永鹏　张佳智　郭大山　张欣桐
刘威龙

1005203班（电子信息工程）：

张治国　刘喜旺　刁　卓　王雪岩　韩秀慧　王　鹤　边一夫　阮明建
洪小砻　姜　奎　徐玉奇　刘　奇　蒋　涛　刘泽丽　张博文　张　宇
袁　琳　姜化冰　季柄任　朱安国　张守强　陈　豪　谢青青　张成真
杨冬晓

1005301班（信息对抗技术）：

吴少雪　谷一鸣　付　梦　朱雨桐　王　骁　张晓雯　杨　申　郭　璋
李　达　高　超　韩健畴　孙玉飞　徐志剑　解冰谦　宁　宇　侯旭明
任路铭　王　蕾　闫焕鹏　冯田雨　杨智翔　王青旺　李建余　林东闻
陈妍男

1005401班（遥感科学与技术）：

金天明　孙佳梅　刘晓伟　周帅帅　刘　灿　李温宁　丁照伦　姜含露
杨世煜　沈　铎　吴　刚　关宜青　许世豪　刘　璇　施雨舟　宾山宏
高文强　崔金非　李维珂　李春柳　姜子木　张莹莹　袁　梦

1005501班（电磁场与无线技术）：

房　牧　孟　博　史绍蕊　李翰林　刘雪莹　高　严　白雪飞　张恩泽
姜天胜　曲　莫　陈炯辉　苏锋智　梅　波　崔　健　杨　帅　梁　正
孟繁荣　臧语章　孔伟东　辛　培　张　程　赵志华　史　斌　胡金辉
张湧铭　易世鹏　白竞祎　宗小婵　贾奕明　王熙嘉　王思农

2015届本科毕业生（320人）

11英才学院班：

李　奇　李天然　周　健　张　懿　任千尧　闫恒毅　任博雅　谭　璐
李宝轩　贾　彤　刘亚男　汤乐奇　刘霞靓　郭智杰　韩晶宇　廖敏俐
张　帆　卫智熠　张贺磊　刘正平　帅梦奇　刘永健　王怡然　罗昊宸
宋晨希　邓　皓　曹凤凤　程　功　闫　铭

1105101班（通信工程）：

宋天鸣　孔德阳　周　运　马忠超　兰　昊　陈子研　杨金海　王兆磊
王祎珍　单成兆　杨　木　胡　冰　张欣瑶　林枫然　赵天琪　杨盛超

吴　维　李欣悦　黄　磊　尼尧擎　朱晓玉　徐　晗　朱思宇　梁德源
费德介　黄静月　张晓波　刘永杰　刘宗豪　宋　旭　周　悦　赵　婧
Mampacka-Mabondza My

1105102 班（通信工程）：

李晶新　龚任杰　王　鹏　智小楠　李　毅　张佳俊　金宁迪　李欣蔚
贲　放　吕博宇　丁天一　张　晗　唐　越　林志远　张晓凯　陈睿荣
杨利斌　殷晓超　陈黎明　郑成功　李程祥　李　玥　律秋磊　胡有军
何东杰　李　闹　王小燕　张　铭　谢驰宇　苏　新　吕　伟
Durdyyev Nedir（那迪尔）

1105103 班（通信工程）：

曹恒瑞　洪靖轩　陈　聪　郭　诚　孟欣如　杨兆辉　门耀城　韩　墨
赵伯文　张茗棋　曹琪琛　刘　鹤　齐　瑞　张　玲　陈锦银　胡德顺
徐富鹏　裴玉洁　闫宇超　张泽宇　苏林效　周永敬　桂雨洋　李　改
陈　康　何咏倩　邓志刚　邓雪菲　华庆鑫　崔　越　张田田　高云雪
董宇鹤　Yagbanga-Dekpaly Kar

1105104 班（通信工程）：

王　萌　刘　亮　默　迪　赵　越　林雨佳　梁婷婷　徐文畅　王　鑫
杨红金　何志强　肖宜轩　王宇昕　张宇思　刘浩洋　窦　智　吴飞昊
陈　希　张婧辉　王　奔　陈成达　刘　苏　王茂林　付鑫峰　杨　鑫
郭　萌　李北京　夏志谋　陶臣嵩　许锦兰　张　立　李朝松　颜　涛
周洁靓　王　睿　张鲁欣　普布拉姆

1105201 班（电子信息工程）：

屈　研　庄迎君　岳天翔　梁帅宇　王程威　于翔宇　宁小雨　冯　帅
卢　曦　王晟昊　罗　权　张泽尧　赵　超　张柏强　曹锦涛　吴宝刚
杨广超　王特亮　杨中厦　陈丽娃　蒋　坤　叶　聪　吕东亮　王振华
王　颜　胡馨以　欧阳珺婷

1105202 班（电子信息工程）：

王珊珊　赵智杰　王　宁　程石周　菁　宇　健　李　欣　李春鹏

王　喆　牛　畅　陈润琪　凌　斌　周海涛　王明明　刘豫鲁　张亦弛
李狄旭　韦奕龙　杨林弋　张翔宇　石　珂　胡宇义　刘丹彤　谢祖达

1105203 班（电子信息工程）：
张昊男　任　易　马　垚　朱维娜　谷　岳　宋晓健　杜　辰　闫建伟
李松岩　程　馨　朱同宇　姜号东　刘睿洋　孙忠渤　应凯杰　徐小崴
阚学超　朱　锐　隆石洪　谭周正　付　宁　姚　敏　韩建国

1105204 班（电子信息工程）：
孟德鹏　包晶晶　贺　翔　吴晨桐　赵　阳　毕元宝　米雪龙　徐嘉铭
万　苗　常　乐　朱海辉　周汝东　程旭旭　周鹏飞　张军齐　谭　建
简　越　何　亮　续奇兵　黄佳琪　谢开元　苗馨远　司徒景山　平措旦增

1105301 班（信息对抗技术）：
李明旭　魏立云　柴　涛　刘晓磊　郑　策　徐　欣　付佳彬　安普强
彭欣然　张常乐　毛　宇　张宇航　张瑞鹏　吴文懿　陶　平　谢添顺
王旌舟　杨泽云　马　森

1105401 班（遥感科学与技术）：
李方舟　孙　策　任卿龙　王天宇　胡　丹　方博文　黄雪峰　郭峻凌
孙思远　贺　旭　陈　湘　李德皋　朱廷伟　马顺利　吴思融　刘　欢

1105501 班（电磁场与无线技术）：
范枝智　李存彬　于泽兰　任　杰　杨焱坤　满旭明　汪　宁　邱　爽
杜天尧　肖姗姗　闫　硕　王　也　孟敬珊　邓　晗　汪立青　肖振健
熊　骐　张丙琳　何　川　刘冠君　何杰基　李　翱　李嘉喆　姜　怿

2016 届本科毕业生（284 人）

12 英才学院班：
李珊珊　王昕阳　周永康　房天阳　陈中尧　卢　昊　孙裕人　刘天琦
高天娇　孙宝琪　李殊勋　刘雪娇　陈兴林　伍广腾　王发斌

1205101 班（通信工程）：
张海月　刘佳铭　李虹达　王睿迪　金怡韬　袁　泉　武　星　刘和鑫

麻津铭　宫　哲　张少鹏　杨佳琦　刘佳慧　徐　莹　张嘉伟　张胜峰
崔愈清　秦凤勤　龚　云　邓忆秋　刘红俊　台祥雪　徐诗皓　潘　璐
夏弘毅　刘小庆　许　勤

1205102 班（通信工程）：
纪　凡　王溶溶　杜梦园　张凤娟　焦义博　吴天慧　夏　鹏　周晗月
刘　航　李伟航　徐墨曈　张泰宁　薛　芃　石昕宇　崔　昊　年毅恒
吴宏晶　蔺泓如　侯　磊　曾　仑　曹海文　梁恒浩　王　娣　许　康
王　松　周晓荣　郭嘉伟　祖国瑞

1205103 班（通信工程）：
付玮璇　曲宗华　王　思　张佳琪　田　冬　陈　强　刘宇轩　姚伟光
邹云龙　李忻瑶　步朕东　王力石　李婉婷　孙久淳　关天月　赵晓琳
刘一男　张宇萌　郑　骁　顾韶顺　郭　峰　连家源　王　威　庄旭阳
孟正科　郭　昕　张　羿

1205104 班（通信工程）：
曹舒禹　邓　啸　周　赫　王凡超　杨晓鹤　李　杰　邹博阳　林泓池
高庆丰　王禹翔　周发淼　石　佳　孙嘉璐　单嘉欣　金奕伽　华　康
徐　培　张　瀚　刘明宇　管燚馗　衡　威　陈昊全　邢亦静　贺国武
刘牧原　辛　琪　吴润秋

1205201 班（电子信息工程）：
沈凌宇　白　宁　管浩言　罗瑞琦　邱宇宁　谭雪迎　李冰寒　王瀚昀
贾南茜　暴子瑜　范吟芸　钱光照　王倩倩　曹忠黎　张　璐　张宇鹏
邓展涛　刘敏刚　蒋文兴　何露茜　柴　林　尚　瑞　唐文静　刘振江
代　妍　朱　磊

1205202 班（电子信息工程）：
乔彦铭　李高鹏　赵梦晓　苏凤宇　贾冬冬　曲蓬勃　崔　健　李明杰
艾赓婷　王天玉　王　赫　金红燕　马迎晨　殷博文　常　颖　金　杨
柯子祺　杨诗寓　石　嘉　伍哲亮　杨成佳　姚登科　屠永云　张　程

赵敏如

1205203 班（电子信息工程）：

金　韬　王合昆　高天雄　王　露　姜东超　杨兆冰　关忠彪　邱　枫
袁　泉　邵　爽　闫雪微　邢　成　周立南　曹永贵　裘　剑　邹张震
蒋志猛　吴锦钰　丁思源　郑浩彬　邹钦羊　吴双宏　程　嵌　李　佳
方锦龙

1205204 班（电子信息工程）：

李　文　郭俊洋　牟诗璇　杨　啸　王奥博　李冬青　梁　煜　王卓群
纪伯年　吴雪微　宋　琳　李竹西　李寿阳　金旭东　卢华东　程光侠
董方倩　詹志远　常骐川　许声夫　赵兴宇　周晓康　刘晨阳　王梦源
徐　洋　达娃央宗

1205301 班（信息对抗技术）：

苏　颖　张　璐　冯健颖　郑伟然　刘　玮　谢冰芳　孙媛媛　闻　名
张福强　沈成坤　陈志嘉　戚金子　蔡科强　沈　涛　张翔宇　廖流波
刘思成　杨少伟　贾亦哲

1205401 班（遥感科学与技术）：

原为一　郭庆乐　章　晨　韦灵峰　蔺百昊　贾金让　刘红燕　宋　琦
梁　非　刘小晗　陆　健　陈国炜　邓　峰　高　军　梁智远　石　玥
张美玲　黄　涛　任星宇　王　统

1205501 班（电磁场与无线技术）：

刘宇航　尹智颖　蔡欣伦　赵　鹏　陈冠男　张　斯　陈　悦　胡超然
钱佳唯　陶　蕾　陈宏刚　林霁暖　汤克勉　杨海棠　刘　卓　陆尚雨
袁文双　梁智铭　赵国明

2017 届本科毕业生（257 人）

13 英才学院班：

鞠世豪　郭　珊　戴　进　肖兆雄　马　晨　吴建泽　杜黎明　贾天竹
高　政　李　建　倪坤臣　李苏航　赵京元　吴　言　吴健宇　姜脉鹄

1305101班（通信工程）：

张子悦　刘锦颖　李　浩　安维乐　孔令林　商　航　单智群　辛　睿
王思懿　张宇博　张跃明　王　雯　刘振杰　靳登匀　宋言午　薛　晨
汪诗寓　张　催　张延博　宋维斌　何佳奇

1305102班（通信工程）：

赖炤宇　何晓琳　高宗右　赵东方　李焕英　郝　勇　许琪羚　荀　智
徐嘉崎　陶一嘉　石　际　王玥瑶　滕秋菌　蒋子宇　潘光华　杨文涛
轩启运　李俊翔　曾　涛　张文通　朱　旋　吴雨珊　张炜东

1305103班（通信工程）：

肖娅萌　杨成财　左润东　王　博　谢英泽　祝韵哲　黄毅腾　张雅雯
熊　风　杨佳能　王光伟　黄剑婷　徐　誉　释小松　高辞源　马　立
刘万科　冯榆富　肖雨桐　严　媛　强　英　黄金伟　郑天越　刘远曦

1305104班（通信工程）：

廖品真　黄看以　刘俊熠　郭明哲　王中林　秦　浩　刘　昕　赵艺涵
朱　琳　夏天聪　宋雨佳　黄滢潇　陈星光　雷绳照　周　昊　陈　幸
谢希铭　张　帅　孙鲁斌　谢明富　何卓逊　王沛捷　朱生博　王溪岩
李影欣

1305201班（电子信息工程）：

苑广达　岳　琦　罗　臻　张立铮　郭路鹏　齐鹿星　李建鹏　吕　安
姚　帅　刘斯宇　徐朝阳　王　晶　苑　泽　刘岩松　张　洋　陆奇挺
王法壮　杨　凯　孙　振　陈雪飞　马定妃　刘明慧　王　特　董　威

1305202班（电子信息工程）：

张荣政　陈文达　张　泽　任延泽　齐　欣　李金泽　刘梦竹　赵泽涵
郭天骄　陈建中　黄君怡　黎　衡　刘凯宇　杨　杰　谌　茜　黎煜婧
金　程　黄翊杰　徐向勇　陶维晓　张振宇　刘　刘　单博群

1305203班（电子信息工程）：

李宗泽　武丽娟　刘建新　高　琴　闫　淞　王韦玮　李佳芯　池辛格
宋振雷　韩非桐　由俊威　陈雨薇　李晨昊　颜世鹏　徐　旺　陈润泽

吕昆峰　马高磊　付　伟　徐之航　刘宇光　赵书健

1305204 班（电子信息工程）：
阎菩提　董心洁　蒋天丽　王江涛　樊如愿　邱晋哲　杨　楠　郑广明
申庆龙　周生龙　林颖楠　贺晨飞　曹　培　鲍柳勇　周殷毅　魏俊杰
蒋铠任　吴昭洁　饶　凯　杜一夫　张　乐　王　昭

1305301 班（信息对抗技术）：
石　凡　崔于晴　伊博文　赵健博　王金哲　孙鑫磊　范乐宇　桂　赫
靳新飞　姚旭东　王立坤　刘米香　龚　璞　徐鹏宇　黄思源　文凯歌
苏飞宇

1305401 班（遥感科学与技术）：
陈　旭　孙乐昱　韩兴宇　曹浩天　周志磊　时赟志　高荷福　耿崇峻
戴佳君　张振宁　孙晓宇　朱凯强　洪慕竹　杨　攀　蔡景丰　陈忠豪
张思霈　谭苏灵

1305501 班（电磁场与无线技术）：
党　宇　王春龙　姜伟雄　赵炳旭　句海粟　刘　玲　姚　凯　左迅宇
王长磊　王子豪　鲍立飞　赵宇霖　崔业璞　余　尚　邹皓帆　唐浩誉
王少植　石志城　何宗龙　陈　昂　许凌飞　蔡柏雯

2018 届本科毕业生（253 人）

14 英才学院班：
刘璐洋　王　孟　刘尚昆　李子恒

1405101 班（通信工程）：
杜文占　张大庆　赵慕飞　曲海铭　王　宇　蔡日宝　于佳旭　刘　彧
黄祉默　刘东健　苏　醒　郎修璞　沈舒展　黄鹏飞　孙明聪　宋兴州
李瑞恩　邓雅静　易　磊　刘剑锋　姜　晗　李　旭　元立强　张　鹏
齐家平

1405102 班（通信工程）：
崔玉龙　闫聪明　卢成业　张哲铭　宋　鸽　孟垂扬　张启睿　赵嘉禾

卢子睿　于雯露　于　盛　杜兆鹏　于牧辰　张　翔　方　原　李志舜
刘苏宁　谢子怡　肖文林　周庆睿　孔顺梅　王煜文　王　涛　李　阳
张历强

1405103 班（通信工程）：

苏怡宁　康昊鹏　王　庚　刘正清　董文婧　刘　畅　陈　倩　朱洪涛
王新玥　仲博文　李怀远　周钰钊　孟　梅　王耀光　徐　欢　王剑巍
张伟忠　季梦瑾　施　楠　王　培　刘　灏　曹钰鸿　朱鸿鹏　康振宇

1405104 班（通信工程）：

刘天歌　蔡中元　袁华康　王德昊　殷　浩　吴尘雨　金　鑫　杨竞淇
王凌涵　林庆丰　程勃斯　何　川　束越婕　吴诗婷　李一洲　卜　杰
张慕晗　马爱丽　燕龙飞　焦　翔　陈　旭　唐　博　易千钞　雷嘉兴
姚　翔

1405201 班（电子信息工程）：

夏鸿成　崔子藤　王文光　赵　昊　赵宇航　衣志航　项佳博　巨惠新
刘原宏　张翼鹏　潘柏润　王帅兵　谢　壮　林　存　岳迁益　张　羽
唐文博　兰　宇　牛子拓　姬昶浩　刘思旭　赵　琦　洪峻磊

1405202 班（电子信息工程）：

王子恒　徐盛原　周天铮　曲祐民　冯天娇　胡　昊　马凌超　化青龙
姜文俊　张厚元　王宇飞　许振华　郭东奇　陈明爽　蒋　祎　卜　燕
石冰河　黄　鑫　范婷婷　贾瑞保　李　双　熊阿龙

1405203 班（电子信息工程）：

薄家乐　刘立东　赵佳旻　武向勇　孙先范　刘家坤　佟翔宇　黄嫦鸣
许景壹　刘艳雪　于晟阳　钱晨怡　苑蓓蕾　靳　鑫　詹志文　刘靖超
姜　鸥　陆威霖　张子昂　罗　威　董博远　曹　宇

1405204 班（电子信息工程）：

冯振远　卢海鹏　朱艺丹　李天帅　李松铠　王子南　郭友良　潘慧敏
叶澍霖　袁　帅　赖志超　朱佳恒　连　甫　唐玮璇　杨振宇　李少聪
向润梓　冯梦飞　王文钰　任　合　刘瀚尹

1405301 班（信息对抗技术）：

李永庆　田宇恒　张世泽　张宇博　许光朋　邱　宇　郑　虎　王远航
张文涛　徐鹏政　孙思源　王昱尧　曹梦宇　赵　达　甘婷婷　侯卓林

1405401 班（遥感科学与技术）：

朱屹杰　康浩然　张绪义　马毅博　冯亚欣　徐靖雯　徐健平　徐奕显
蔡松言　魏子迪　王煜坤　李玉婷　杨新宇　张　冉　刘雪丹　丁道庚
程　迪　施韬朴　叶葆巍　李　阳　蒋国韬　米宏涛　刘　成　杜若非
潘浩森　依力牙尔·艾尔肯

1405501 班（电磁场与无线技术）：

王常会　矫健林　王雪莹　白雪松　张里奥　刘首岚　王　岳　张昊田
徐　悦　戴志梁　郎丰硕　牟永恒　黎子顺　蒋　哲　蒋盛民　钟泽伟
唐晓聪　张鸿州　叶鸿飞

2019 届本科毕业生（232 人）

1505101 班（通信工程）：

刘佳慧　王　旭　武自强　刘中岳　赵紫溪　崔　华　牟泉安　邱志昂
汪伯亚　逄　博　李曼慈　濮俊松　李季蹊　徐　爱　尹皓晨　任彬彬
黄　乙　廖军凯　陈雅民　朱　翔　王　屹　计浩宇　王悦循　孙钰桐

1505102 班（通信工程）：

孔　杰　莫月晟　周靖雯　邹浩博　李成方　郑素文　马生博　张圣儒
张凤仪　蔡国庆　李世维　夏岳隆　王子健　王健楠　徐　渊　李雪峰
张艺鹏　孟士尧　李　辉　王启明　刘　铸　张亚强　邱　琳

1505103 班（通信工程）：

韩铠阳　章王舜　王世鹏　赵喜双　杨家豪　王浚昆　刘　蕾　张　宇
庞　漩　闫富朝　泰米尔　张文凯　陈　思　陈　军　张翼飞　刘柯池
杨　瑞　陆　宇　陈宇航　张丹菲　夏　萌　张重祺　张钦瑞

1505104 班（通信工程）：

代　峥　洪堃棋　王金明　蓝林锴　杨宇轩　李　唐　孔晨华　王　雨
顾云涛　牛金鹏　张　桐　卢佳琦　田　耕　王思远　隋秋怡　刘玲芝
尹　纾　张志达　李盼盼　付晓玲　王禹辰　黄祉霖　陈悦宁　李　瑭

1505201 班（电子信息工程）：

赵佳楠　刘健男　任宇星　谭钰琦　毕文凯　马胤滋　许　卓　张汉卿
刘佩鑫　高铭昆　杨成武　索明康　毕　煜　房振鑫　张丰铄　龙泓昌
宋　圳　张金波　常法光　乔　楠　田佳豪　李　睿　张莉婷　李　鑫
陈健鹏　颜　雨

1505202 班（电子信息工程）：

王希伦　宋佳音　黄启航　王　凯　陈锐达　刘瑞强　赵宏阳　赵惠锋
戴英杰　朱　宝　张亚豪　王　韶　袁浩轩　杨　轩　于　婷　赵朋飞
胡衍墨　代　肖　焦立军　张君秋

1505203 班（电子信息工程）：

王　洋　刘天蒙　李丛玉　唐晓璇　陈　刚　吕方达　周兴宇　高　翔
兰玉琼　张豪健　王梓屹　桑　航　罗　景　朱欣航　朱允镕　秦海洋
杨　睿　赵中天　欧阳森　郭兴宇　邢　杰　朱　鑫　王鹏峥

1505204 班（电子信息工程）：

胡耀东　付彦源　李　鹏　陈月瑞　陈　磊　杨圣雄　操　岩　唐宇君
王　晨　张青笠　李泓序　陈以巍　张　昊　郝梦婕　邢　晨　高天立
郭新宇　安昶帆

1505301 班（信息对抗技术）：

谢金月　韩远鹏　汤其东　袁靖昊　孙　颖　王瀚笛　吴　越　白　洋
王晓珍　薛高敏　韩逸豪　秦振强　孟令宇　谢　雯　杜春琳　韩易伸
杨浩威

1505401 班（遥感科学与技术）：

冀婷婷　王　石　刘玉竹　赵凌开　王　猛　胡佳欣　谢　浩　别灵臻
刘晨旭　陈悦宁　肖　天　王继伟　林迪斯　杨　睿　回　奕

1505501 班（电磁场与无线技术）：

刘明昊　许德亮　李文志　赵彬杉　张　琦　尹诗雄　陈唯楚　陈钲予
李金星　冯　琳　吴　言　高　鹏　张桂源　邓飞杨　吴宗桓　王鸿宇
陈　壮　于博嫡琪　郭颖慧捷

2020 届本科毕业生（276 人）

1605101 班（通信工程）：

范文轩　李庆超　侯家宝　郭应鸿　张浩然　闫明公　曾景涛　黄成龙
李永健　李丽锦　吴瑾楠　李浩天　陈奕霖　谭舒华　王俊杰　薛浩然
张晋铂　邓　涛　袁国程　李文浩　薛瑞鹏　楚博文　黄永杰　刘子靖
张云成　张永铭　陈逸飞　张立妍

1605102 班（通信工程）：

于歌子　李冬竹　李　鑫　孙德华　王绍明　马一帆　付　宁　王　晨
张　博　廖壮壮　夏昕佳　倪嘉昊　王成伟　高仪一　孔德宇　王增玉
刘　逊　杨　帆　郑佳艺　衣江月　陈　鹏　毕登辉　温朝政　李兆纯
温育杜　曹晨涛　关唐璇　王建东　萧键航

1605103 班（通信工程）：

赵欣然　高　坤　盛玉凯　邱睿欣　吕西钰　隆思阳　桑锡超　李元博
何　杭　王诗瑶　孙　宁　曲冠桥　黄煜荣　苏　辀　王迦祺　王文睿
窦映喆　周欣然　周　卓　赵　阳　朱立宸　李文柯　王远征　孙蕊蕊
王　芮

1605104 班（通信工程）：

林宇豪　李宜聪　许智聪　江孟颖　吕冠龙　秦明洋　李国昊　郑淇峰
吕东杭　李　龙　刘洋菲　陈志杰　潘天助　陈霁月　陈梦雅　苏　欣
李菁菁　郭　峰　赖　健　罗　萌　殷绍帅　刘冠辰　戚航瑀　云艺涵
单梓钰　赵珺初　王启芃　孙子奇　阿瓦尼沙·卡地尔

1605201 班（电子信息工程）：

王　瑞　吴　峰　张　童　蔡新建　孙仕礼　张梓汉　于子涵　董　昊

李　萱　程　进　郭　派　马寅晨　付宇浩　陈绎霖　李　明　卢佳歆
陈森尧　纪鸿宇　宋彦岭　唐　朝　王玉荣　魏　谨　陈　兵　于川淼
陶　冶　杨佳兴

1605202 班（电子信息工程）：

付一鸣　杜致宇　岳书臣　刘伟奇　暴　峰　李承轩　丁勇迪　程庆源
冯　兴　徐子豪　马荣志　关霁洋　黄丽婷　陈广智　程子杨　廖子松
贾朝波　廖奕泽　刘文一　杨泽宇　汪　昕　赵一名　陈俊杰　达　敏
廖婉伶

1605203 班（电子信息工程）：

边泊宁　高宏伟　梁梓涵　卢晨越　余俊恺　田奥升　于文宇　肖子明
姜博钊　宋柯浔　陈志诚　韩威治　张熙来　牛牧群　蔡晓阳　黎　凯
栾皓翔　谢朝阳　张子蓁　贾奕凡　徐乾坤　徐　骏　陈君贤　张　康
周佳乐　潘家磊

1605204 班（电子信息工程）：

吕沛泽　吴鹏达　秦宇翔　任德锋　冯柏晖　何佳婕　胡　涛　金嘉航
于　冰　丁文博　李松林　曹　宇　陈晓琪　徐国炜　刘　灿　万里翔
蒋一凡　权淞文　徐湘云　徐博宇　周　彤　刘　畅　凌子阳　朱盛钰
李坤泽　李家祺　黄岩岩

1605301 班（信息对抗技术）：

赵源舒　李华清　刘瀚泽　程小峰　张拯华　成江涛　郝景琦　陈薄文
赵烜靖　刘元勋　秦昭栋　赵喜鑫　龙子文　李继卿　李承敏

1605401 班（遥感科学与技术）：

黄凌博　任翊铭　王　东　吴　磊　张皓哲　俞雪雷　马仲尧　李江华
刘少毅　孙　飞　刘昭宇　罗淮文　王炜泽　张陈风　武序洲　李论宇
周　通　陈天宇　黄艳远　刘　贺　王玉军　常金成　帅汉书　朱　静
肖　振　古丽娜扎尔·阿力木

1605501 班（电磁场与无线技术）：

赵伟皓　马佳鑫　朱宝琪　王　越　彭傲峰　宋　茜　张　力　王　喆

郭　晴　刘志成　郭崇谱　李思佳　李　晖　王进伟　付好强　张瑛卓
谢童波　叶琳婷　崔敬宣　邹丹青

电信学院历届毕业生名录（硕士毕业生）

1982 年硕士毕业生（1 人）：
战振庆

1983 年硕士毕业生（5 人）：
夏鲁白　白　哲　胡亦平　乔晓林　孙松岩

1984 年硕士毕业生（7 人）：
张中兆　许荣庆　赵淑清　沈一鹰　贾晓光　刘　杰　施正豪

1985 年硕士毕业生（6 人）：
顾学迈　张　晔　徐国栋　胡访宇　蔡安慧　晏才宏

1986 年硕士毕业生（9 人）：
贺菊芳　谭学治　杨　康　李集林　颜庆华　首山雄　袁学工　张铁韧
王　智

1987 年硕士毕业生（19 人）：
贾玉林　王培康　王　钢　任　勇　季　平　杨晓君　王　甡　肖志东
陈卫均　秦立燕　王九龙　刘书菊　关　钊　赵洪志　董鹏举　陈振中
邱景辉　彭喜元　徐　颖

1988 年硕士毕业生（31 人）：
王学东　王杰华　黄　丽　李仲侠　张柏良　李颖滨　田日才　邹　津
王　军　郭振宗　孙少林　李　立　胡可刚　许洪光　谢维波　刘韩鹰
黄　澎　李文德　李兴海　李　芒　权淑媛　章　祺　宋彦哲　胡新辉

武英举　王乐鸿　吴　群　修林成　郑福春　马兴成　孙晓军

1989 年硕士毕业生（32 人）：

王　静　匡载华　杨铁军　邢晓磊　张兴波　郊建军　潘　扬　曾繁煦
周志鑫　桑苏明　郭　建　赵秀英　皮永辉　李　俊　刘宇洋　刘希平
吴芝路　马开龙　宿富林　肖敦鹤　张奇志　韩贤东　陈江涛　李绪辉
邓晓鹏　黄国全　牛夏牧　胡振江　陈国兴　马喜斌　胡大勇　古一鸣

1990 年硕士毕业生（33 人）：

黄　勇　焦庆中　侯丽坤　谭　斌　侯瑞庭　李玉萍　郭　庆　李　辉
王晓红　谭维斌　于明成　王传起　姜义成　高兴斌　于长军　王国林
曹群峰　张福才　宋洪岗　陈海涛　马继红　毕晓君　韩忠芳　穆　冬
贺　国　赵庭荣　刘大为　邢庆滨　张　强　刘新霞　刘维坤　田学军
陶　然

1991 年硕士毕业生（25 人）：

赵先明　杨才刚　关　慧　郝　川　蒋立立　于海学　袁英眉　张永海
高玉清　陈圣俭　黄秋菊　刘红萍　李　华　徐　杰　魏家祥　吴援明
杨灿美　宁宪富　贾宇峰　叶伟斌　徐　强　高晓明　石洪焱　李万玉
张松波

1992 年硕士毕业生（29 人）：

尹晓华　刘广武　沙学军　韩劲松　祁广云　孟庆文　李震育　付占宇
黄记辉　李春日　秦　岭　于秀昌　甄彦清　冯明贵　马洪军　张国亮
李　涛　胡家兴　王长龙　刘　忠　樊滨温　魏　旭　刘　健　李在清
付　平　常小军　薛志刚　宋普江　胡文汉

1993 年硕士毕业生（26 人）：

张军红　孙志辉　胡　忠　章　静　何　洁　胡　滨　王继良　王　威
李明友　洪明春　马子龙　郑　薇　吕妍红　吴红伟　张德丰　顾建政
侯俊才　钱恭斌　王斌宏　王　昕　袁　颗　梁忠宏　王文丽　张革龙
刘　新　王岩云

1994 年硕士毕业生（26 人）：

郑文胜　于　曼　宋志民　赵洪林　赵　刚　陆　群　金成伟　马闳中
张积中　曹鹏志　孙鹏飞　杨　桦　张　慧　胡　航　仇立军　胡永庆
刘兴钢　宁海春　宁安太　李晓非　于恒春　潘智胜　赵定喜　杨　琨
范振华　韩雪松

1995 年硕士毕业生（35 人）：

李　研　申　元　孟维晓　李　成　杨明极　肖立民　李　斌　刘　畅
张立志　王　蓉　刘艳芳　杨建桥　汤洪涛　张劲林　周　斌　郭　立
李文亮　王　静　彭　胜　何　群　舒冬梅　张立新　邹　斌　李健巍
李宁宁　马　泽　孙志宝　刘云策　刘树东　陈兆宇　申　玮　金　鑫
魏子忠　韩　旭　周建林

1996 年硕士毕业生（61 人）：

贺立俊　于　莉　张　弩　苏晓东　孙敏英　孙　华　冯心睿　杜宝兴
薛志刚　牛爱民　何　莹　张玉良　屈晓光　马　锐　杜艳辉　李大丰
赖峥嵘　全海英　匡　泓　官峰勋　谢瑶强　王凌升　吴　威　杨九蒳
杜元光　林尚平　董振江　蒋红宇　谢红兵　张大路　李　昕　刘寿君
郑海鸥　马　淼　呼大明　杨庭军　张　斌　邬齐辉　张　孟　李泽宪
张劲辉　张宇晨　张　璐　周　涛　解本钊　罗圣美　董华春　苏士明
贾立鼎　冀振元　胡维国　杨　强　朱浩然　李续文　陈志群　韩　松
曾宪军　刘会杰　林　涛　胡序中　白　锐

1997 年硕士毕业生（33 人）：

陈秀廷　滕　琰　胡爱兰　于广妍　毕诗捷　霍　钢　吕新宇　黄　蕾
吴　昊　单淑伟　王文清　宋英魁　党小宇　王书松　张国峰　邓小林
庞怡杰　林　英　陈白利　万　朋　王家英　徐贵今　王继梅　赵春颖
李明正　国　辉　时　萌　赵春玲　赵　琨　刘冬菊　田　睿　陈　皓
朱颜镇

1998 年硕士毕业生（42 人）：

马雨出　周雪涛　于丹茹　刘俊勇　程倩红　陈兴华　王　刚　焦文华

陶立南　徐美波　杨永强　赵继强　王晗阳　高　毅　李长青　苏雁泳
吴　强　梁宗闯　王吉滨　位寅生　王庆文　辛海华　刘　炬　赵　彬
王　辉　钱满义　孙庆伟　龚　文　王桂玲　赵印茹　马建功　金　铭
魏祥泉　张　忠　吴玉华　肖　渺　陈　燕　李亚丁　熊兴桢　孙大媛
朱应剑　宋朝晖

1999 年硕士毕业生（46 人）：

叶　龙　张建东　黄　刚　冯淑兰　刘　轶　谢　勇　翁丽锋　邹昕光
于江鸿　何茂平　陈　敏　赵大川　张　力　谭培龙　张　泳　温鹏宇
郑洪亮　亢冬平　赵贤宇　郁发新　周和秘　吕俊萍　李英新　汉吉仙
魏林辉　王铭义　李春雷　姚建华　江志峰　王　敏　海　洋　白利斌
孔德军　邓建伟　刘　静　袁立权　赵　丽　吴韶波　王立军　毛兴鹏
李海涛　关晓龙　陈晓东　李　岩　张红军　王　欣

2000 年硕士毕业生（40 人）：

李春波　张　玉　李震宇　孙德强　丰　旭　孟宪秋　徐文超　王海波
赵彤宇　刘　晖　李　华　于　波　王　亮　于海洋　胡雪南　须　江
余为平　袁　楼　李云岗　邓世强　李　琦　周学梅　朱懋华　唐　勇
陈德林　李高鹏　刘　兵　王敬人　张东坡　汪海明　王金龙　李铁军
赵雅琴　乔　黔　李　勇　李宏杰　张信伟　黄玉萍　谭　永　付佳辉

2001 年硕士毕业生（50 人）：

强永全　王永健　杨　华　梁利峰　翁妍屏　张　薇　初海彬　辛运广
刘　锋　杨文超　韩仕杰　王丽娜　马洪波　罗嘉金　赵永闯　薛　萍
王晶莹　张　建　刘　源　赵　龙　姚春海　宋　昱　吕容城　陈腾腾
郭汝江　陆伟峰　范静伟　王珍异　何富娣　朴庆丹　邱吉刚　孙瑞玮
谷延峰　邓永锋　尚君领　耿慧敏　刘治宇　庄志刚　陈春雨　华晓杰
肖　杨　吴　江　马国强　张晓峰　李　硕　牟秀红　钱荣福　宋立众
张文彬　李红梅

2002 年硕士毕业生（85 人）：

刘丽敏　邢志强　李　纪　谢　冰　赵金凤　全文磊　姜春杰　于　锐

李　岩	王俊义	吴少川	赵春华	蒋伟智	谢晓川	陈　娟	刘　磊
赵　扬	李明媚	翟值爽	李　晖	张成文	刘江澜	高大鲲	赵钰坤
沈　思	孙　鹏	康　凯	王振永	李韶华	王柏岩	李　俊	韩　巍
金秀峰	李洪刚	谷立英	金光先	杨润峰	董　言	姜　泽	欧阳奎
郎咸道	张红军	周共健	刘　觋	汪　洋	许剑锋	王焱辉	李祯燕
郭　恒	王国治	成　萍	宋人强	李宏博	王　姗	王永龙	段志慧
董晓敏	谢新华	郭永亮	张笑天	张　博	陈学泉	劭力坤	齐晓辉
韦欣荣	王文星	李大庆	郭　靖	于海雁	姜亚祥	唐　辉	于珊珊
朱　勇	贺立新	赵宜楠	彭　鹏	葛洪涛	蒋　明	雷晓蓉	马曾栋
康振宇	王爱举	黄志刚	黄玉敏	郭虹涛			

2003年硕士毕业生（106人）：

王晓峰	尹歌峰	尤岩枫	刘明雷	陈炳才	那成亮	王怀齐	郭宏博
于　琦	强　蔚	赵　晔	李明江	翟京卿	王　蕾	刘利国	李志超
王继东	林贵旭	黄卓云	吴　龙	杨培成	富丽梅	卜　天	王国鹏
罗伟华	韩　丹	刘功亮	王　平	任　艳	郝男男	曾宏波	孙　坚
杨广德	唐晓红	戚培钧	梁　起	吕永霞	穆　强	侯成宇	刘子文
赵　光	刘长羽	单　娜	邢美丽	王志广	舒　扬	王　健	何云峰
康春梅	杨　挺	傅怀东	史俊才	初文军	谢小宁	姚　宁	黄　毅
牛　堃	冯　浩	刘鲁涛	曹　力	吕国钢	韩丕强	郭晓东	冯菲菲
孙德丰	蒙修德	杨智勇	陈　晓	张　云	宋廷山	杨太星	刘慧念
侯煜冠	钟　华	唐楚华	李明华	李海英	孟祥固	张　喆	高智勇
尹振东	胡高军	杨水旺	闫彬桃	梁庆云	毕成炜	任广辉	张旭涛
赵铁森	王　磊	谢　伟	尹雪永	陈　浩	张晗靓	吴仲谋	林晓丽
华广州	范陆海	龚晓春	刘林涛	陈雨时	王汝征	张胜辉	林　澍
邢昊洋	年　丰						

2004年硕士毕业生（124人）：

| 景　卓 | 苏慧峰 | 杜　虹 | 张晓明 | 江旭峰 | 王　瑜 | 滕　宇 | 张　强 |
| 张　一 | 石　硕 | 王　燕 | 李　盟 | 韩　冰 | 李　鹏 | 高伟华 | 田　松 |

王辉宇	翁惠焱	李伟楠	张　彦	郑黎明	张　馨	王宏志	刘静森
李宝升	聂　静	孔祥森	初建海	张　琳	廖　猛	王立强	刘喜平
吴文敬	李　杨	吴玉东	丘亮达	蒋永斌	姜　涛	金　姝	侯者非
赵洪利	张廷廷	朱明远	刘大林	杨哲理	陈莉娜	王鲁宁	吴宣利
齐成行	鲁　智	李　钢	吴　垠	郑德来	吕延辉	汪　林	宋　亮
王嘉祥	李　雷	王　健	倪观军	王玉敬	王　放	张　岩	李　博
孙鹏亮	王　岩	张洪源	王　勇	吕海波	张　妍	伍光新	何建平
常文娟	徐　波	贾丙征	徐　贺	张枝高	胡　娟	杨环环	牟　平
王　烨	赵　磊	房　爽	王岩海	熊伟明	陈　迪	田宝强	程泽坤
宋　初	董鲜宏	朱　斌	韩　建	王重阳	王雪霞	吴　丹	石　武
林　闯	于健洁	邱　枫	林　祺	禄晓飞	李泽鲲	颜靖华	蒋祥玉
江　海	倪　亮	孙华东	李大芳	朱小兵	杨　光	金　哲	杨德琛
刘召胜	宋岩强	刘　晨	王爱丽	齐军伟	刘志惠	周　微	张延鑫
张力虎	施华娟	孟繁义	江浩天				

2005年硕士毕业生（135人）：

李文亮	吴绍华	赵见磊	石　磊	赵海燕	潘莉颖	王志华	于　琪
王宏博	陈　刚	梁丹丹	肖丽萍	佟恒文	丁　楠	慈旭光	兰　天
魏　维	刘全锋	马　琳	赵国光	宋立媛	王　力	孙永丽	韩　冰
井庆丰	单　琦	徐　妍	马宇来	闫　露	马　楠	常　虹	孙文友
黄　展	谭　巍	段　威	姚俊梅	李　陆	张霆廷	林建优	贺　佳
刘　严	赵　肖	赵　辉	王百涛	张　晗	童玲玲	谢晓宇	韩宇辉
王尔馥	古　磊	陈　重	韩逸飞	顾华德	吕子健	耿　丹	林　云
宗　华	耿东玉	杜广洋	邢炎豪	李　杨	程　敬	张俊峰	陈兴水
梁　萌	杨　佳	邹子为	曲广洲	柴小波	王　欢	王　帅	任　鹏
王　伟	胡圣武	申和平	孙　浩	叶春茂	何　瑞	张　栋	周广超
翟颖颖	路君里	贾俊菊	蔡红梅	李瑞雪	栾少华	陈国乔	侯　炜
宗静静	郭　鹏	李智斌	万云鹏	赵占峰	杨圣勤	杨智伟	黄冬梅
王志宇	刘翠岩	张欣宇	贾长辉	方能强	杨继龙	张万里	杨碧波

官振伟	王　申	梁建全	吴萍萍	刘　铭	王晓飞	李一鹏	李　娇
张　坤	和继兴	高建军	焦　芸	赵仕宝	徐　铭	李　林	王晓光
郝　冰	郝　琳	包　兴	陈　涛	潘向荣	付　鑫	钟玲玲	邵红旗
杜海龙	李　伟	丁　勇	秦文奕	金博识	张　放	王海龙	

2006年硕士毕业生（165人）：

林　威	高　媛	周英军	李德志	吴　玮	王凤宇	鲁　明	王睿智
王长宇	梁　爽	白　浪	李春铭	贾　敏	张　昀	孙　晶	张聪玲
王雅宁	王　宇	蒙　静	王荆宁	李金亮	刘易成	张晓愚	王效楠
张运志	王　蕾	方雄飞	于珊珊	江　东	付虓宇	于启月	夏　宇
齐　兵	付林罡	费青松	叶　亮	何晨光	温容慧	李　超	那振宇
魏　巍	王晓丽	顾月峰	王占魁	王志英	弥宪梅	任宇辉	罗小凯
聂宜伟	张　璞	高晓林	于　亮	叶　准	张　超	周异雯	韩松峰
孙景芳	李　阳	薛铭文	肖　克	唐　琳	哈聪颖	张轶男	戴丁樟
霍航宇	栾铸徵	侯颖辉	高　颖	周华英	刘　霜	周艳颜	王礼勇
梁　潇	胡湘东	丁剑飞	张　伟	蔡　磊	郭　瑞	谢　伟	田永生
张　洋	李林颖	韩博奇	姜　维	沈　巍	王　玮	江　津	马魁勇
李文远	蔡继续	乔志光	岳　涛	杨景春	孟庆辉	王　伟	国　磊
赵　青	赵志信	姚天宾	廉　杰	王　振	任连峻	万　娜	肖　睿
吕　红	孙洪峰	张献奇	房　亮	黄怀贵	殷　英	于志强	裴玉塔
王　宇	左永刚	韩　勇	丁小舰	林　亚	高真真	董　齐	孙铭芳
林路易	赵　健	王　健	关卓威	白丽丽	李　明	张　琪	孙　波
李宏刚	张　宁	王　欢	刘晓雷	贾友华	张宝薇	栾宪锋	孔繁兴
谈晓晔	薛　莉	陈　喆	曹星慧	王薇漪	张　娟	关见玺	林　磊
刘银中	王　燕	王　林	陈　建	张腊梅	王　伟	孙德明	张莎莎
孙文邦	邓新红	景秀伟	刘微微	时　颖	祁嘉然	孙　博	尤启迪
邓　昊	毕佳明	边　莉	王　瑞	曾　志			

2007年硕士毕业生（179人）：

| 孙华丽 | 潘　宇 | 易　驰 | 王　超 | 游广芝 | 宋　扬 | 刘　阳 | 谢　鑫 |

王振邦	彭 旭	林 君	姜 靖	庞绍铭	刘玉涛	胡连成	王 芳
郑宇翔	杨艳秋	王怡平	李 曦	梅 林	肇启明	张 琦	张 璞
李素凤	余月华	雷永俊	江 陶	梅妍妮	喻 峰	费义伟	孙亚楠
唐 珣	宁晓燕	任荣耀	李 月	郝 杰	高梓贺	鲍 妍	陆凌晓
张 竹	孟繁宇	崔 卓	孙丽楠	陈智雄	廖慧兮	曹 亮	潘程红
朱海涛	丁 哲	韩 璐	高 勇	王文静	王 峥	陈 平	徐宝碧
韩 帅	岳 武	袁 江	王 智	何建忠	张 杰	张 旭	杨 晶
姜 蔚	郑泽星	王 忻	张 硕	朱荣华	杜 鑫	边 威	马 潇
张佳颖	庞德彪	杨大艳	鲁振兴	于伟琳	刘广义	冉瀚超	张 狂
姚超军	孙永新	车慧萍	黄 煌	张 璘	周振宇	顾春颖	王 冉
邵 晟	汪金华	安先喜	刘 杰	张明科	何园园	高为爱	刘云龙
孙继兵	王 磊	温晓君	李谷芳	熊 莉	申国政	李海昊	李科新
刘丽娟	徐 博	吴成丽	侯 婷	孙 韬	郭 录	崔斌斌	田玉霞
闫金凤	高 伟	丁 元	吕 白	田文龙	刘 媛	于晓明	徐清华
孙洪剑	朱 伟	赵 楠	谢久南	汪 旭	权 赫	王 朋	艾 伦
黄 勇	张 勇	刘月明	王 东	付贵华	王 健	史振秋	陶慧琪
杨 琳	刘 颖	吴 畏	张 磊	路 岩	王光洁	巴桂洁	唐守贺
姜 岩	吕少霞	胡丽蓉	石峰云	林世阳	高建美	崔 杨	刘伟达
兰盛昌	董立珉	裴彩红	寇立志	蔡红军	杨 丹	王国喜	王纯业
李 鹏	孙佳琛	张 皓	刘伟会	秦伟程	陈三楚	孙德元	朱 青
邢晓航	白文静	索 莹	赵 波	陈 鑫	王楠楠	武明峰	刘心蕾
孙凤林	何洪喜	边家扬					

2008 年硕士毕业生（153 人）：

史 军	叶嘉星	关 雷	隋金生	姜冰心	曹贺秋	孙 威	贾 璐
牛俊坡	王则鸣	刘 鑫	鲁涤非	张晓晨	孙永亮	于洪涛	高宏亮
董宇良	黄新林	韩 凝	尤雪娇	王云鹏	田 宇	刘丽坤	武 超
吴 超	殷作亮	吴燕鸣	孟 君	郭振宁	何启明	黄 佳	邰 蓓
张林刚	金桂保	胡文涛	王利利	宋 凯	郭 佩	郭丹丹	张 强

宁宏宇 王 玮 邓志安 张伟明 罗海彬 傅益标 李庆忠 王 岩
黄成富 冯秋菊 赵书花 韩连涛 许钦娟 王春宇 徐 战 曹吉海
曾美艳 胡海生 赵 超 韩 梅 陈春杰 黄本纬 赵 勇 宋 琳
刘 伟 马 静 霍 涛 张 森 扈宗鑫 王 涛 刘 絮 李方岩
宋维瑞 邓 伟 赵伟娟 张雪松 马莹莹 冯英盈 张珍奇 范建锋
庞华信 杨 莹 马 勇 贾一凡 赖世雄 程 丽 李 佳 孙忆业
范佳媛 刘清艳 刘雅菊 陈丛静 武 杰 宋迎东 王创创 王莹莹
夏共仪 张奇军 曹志民 冯阳凯 孙 博 严诗文 王梅倩 曹志明
李秀艳 王刚毅 何胜阳 李 宝 黄双红 张 锐 周 滨 徐 啸
韩 媞 王 宏 季玲玲 吴 昊 付延生 单 博 闫奕名 石 磊
李会丽 唐丽娜 刘 阳 王 强 刘懋林 邱文勋 隋世杰 刘 健
郝慧军 顾桂华 梁香美 亓 辰 彭伟明 周 文 张文杰 曲 鑫
雷丽丽 陆 珺 王春明 代大勇 陆 凯 张 春 王龙军 于 锋
鲁国林 王建飞 唐 恺 潘 攀 赵 欣 张乘风 刘美佳 丁志勇
周 牧

2009 年硕士毕业生（144 人）：

林 迪 谢 松 李 博 于洪涛 孙德庆 邓万发 赵金奎 韩培韬
舒鹏飞 果 然 贾 蕴 王 俭 樊 路 于迎新 魏 民 宫可玮
梁 尧 王赛伟 汤 丽 林倩倩 董 琳 陆 扬 王继伟 苏慧锐
洪 泓 李迎盼 袁 颖 邱 昕 蒋子天 杜 超 徐明宇 夏朝磊
俞志斌 李 毅 李海莲 王 慧 王 磊 郑 超 于 潚 杨洪娟
张小艳 刘晓明 高庆有 焦 健 薛 艺 张 维 王英男 范田田
袁雨涵 孙嘉瞳 张 璐 朗改平 王廷龙 耿 钧 叶李超 刘晓霞
葛 群 金春花 张晓光 喻春曦 韩 超 陈存辉 曾 奋 陈 鹏
杨松岩 张 黎 陈芸芸 龚 勉 闫核心 张 晋 王 瑞 张翠翠
李建林 丁 力 张君威 黄双宁 罗银萍 杨 曦 赵佳博 王俊玲
曹 亮 陈春凤 王义峰 刘宝平 孟凡波 王 喆 聂 题 李晨雷
王仑武 于 洋 孙 宇 李 娟 刘 星 陈思思 王 凤 王 丰

洪　旭	赵晟达	吴晨光	吕先望	战伟东	王　英	李　艳	王睦梁
张文志	黄　哲	董博宇	刘宜佳	张小仅	许庆阳	于　洋	娄永杰
曹　卉	姜晓光	郝志雅	孙　蕊	魏　涛	许　可	陈东来	郭兴杰
喻　海	焦海斌	朱凤阳	周　阳	许　谦	刘恩晓	刁洪翠	孙进刚
赵天婵	刘　佳	刘　星	宫守伟	高先周	张瑞东	庄　重	吴　昊
谢　飞	刘　敏	吴　健	冯子睿	董　建	曹培永	刘赢红	陈　威

2010 年硕士毕业生（133 人）：

沈清华	杨金丹	王　垚	张瑞雨	王　婧	徐　欣	姜琰俊	林　佩
刘　帅	蒋梦雄	王　锴	周志华	刘　俊	陈书聪	裴中威	吴　迪
刘菁宇	孙　颖	万　青	马若飞	王　夏	彭　浪	彭　璐	杜利刚
孙彦良	詹宗超	丁　博	吴晓涛	王慧慧	公　博	陈立明	赵　岩
魏一舟	郭　昊	武光辉	易向宇	王　焜	颜　冰	崔司千	王　兵
张玉巍	刘金龙	朱　锋	陈佳美	卢　鑫	曹淑霞	赵孔瑞	宋　丹
房永奎	郭　靖	葛　佳	马骥超	沙明辉	高学良	尹虎承	任守财
尹松乔	朱应申	马瑞鑫	隋　然	王振中	吴小川	许　倩	徐飞虎
李方伟	蔡　萌	白雪静	王余涛	郭　实	严　浩	陈佳慧	王思南
李　波	王泽勋	夏　添	赵　悦	白雪峰	李　民	杨　琦	严中华
芦燕爽	张　莹	朱朋志	许　诺	韩丙同	赵　悦	时远海	王其洋
李书营	张玉瑶	吴静龙	陈　超	卢　磊	寇科男	李　澎	邹　洋
王　咏	付　晓	李红姝	魏红江	邵　涛	邢　超	李关龙	魏　然
酒远明	刘　斌	张　华	范国臣	王　松	林　杰	李慧君	李利民
胡新阳	廖辉旺	戚文婷	唐雪飞	王振华	梁利娟	田　飞	王　勇
李玲慧	韩景龙	黄顺欢	韩　雪	李高飞	靳炉魁	梁　英	张　健
路国明	王德甫	田小路	王方堂	刘金龙			

2011 年硕士毕业生（164 人）：

江春丽	王怀毅	陈希元	李殿为	李谨言	赵铁刚	吴玉龙	张嘉铭
廖全瑞	何　颖	吴华明	陈　曦	张　娜	孙　浩	冯　红	颜利平
秦四海	刘　博	唐　舒	刘　彤	韩军义	张树娟	栾　珊	王慧敏

刘向楠	张秀敏	李　牧	邹德岳	刘春红	张生昱	王　乐	李　涛
刘宝刚	尹建月	毕林林	赵龙海	梁　霄	孙　斌	王　江	陈海宝
翟少华	梁秀娟	沈　磊	张声杰	曾　光	宋孝果	李　桐	冯晓东
郝忠文	任雪飞	林　超	范　振	付天骄	葛　虓	华　夏	谭姗姗
郝　松	杨思亮	张　鑫	张　超	崔　岩	汤　勇	陈锦海	文　斌
韩真真	任文成	郭　荣	马宏伟	毕显婷	赵赛君	孙明磊	王报华
刘春光	霍建勋	陈文洋	柏　珍	张爱芬	拱慧璇	向兆军	朱　猛
刘柏君	肖　飒	张荣跃	陈　淞	匡运生	许丹丽	胡小开	江立辉
邓　军	禹　航	张伟夫	李艳芳	宁文静	辛栋栋	李　沫	唐　扬
王　鹏	何　淼	李　玥	范　潇	王　晨	芦　达	贾青超	董　鹤
张　潇	赵宏磊	慕春芳	陈加伟	王　丹	王建凯	边　远	王宏洲
龚小川	严　萌	马孝阳	刘保学	程海梁	李金峰	付耀茹	王　涵
由佳彬	高　超	李　波	杜双怀	许伟峰	汤　奇	丁同禹	张鹏宇
王　哲	潘　威	肖　军	张书鹏	李浩宇	王文宁	孙志伟	张亦弛
夏　耘	徐媛媛	王翼冬	姜来为	郑国良	刘　阳	宋贤明	赵叶芳
张丹丹	张　艳	王　冠	高健哲	陈子栋	韩瑞斌	张文敏	郑　岩
耿三星	丁　宇	金炎胜	史振国	刘颖超	肖振坤	梁云侠	张广磊
许　冲	范凤霞	袁　乐	何朝阳				

2012年硕士毕业生（161人）：

苟元潇	韩　阔	王文若	杨春宇	丁旭旻	李忻媛	黄　帅	陈　鹏
郭文彬	杨咏明	汤礼雅	韩颖超	范广晨	张　坤	孙　毓	权莲姬
张福博	何　鹏	李　琳	李　涛	潘　瑞	张伯炜	黄博闻	张　涛
陈　峥	史雨薇	张　琪	张浩源	葛　新	许恩玮	孙思博	王嘉胤
贾　冰	李　琳	熊李娜	王德伍	马　娇	白海洋	宗志远	佟　玲
张谕会	王　旭	田　野	方　睿	鲁　静	孙　瑶	张岩嵩	苏晓晓
孙　瑞	陶　宇	房宵杰	陈熙之	李文昊	刘海娟	刘红芹	周慧源
张　君	佟　达	陈　雷	李欣禹	周　葳	李　皓	徐　梅	徐　琪
王力景	王　旭	赵洪峰	钟　鑫	杨玉龙	李升亮	段再扬	潘妍妍

贾明福	刘 琳	王 伟	马丽丽	孟召辰	李兵飞	杨 博	谢春芳
张 楠	谭 萍	童 鹏	胡 滨	郑海荣	吴佳滨	徐立振	李家琦
徐 婕	王晓宇	赵艳杰	陈 昕	李斯琼	赵贤明	李思文	衣春雷
赵 波	赵能龙	乔 宁	孔 红	刘春燕	鲁维民	宋大伟	窦志超
李奇峰	宁 磊	刘 权	张 雷	左德山	王 凯	许震宇	刘翠翠
魏 来	金钒石	薛德友	李建彪	刘昌洁	吴上上	吴 萌	袁 园
宁云隆	刘瀚达	邓文斌	王师哲	庄树峰	毛智能	谭玉磊	曹 阳
杨小龙	刘逸安	许 昊	宿 南	余方园	邹 星	王海龙	汪 帆
韩俊龙	刘珍珍	涂日玮	郑大国	王 勇	张学文	赵志刚	张晓东
于 潇	胡心怡	吴家伟	杨明磊	雷 威	赵晓丹	于志成	朱文亮
邱 琛	刘 杰	陈家鑫	顾业博	吕延明	陈一杰	慕 伟	郑二矿
刘金龙							

2013年硕士毕业生（153人）：

孙海峰	张 炀	刘圣英	赵建北	李宛露	张智峰	王力卓	刘鹏飞
高前超	王 丹	王延飞	王海涛	张亚非	林彦超	滕光耀	曹 宁
蔡润南	洪玉珑	赵德华	钱 彬	张 晨	王 猛	唐宏美	孙斯亮
王 伟	刘 通	林 英	汪玫村	于文连	李 慧	李龙龙	林 桐
王宏宇	陈玉玲	管修挚	孔龙时	徐 磊	何 钞	丁玉叶	陈 蒙
李秀华	田 润	张宇航	罗明新	李 明	段 峰	潘宜霞	陈 岩
杨泽坤	梁宏光	刘 辉	陈 玮	刘北佳	徐 迪	李 芳	张 兴
孟 浩	倪宏刚	李亚乾	李 夏	杨晓桐	凌 龙	吴桂华	陈 星
黄明和	郑 艺	陈 旋	周大卫	王晓鲁	丰炳波	安 然	王 潇
袁 昱	崔兆宇	韩 静	胡寅龙	谭龙龙	高 杰	刘晓光	王 思
杨宏鑫	袁天华	于 洋	程思敏	刘元芳	胡 月	宋丽君	曲金鑫
许飞燕	宋晓程	谢云翔	徐春光	刘 鹏	周俊宇	陈美航	方 刚
刘慧敏	鞠志鹏	陈 曦	王亚平	仲伟明	吕 谷	崔安磊	赵 琳
王继伟	吴明航	贾 飞	伍童辉	冯 凯	赵阳洋	严海洋	提纯利
李 斌	杨 堃	崔晓秋	吴重达	王伟超	刘荣宽	杨林超	刘 博

刘晓龙	张明阳	曹鑫宇	国北辰	黄祖镇	李玉锋	黎 蕾	王之月
闫雪梅	朱凯晖	匡宏印	符传坚	白文龙	鲍慧杰	李 婧	刘永辉
陈必新	芦 山	褚宇宁	赵 莹	闫传祥	滕艺丹	高君路	郭长宇
李 雪	高 巨	陈 晚	王松泉	孙峙岳	陈 亮	廉 濛	郭利辉
那仁图雅							

2014 年硕士毕业生（154 人）：

沃得良	王金悦	车邦军	刘 浩	尹心宇	马 爽	房晓琪	王石龙
刘睿智	吕玥珑	王晓平	杨铁新	胡英男	王 斌	朱文亮	王玉泽
张乾坤	邓文林	贾 丹	魏红杨	王震铎	邹 贵	程 兴	李宗安
仲小挺	孙 晶	周思洋	郭婉莹	张朋朋	张 孟	金玉宝	黄红超
张桂录	王明慧	孙文彬	季锦杰	田 力	徐 哲	韩景彤	关旭鹏
郭晓江	周建人	田 硕	焦 阳	孙宏鑫	郑秀明	褚天琦	杨 易
孙仁强	李文佳	朱 木	李缙强	康健民	黄昊骎	陈纪亮	张 磊
郎 哲	谭绍娜	盛 飞	王雁楠	张龙家	樊家良	王柏岩	王筱男
任 健	杨再新	王佳斌	潘 鑫	支毳鹏	张馨月	王 宏	樊 春
张哲铭	刘晓晖	李丹丽	黄云青	张 岩	刘子滔	张燕来	张德有
贾子庆	罗德巳	李帼伟	许 雷	王 薇	张 硕	侯宪美	高 斯
史正洋	崔 闻	单元旭	马 丁	侯天蕊	任志宏	孙金龙	赵 聪
蔡文娟	刘秦岭	吴跃文	张 勇	樊 荣	赵骁丰	孟庆文	魏宇明
刘浩然	赵元清	刁亚娟	何 新	杜 克	姜国俊	李国一	阳云龙
朱浩然	鞠 康	杜 巍	石宪庆	佟 兴	袁 龙	王琳月	唐修东
刘 亮	周长飞	周 围	艾 兵	梁东宇	王二超	郑 贺	王立娜
李 彤	杨霄璇	林洲汉	吴龙文	马 丁	曾文君	尚 超	闫鑫阳
王志贵	吴晓林	周建宇	于伟龙	杨 莉	范晓梅	孙博雅	孙陆宽
吴加堃	王 雪	张学魁	王 云	阎 凯	马文静	吴 飞	朱永鹏
张作霖	于 浩						

2015 年硕士毕业生（155 人）：

姜 希	李声勇	董佳鑫	褚红军	马磊强	施 荣	韩崇志	洮尔根

王善林	孙　权	马如宇	刘晓昕	徐　扬	赵春雷	毛圣歌	汪朝晖
孙　斌	邹　赛	谢　昭	徐　亮	李　然	蒋　旭	丁　焱	程卿卿
高德奇	张润彬	孙良洁	张　姣	庄　圆	陈海文	罗　曼	杨　丽
姚国伟	周文强	王瑜敏	高书莹	周家奇	王泽蒙	张　蔚	赵　峰
姜铁男	武　鹏	郭腾虎	巩紫君	栗　君	张玉营	杨　松	莫力烽
崔　晨	刘　晨	周才发	吴蓓芬	姜　博	吴　迪	邱雪娜	邵欣业
韩　艺	李亚添	王　鹏	于博良	刘玉鑫	王照法	李思明	邱明勐
陈舒怡	柯　果	许　鹏	张德坤	张　旭	韩　明	姜晓琳	张　畅
刘爱华	梁　楠	叶　浩	刘宇琦	李　坤	刘军军	胡瑞东	薛　栋
于　婷	马闻驰	王玉亭	陈　烈	黄思雨	田纯阳	胡少领	胡　斌
赵　震	钟圣唯	李国荣	程立群	邢立鲲	付彦志	宋　双	李　浩
管春萌	位　飞	刘玉雪	刘茂才	朱尤祥	罗　晓	王　焱	张颖宁
崔　凯	杨　雪	张　松	孙银江	李　发	李　想	袁钟达	王　勇
赵宗然	李海龙	宋　雷	陈健飞	高秀政	廉　欢	尹　亮	李国航
赵苑珺	崔迎朝	韩　雪	卢佩佩	程　臻	徐千慧	唐力群	刘　东
赵婉君	成立涛	齐　琪	张朕滔	刘佳鑫	梁婷婷	牛丽娟	张弋阳
康　健	孙志鹏	赵　兴	付楠楠	王笑寒	陈文驰	彭正初	丁　甲
马　聪	邓姝沛	刘冬华	张士伟	童　源	尹　程	邓仲哲	吴越航
蔡文涵	庞　浩	王　政					

2016年硕士毕业生（151人）：

马　煜	师　楠	程艳敏	吴梦蝶	王　平	王　骁	付　梦	张　爽
王　蕾	许　琳	刘　畅	张莹莹	谢青青	王　鹤	王　彤	荆　薇
刘永珍	谢云芳	郭美玲	牛红威	范艳云	姜含露	刘　璇	赵东阳
蒋　凡	史绍蕊	李雪鹭	滑　艺	吴少雪	杨　航	袁　琳	常　萌
李春柳	周　蕾	穆慧琳	张玉媛	陈一硕	彭佳琪	冯玺宝	陈佳音
李冰清	潘斯琪	王　硕	韩杏玲	郭永娜	孙佳梅	刘松林	王欣玉
朱师妲	李　佳	冯雨晴	吴凤辉	张　玥	狄晶莹	陈海洋	郭　路
赵向阳	任　浩	刘　通	王孟奇	滕　亮	段　雷	李国际	张恩泽

徐 崇	张庆鑫	谷海川	赵志华	姜化冰	朱鹏凯	季炳任	张佳智
冯 强	郭 磊	赵延龙	肖 楠	倪 磊	李 刚	金青国	吴明阳
解冰谦	钟天宇	董 超	季云飞	郭 赛	刘井安	巴 璐	尚 进
欧文祥	张明昊	张治国	郭新雨	朱瑞锋	张 弛	元俊卿	马康健
张艺瀛	温 宇	张 宇	李 增	杜 臻	李 宁	王志俊	韩新胜
高 严	孟繁荣	王鹤雷	马哲明	高志杰	李可毅	颜世博	宁晓鹏
徐 超	袁子寅	孔伟东	常维国	苏邵麟	魏 猛	郭继冲	张 洪
金天明	郭 岩	邹志国	孙李辰	郭 亮	李 原	张光宇	赵东来
刘 晗	褚建光	曾 波	田 斯	苏 煜	张轶丞	安 迪	关 凯
薛 昊	万 柯	王洪云	袁 泉	刘 猛	王世龙	岳 晋	王德民
王鹏远	孙士明	张军星	宿 愿	殷双斌	张 驰	陈 俊	

2017 年硕士毕业生（153 人）：

韩永楠	胡宇义	杜天尧	张 赫	郭 翔	孙木楠	陈盼盼	张梓福
李 翱	尤鹤霏	汪立青	肖姗姗	李 鹏	李春阳	张宇思	安红超
赵 航	王亚梁	李维珂	王 晨	曲佳伟	张泊宇	马洪月	郝春玲
蔺 萍	胡恩诚	林妍星	王 强	许 智	马顺利	李嘉欣	白 杨
马忠超	曹凤凤	杜 辰	韩 墨	陈喜凤	尼尧擎	张 晗	朱同宇
李 毅	刘佳俊	吕博宇	裴玉洁	任千尧	史 瑶	肖婧婷	张柏强
张瑞鹏	郑宇希	包嘉琦	郭 诚	何 亮	李东旭	刘亚男	谭 璐
庄迎君	安普强	程君会	党保军	邓 皓	贺梦珂	贾 彤	卫智熠
张军齐	高云雪	李欣悦	刘永健	苗馨远	宋晨希	王怡然	闫宇超
叶晓平	张昊男	朱海辉	朱 锐	付佳彬	郭怡冉	胡德顺	苏林效
周 菁	谭 建	肖振健	卜石哲	蒋 坤	孙吉功	孙 笑	朱思宇
王 鹏	郝瑞林	王 奔	杨 木	夏志谋	阚学超	曹锦涛	田帅虎
耿 驰	金宁迪	刘 曦	武晶晶	沈贵锋	陈三斌	李晶新	陈子研
邓雪菲	徐新博	王 云	马淑歌	徐玉奇	刘 柳	杨宇飞	荣亚峰
张贺磊	郑雅心	赵天宇	白惠文	王腾飞	刘庆之	丁照伦	姚晓嫚
张云龙	宋昱辉	仲崇潇	宿腾野	刘 南	郭铁城	孔德阳	周希波

戴春光　彭欣然　王　静　韩翠娟　林英男　王　彬　何东杰　胡　丹
李　岩　张曦木　江丽琼　任卿龙　汤乐奇　张国成　梁婷婷　罗昊宸
翟　璇　李德皋　袁乐眙　闫梦婕　祖亚运　何　川　刘志航　刘冠君
于　赫

2018 年硕士毕业生（153 人）：
李　欢　张佳俊　苏南池　冯　帅　毕延迪　佟　强　房　牧　毛　宇
梁智铭　王禹翔　于吉双　梁　秋　马翰驰　陈　悦　杨海棠　蔡欣伦
赵　阔　年毅恒　任瑞龙　刘　艳　李海霄　郭庆乐　刘小晗　王娅琦
赵一丰　张翔宇　王洪永　辛　亮　刘　硕　高庆丰　邓　啸　陈中尧
孙裕人　李伟航　杨　浩　夏慧云　周晓康　孟芸芸　周永康　许　康
卢　昊　杨诗寓　邱　枫　钱光照　贾冬冬　徐　洋　王瀚昀　金红燕
贾南茜　梁恒浩　龚　云　王　松　邹博阳　张　羿　刘明宇　廖流波
秦凤勤　邓忆秋　曾　仑　王林方　王倩倩　陆　健　蔺泓如　张美玲
沈凌宇　崔世鸿　张少鹏　孙俊伟　张海月　张佳琪　张淑静　陈兴林
程光侠　高天娇　伍广腾　孙宝琪　刘雪娇　王发斌　刘天琦　房天阳
张宇萌　刘小庆　沈　涛　王晨逸　冯健颖　孙邱鹏　李　琦　王　帅
台祥雪　徐晓鹏　谢冰芳　王　竣　蒋文兴　刘　璐　邓琳琳　钟　华
于　雪　王　岩　周希泉　宋　旭　张华锋　李　伦　吴俊逸　张昊天
张开宇　李　杰　周发淼　周　赫　黄清鸿　崔卓夫　郭彦潇　陈泽茜
余　唱　麻津铭　庄戌堃　谭竞扬　石纪福　慈乃元　张　悦　郑伟然
谷一鸣　杨兆冰　唐文静　赵晓琳　吴晨桐　涂碧君　刘一男　马　冰
吴雪微　王　琳　郭绪涛　王亮亮　王　伟　王　璜　武　迪　王思文
刘　畅　严旋鸿　魏安琪　李怀彬　张　琦　姜双双　赵　琬　张兴瑞
马　铭　段宝龙　吴志颖　张艳静　刘艳玲　范彦琪　胡　民　张伟圆
谢晓娇

2019 年硕士毕业生（172 人）：
刘　晨　李俊翔　薛　晨　党　宇　姚　凯　鲍立飞　余　尚　蔡柏雯
赵炳旭　韩学松　张晓军　张　泽　秦　浩　张荣政　宋言午　鲍柳勇

高辞源	左润东	张 洋	黄剑婷	齐 欣	李金泽	杨 楠	李美薇
王书承	徐朝阳	张振宇	肖兆雄	黄毅腾	郭 珊	戴 进	谭苏灵
王金哲	吴建泽	王江涛	何晓琳	李苏航	靳新飞	蒲一鸣	吴健宇
刘建新	吴雨珊	倪坤臣	李 建	赵京元	滕秋菡	付善银	马 晨
陈雪飞	魏俊杰	李焕英	朱 琳	徐 旺	樊如愿	李锦江	高 政
陈 幸	刘梦竹	姜脉鸪	张文硕	郑博言	赵 静	李 卓	卜子容
王中林	宋和晏	谢英泽	胡翰智	赵 健	孙晓宇	朱艳慧	韩 锐
王 昭	闫 淞	杨鹏飞	黄看以	高宗右	祝兴晟	丁 浩	孙 昭
宋维斌	金 程	关莹莹	李竹西	张宇鹏	宋晓健	韩剑桥	戴瑞伟
夏 立	杨 鑫	张树丰	汪佳溢	孙志远	王少植	尹智颖	张志一
赵国奎	郭 斌	薛 彤	肖雨桐	周必兴	司艳玲	王 智	黄 浩
吴斯凡	赵英伯	敬晓晔	陈 璐	周鑫宇	缪吴霞	郑 辉	王琳琳
严万泉	祝 琳	张 宇	赵颖超	赵 钰	汪 浩	李国宇	张延家
李海龙	周泽军	杨春奇	安维乐	朱鹏勇	赵新宇	孙颖哲	付 伟
王思文	李俊龙	王 楠	崔雨微	单智群	崔永恩	姜建禹	王 航
王 乐	轩启运	林泓池	陈 稳	孟爱强	周丽洒	李浩然	周生龙
石泽家	黄金伟	孙 楠	李晓迪	高荷福	朱 旋	靳登匀	赵泽涵
石 凡	胡旭东	毕 然	曹 培	朱凯强	袁 泉		

Merahi Choukri　Alam Noor　Tahir Arshad　ShibwaboC Anyembe
Fonovaleksei　Zhumabaeva Zharkynai　Nurmat　ovmamatisa
Aitmesbah Omar　Guernaz Zineddine　Syed　Asif Shah
Sovanchiricstanley　Haider Syed Kashan　Bachininandrei
Akandeakinloluadebambo

2020 年硕士毕业生（164 人）：

蒋盛民	吴 超	王 岳	王常会	刘宇航	赵传虹	徐 悦	戴志梁
刘首岚	矫健林	郭晓雪	张群豪	朱逸华	张 畅	郭路鹏	张翼鹏
李瑞恩	姜 鸥	翟少华	李志舜	苑蓓蕾	李志强	李佳卫	徐媚琳
王 妮	庄 迪	徐奕显	刘 慧	杜若非	范家兵	张东兴	李晓楠

邵广庆	范嘉麟	向润梓	束越婕	蔡松言	陈　旭	刘尚昆	熊阿龙
郭友良	于　盛	仲博文	李子恒	薛榆虹	黄鹏飞	徐鹏政	苏　醒
冯亚欣	李昊璘	魏　帅	焦　翔	李　婷	苏怡宁	张伟忠	姜　晗
林庆丰	叶葆巍	叶树嘉	冯振远	于雯露	朱洪涛	邱　宇	李　阳
刘　灏	宋　鸽	赵　琦	刘艳雪	卜　燕	武向勇	赵佳旻	化青龙
曲祐民	冯梦飞	黄　鑫	李　斌	韩志豪	王　茄	赵雅楠	刘　锦
曹　蕊	魏子迪	李　双	张厚元	耿崇峻	高　琴	蒋国韬	姚英楠
杨宇超	刘　冰	高振磊	殷　浩	杨竞淇	唐文博	李怀远	徐盛原
衣志航	张哲铭	姜若旭	刘　畅	张　翔	杨新宇	佟翔宇	苏冬雪
梁　晨	贾会娟	杨　强	冯　朔	许　畅	张洪利	李明阳	桂　舟
许　彬	苏飞宇	胡　昊	魏文秋	米宏涛	刘立东	徐子涵	郑烨镭
陈　浩	任玉言	宁　爽	陈金龙	黄齐禹	雷鹏杰	薛钧舰	宋晓凯
张小密	吴佩佩	杨振鑫	刘依婷	李　壮	朱秋玥	王　威	刘　阳
李　鹏	代广喆	梁俐雪	王　洁	郭辰锋	孟俊如	梁天棋	潘　宁
高萌萌	刘　桐	李　阳	王大境	蒋　哲	李　阳	叶鸿飞	满旭明
卢　刚	冯　楠	马嘉禹	邵晓琪	闫　龙	孙　哲	黄思源	

Tikhonov Evgenii　Jorge Abraham Rios Suarez　Bektashev Baisalbek　Gilal Nauman Ullah　Kashirin Dmitrii

电信学院历届毕业生名录（博士毕业生）

1990 年博士毕业生（1人）：
许荣庆
1991 年博士毕业生（2人）：
乔晓林　顾学迈
1992 年博士毕业生（3人）：
秦立燕　李兴海　肖敦鹤
1993 年博士毕业生（1人）：
侯瑞庭
1994 年博士毕业生（2人）：
高兴斌　任　勇
1995 年博士毕业生（2人）：
杨灿美　沙学军
1996 年博士毕业生（4人）：
郝　川　李英涛　张　晔　王国林
1997 年博士毕业生（4人）：
姜义成　赵先明　王　威　周志鑫
1998 年博士毕业生（5人）：
郭　庆　曹鹏志　赵晓群　赵洪林　陆　群

1999 年博士毕业生（13 人）：

李建巍　张劲林　王进祥　吴　群　匡　泓　林尚平　刘　强　郑志彬
唐　巍　郑海鸥　林　涛　于秀兰　沈一鹰

2000 年博士毕业生（10 人）：

孟维晓　杨明极　潘明海　巴　勇　李　赞　孙国滨　吴　昊　党小宇
冯心睿　刘会杰

2001 年博士毕业生（12 人）：

谢俊好　陈志群　刘树东　段少华　邹　斌　芮国胜　杨宇翔　冀振元
马雨出　陶立南　连全斌　张宗军

2002 年博士毕业生（18 人）：

张钧萍　呼大明　邓维波　张国毅　邹昕光　董华春　杨　强　梁宗闯
郁发新　赵　刚　苏　闵　孙程君　于　波　张岩峰　孙庆伟　王吉滨
位寅生　郑晋军

2003 年博士毕业生（8 人）：

安澄全　王　亮　赵彤宇　宁录游　常　疆　昆　仑　李震宇　周　熙

2004 年博士毕业生（14 人）：

张　忠　周志权　金　铭　马永奎　陈　宇　温萍萍　徐文超　毛兴鹏
赵雅琴　初海彬　王丽娜　贾　琳　王永建　解本钊

2005 年博士毕业生（20 人）：

徐玉滨　傅佳辉　宋立众　谷延锋　刘治宇　陶新民　谭学治　汪　洋
张晓峰　李　晖　胡雪南　郭汝江　何家武　刘　源　刘　梅　刘　彤
陈嘉兴　王立国　吴少川　谢晓川

2006 年博士毕业生（17 人）：

赵　龙　张　博　陈春雨　邢志强　赵宜楠　张　喆　李茂沛　宋朝辉
朱　兵　徐启建　刘宁庆　胡高军　李红梅　刘春刚　王石记　陈炳才
那成亮

2007 年博士毕业生（38 人）：

杨文超　宋吉鹏　王振永　迟永钢　史　竞　王　钢　胡正平　高玉龙

郭坤祺	刘向东	刘功亮	姜 明	成 萍	胡 航	杨水旺	孟繁义
关宇东	王 平	李 雷	张 一	董胜波	王建华	齐晓辉	薛敬宏
岳 然	江滨浩	张成文	张佳岩	尹振东	陈 浩	陈雨时	阿吉特
邱景辉	王辉宇	吴 丹	张 琳	张晓明	于海雁		

2008 年博士毕业生（33 人）：

杨九如	张文彬	侯成宇	侯煜冠	石 硕	吴宣利	王 勇	吴芝路
于 珏	闫忠文	李高鹏	周共健	陈爱军	林 澍	卡 瑞	王爱丽
王 健	王雪霞	贺训军	王海龙	华晓杰	伍光新	张云飞	白 旭
张欣宇	赵 彬	艾 磊	赵志杰	鲁 智	管明祥	谭 巍	吴绍华
钟玲玲							

2009 年博士毕业生（27 人）：

宿富林	张 云	孙华东	马 琳	彭 保	兰 天	赵俊义	黄 展
李 陆	王尔馥	井庆丰	杨国辉	王 辉	李宏博	陈 迪	李 鹏
张霆廷	于长军	王 乐	李 博	杨明川	宗 华	李岳楠	唐琳琳
李 杨	高建军	张 宇					

2010 年博士毕业生（31 人）：

那振宇	叶 亮	贾 敏	刘继新	杨志华	张腊梅	李 伟	韩 勇
金 涛	赵占锋	什拉兹	赵 丹	王荆宁	温容慧	唐 珣	石 磊
李明江	孙 博	仲伟志	肖丽萍	刘志勇	蒙 静	林 威	于启月
刘云涛	刘玉涛	梅 林	李世忠	马冬冬	杨 光	付莱德	

2011 年博士毕业生（37 人）：

苏雁泳	邓 勇	王晓飞	黄冬梅	郭 琰	叶树江	曹丙霞	吴 玮
赵 楠	仇永斌	金博识	兰盛昌	何晨光	曹星慧	蒋鲆琳	丁 哲
高梓贺	韩 帅	孟繁宇	宁晓燕	孙丽楠	关庆阳	王 玥	秦丹阳
郑 石	焦 健	安 娜	姜 维	刘爱军	徐清华	张娅琳	索 莹
杨学峰	朱福珍	张 狂	黄新林	王楠楠			

2012 年博士毕业生（26 人）：

| 徐贵森 | 肇启明 | 韩宇辉 | 卢为党 | 邓志安 | 刘 鑫 | 周 牧 | 乔齐亚 |

崔　扬　边　莉　董立珉　李　超　尚　尚　李　雪　王　冉　李德志
王亚松　陈培培　吴伟强　李　枫　蔡红军　田文龙　宋铁牛　殷作亮
俞建国　杨柱天

2013 年博士毕业生（38 人）：
陈俊宏　高　波　王　野　张　璞　叶　准　张亦弛　邱　昕　张光华
张　谅　张少卿　张　竹　刘　帅　周洪娟　史　军　唐　弢　王刚毅
阮中迅　查拉克　黎文明　何胜阳　闫奕名　阮妙龄　于　楠　赛　德
王文静　周升辉　蔡卓燃　曹　斌　李　博　杨洪娟　多　滨　金雪松
王振邦　张晶晶　戴维德　包学才　孙永亮　刘恩晓

2014 年博士毕业生（28 人）：
赵志信　刘振林　李云鹤　张继良　闫锋刚　王春媛　孙思月　王　焜
贾　蕴　李含青　李庆忠　范明义　关卓威　姜开元　陈立明　李　民
马若飞　赵孔瑞　王　军　赵大伟　李风从　李利民　宋长宏　李　勇
朱　磊　刘晓明　洪　泓　特尼格尔

2015 年博士毕业生（36 人）：
陈佳美　李晨雷　曾　禛　王　超　岳子琪　王　垚　于　洋　卢　洋
杨立标　曾志果　然　江晓林　方庆园　刘　法　魏　然　吴小川
李鹏飞　李亚军　殷　聪　王　涵　李书营　江立辉　于　佳　朱金鹏
夏　添　孙明磊　王中宝　苟元潇　杨松岩　曹志民　王玉静　浟云海
王卓群　张　鑫　顾术实　丁旭旻

2016 年博士毕业生（25 人）：
谢玉鹏　李国栋　崔司千　高璎园　张　闯　莫　云　肖　达　张　雷
曲海成　郑　岩　余方园　芦　达　史振国　邹德岳　宁　磊　马金龙
赵晓辉　石翠萍　夏　颖　梅金硕　陈志坤　胡　滨　杨小龙　钱　诚
唐　舒

2017 年博士毕业生（28 人）：
孙思博　李　月　吴海涛　丁丽琴　于迎新　于洪涛　王　强　姜来为
聂玉明　陈　雷　庄树峰　衣春雷　宿　南　张鹏宇　徐冠宇　刘荣宽

康利鸿　王秀红　刘喜庆　侯慧军　陈　晚　提纯利　娄　毅　樊　舒
李　琳　王　勇　吴　双　M. B. Teklu

2018 年博士毕业生（29 人）：

许震宇　童　鹏　张立晔　杨轶博　王鹏飞　赵德华　孙　颖　聂学方
王庆岩　房宵杰　高国明　陆小辰　田　澍　吕　博　姜佩贺　朱永鹏
冯　翔　许恩玮　田旋旋　赵万龙　杨宏鑫　王晓鲁　滕艺丹　孙金龙
肖宇航　王　雪　Ali. Abdekader　G. Ammar　Al. Raheem

2019 年博士毕业生（48 人）：

田　润　周　围　刘爱华　张大维　黄兴国　冯冠元　常广弘　陈殿中
杨　艺　方　旭　刘春鹏　贾少波　叶辰飞　刘晓萍　冯　收　杨旭光
姚　迪　李　玮　王志贵　吕玥珑　王震铎　吴　迪　王照法　袁莞迈
赵海龙　刘春鹏　盛云龙　何永福　王晶萍　廉　濛　陈　亮　张铁男
刘北佳　刘天竹　马　聪　陈敏求　张若愚　刘玉奇　崔　征　宋志群
曹明阳　庞景月　吴龙文　蒋　旭　刘金龙　马　宁　车邦军
Shahid Karim

2020 年博士毕业生（30 人）：

刘金龙　曹明阳　庞景月　马　宁　车邦军　吴龙文　蒋　旭　宋志群
刘月峰　毛智能　陈秋实　刘子滔　石运梅　李黎明　薛佳音　周　頔
杨广龙　伍龙山　郭正琨　马　爽　阳云龙　郝乐川　姜国俊　胡　斌
徐　赛　褚红军　钟圣唯　王青旺　刘怡良　李晓东

注：毕业生名录统计截止到 2020 年 7 月底。